宗教中国化
北京故事

北京市政协民族和宗教委员会
北京市宗教文化研究会　◎　**编著**

宗教文化出版社

图书在版编目（CIP）数据

宗教中国化北京故事 / 北京市政协民族和宗教委员会，

北京市宗教文化研究会编著 . —— 北京：宗教文化出版社，2022.8

ISBN 978-7-5188-1298-1

Ⅰ . ①宗… Ⅱ . ①北… ②北… Ⅲ . ①宗教—研究—北京 Ⅳ . ① B929.2

中国版本图书馆 CIP 数据核字 (2022) 第 149223 号

宗教中国化北京故事

北京市政协民族和宗教委员会
　　　　　　　　　　　　　　　编著
北京市宗教文化研究会

出版发行： 宗教文化出版社

地　　址： 北京市西城区后海北沿 44 号　（100009）

电　　话： 64095215（发行部）　64095234（编辑部）

责任编辑： 卫　菲

版式设计： 张尹君

印　　刷： 河北信瑞彩印刷有限公司

版本记录： 787 毫米 ×1092 毫米　16 开　30 印张　400 千字

　　　　　　2022 年 11 月第 1 版　2022 年 11 月第 1 次印刷

书　　号： ISBN 978-7-5188-1298-1

定　　价： 198.00 元（平）

目　录

【上篇】
万物得其本者生——扎根首善之区的本土化历程

【中篇】

文章合为时而著——扬名京城的人物、事迹、建筑

【下篇】

长风破浪会有时——新时代北京宗教的奋进步伐

浩渺行无极，扬帆但信风

——讲好宗教中国化北京故事

　　北京这座历史文化名城，有着 3000 年建城史、860 多年建都史；北京宗教的历史也是一部不断探索适应中国社会和中华文化的历史。具有深厚人文土壤的北京人民政协，有着文化自觉、历史自觉的优良传统。加强中华优秀传统文化浸润宗教，才能更好地夯实宗教中国化的历史文化根基。在市政协程红副主席的积极倡导和具体领导下，我们编撰一本能够反映北京宗教中国化历史的书籍，发挥以史资政、以史育人的作用。这既是市政协民族宗教工作的题中应有之义，也是市政协宗教界委员多年的一个心愿。

　　2015 年 5 月，习近平总书记在中央统战工作会议上提出，积极引导宗教与社会主义社会相适应，必须坚持中国化方向。这是习近平总书记首次提出宗教中国化的概念。2016 年 4 月，习近平总书记在全国宗教工作会议上发表重要讲话，进一步对坚持我国宗教中国化方向作了深入系统的阐述。2017 年，习近平总书记在党的十九大报告中提出，要坚持我国宗教的中国化方向。2021 年 12 月，在全国宗教工作会议上，习近平总书记再次强调，要深入推进我国宗教中国化。习近平总书记关于坚持我国宗教中国化方向的重要论述，深刻揭示了宗教生存发展的客观规律，丰富了党的宗教工作基本方针的内涵，发展了中国特色社会主义宗教理论，为做好新时代宗教工作提供了根本遵循，充分体现了以习近平同志为核心的党中央对坚持我国宗教中国化方向的高度重视和积极引导。

坚持我国宗教中国化，是当前和今后我国宗教传承发展的时代大势与前进方向，是一个伴随着时代进步与社会发展而不断发展、不断深化的历史过程。在中国特色社会主义新时代，如何汲取我国宗教中国化的宝贵经验，坚持我国宗教中国化方向，使宗教更好地与社会主义社会相适应，是摆在我们面前的重大时代课题。北京是首善之区，北京五大宗教具有深厚的爱国爱教传统，讲好"宗教中国化北京故事"义不容辞，应有担当在全国进行积极尝试。

《宗教中国化北京故事》是一本反映北京地区宗教中国化历史的书籍，以讲故事的方式，总结北京地区宗教中国化的历史经验，将各宗教中国化的历史呈现给读者，以期在历史自觉的启发下更好地发扬我国宗教中国化优良传统，更好地树立正确的国家观、民族观、历史观、文化观、宗教观，更好地坚持宗教中国化方向，深入推进宗教中国化进程。

历史是最好的教科书。宗教中国化的历史进程中，印记着先行者的足迹，蕴含着前辈们的智慧，流淌着不同时期各宗教中国化过程中的叙事交响。开展宗教中国化北京故事的编撰工作，目的就是通过挖掘、收集、整理、编辑等一系列工作，钩沉北京各宗教在推进中国化过程中的经验和做法，追忆各宗教前辈们在践行中国化过程中的点滴记忆，宣传各宗教在推进中国化进程中的积极贡献，发挥以史资政、以史育人的作用。通过艺海拾贝，提高认识，汲取前行力量，增强自豪自信，激发热情动力，凝聚共识力量。

"浩渺行无极，扬帆但信风。"宗教中国化这一历史进程，不可能一马平川、一蹴而就，更不会一劳永逸，但我们满怀信心。本书的编辑出版只是一个开始，希望这本书能够成为我国宗教中国化进程中的一朵浪花，通过久久为功、驰而不息的努力，最终汇聚成深入推动我国宗教中国化的洪流。

本书的编撰和出版，得到了北京市政协、北京市民族宗教事务委员会、北京市级五大宗教团体、北京市宗教文化研究会、宗教文化出版社等单位，以及北京大学宗教文化研究院、中国民族报宗教周刊专家的大力支持，在此一并表示感谢。由于时间仓促，水平和能力有限，疏漏和错误之处在所难免，恳请各位读者批评指正。

本书编委会

2022 年 8 月

【上篇】

万物得其本者生
——扎根首善之区的本土化历程

　　"万物得其本者生，百事得其道者成。"坚持我国宗教的中国化方向，既合乎世界宗教史所揭示的生存发展规律，更符合中华文化的优良传统。中国各宗教唯有爱国爱教，真正融入中华文化、中华民族，尤其是当今中国社会，才能得以生存发展。因而，一部北京宗教文化史，主旋律就是五大宗教扎根首善之区、适应北京社会、爱国爱教的历史进程。

北京佛教中国化历程

　　作为地域佛教，北京佛教空间上涉及燕赵之地，包括如今的北京、天津、河北等地的部分地区。北京是一座有着3000多年历史的古都，在不同的朝代有着不同的管辖范围，历史上屡有变易。早在西周初年，周武王封召公于北京及附近地区，即称"燕"，都城在今北京房山区的琉璃河镇，遗址尚存。战国七雄中有燕国，因临近燕山而得国名，其国都称为"燕都"。北京还有"幽州"之名，为远古时代的九州之一。从两汉始，魏、晋、唐代都曾设置幽州，所治均在北京一带。安史之乱时，安禄山在北京称帝，建国号为"大燕"。唐朝平乱后，复置幽州，归卢龙节度使节制。辽于此建立陪都，号南京幽都府，开泰元年改号析津府。金建中都，元建大都，明永乐时称北京，清入关即进驻北京，称为京师顺天府，属直隶省。民国时改为北平，1949年，北平更名为北京。河北省宛平县全部及房山、良乡2县部分地区划归北京市。此后，北京作为首都，原隶属于河北省的宛平、昌平、大兴、顺义、房山、良乡、通县、怀柔、密云、平谷等先后划入北京市。因此佛教在这一区域内的演变，就是我们要讲述的北京佛教故事。

延续千年的古都佛教

"先有潭柘寺，后有幽州城"

西晋时期，北京周边地区已有僧人活动的记载，如《高僧传》记载康法朗、帛法桥等人活动于中山一带。民间有"先有潭柘寺，后有幽州城"的说法，虽无原始资料来支撑这一论点，但日后越来越多的地方文献对此进行叙述。如《春明梦余录》中说："潭柘寺，晋曰嘉福寺，唐名龙泉寺……燕人谚曰：先有潭柘，后有幽州。此寺之最古者也。"

佛教在北方的真正兴起应从后赵时说起，其时佛图澄利用自己的影响力，使统治者下诏准许汉人出家。后赵统治幽冀地区长达30年，在这样一种政策下，佛图澄在不太久的时间里，建寺893所，常随弟子几近万人。东晋大兴二年（319）石勒初建后赵政权，并拥有包括幽州原有的范阳、渔阳和燕国在内的24郡。350年，后赵幽州失守。紧接着的前燕、前秦、后燕统治者均信奉佛教，对幽州佛教的传播与兴起有重要的推动作用。

就目前北京地区所发现的造像实物来看，十六国时期，特别是北魏时，佛教在北京地区流传。收藏于首都博物馆的一尊铜镀金释迦牟尼佛禅定像，造像年代为十六国时期。发现于海淀区聂各庄车耳营的石造佛像，像高1.65米，造像年代在北魏孝文帝太和十三年（489）。道武帝早期非常支持佛教，《魏书·释老志》中说，当年他平定中山，经燕、赵之地时，所过佛寺，皆对僧人道士礼敬。明元帝继位后也是"遵太祖之业，亦好黄老，又崇佛法，京邑四方，建立图像，仍令沙门敷导民俗"。他常常与高德沙门相与论道，每逢四月初八佛诞日，有花车载佛像游行大街，帝后皇室登临门楼，与民同乐。北魏时期，幽州地区已出现了不少佛教寺院，如大安寺、天开寺、佑圣教寺。

云居石经：刻在石头上的历史

隋唐时期，国家在大一统的基础上，大力推动佛教。帝王崇信，王公贵族奉法，士民百姓竞相礼拜。中国佛教诸宗竞立，开演出八宗共弘的历史画卷。

隋文帝杨坚笃信佛教，使当时佛法兴盛，据《隋书》记载："天下之人，从风而靡，竞相景慕，民间佛经，多于六经数十百倍。"经籍发达的同时，也带来其如何长存于世的问题。纸帛书经，易于毁灭，而刻经于石，则可久存。云居石经正是佛教石经的典型代表。

石经山，本名白带山，位于北京房山区境内，唐时名涿鹿山，因创刻石经而闻名天下。中国历史上曾有过几次"灭佛运动"，对佛教形成巨大的冲击。据《白带山志》记载，北齐南岳慧思大师，因担心"法难"频发，使传入东土的佛教经典毁灭，便有心刻石藏，并将其闭封岩壑中，以期千古流传。其弟子静琬法师遂师愿，发心造石经凿石室藏之。云居石经自静琬创刻之后，历经隋、唐、辽、金、元、明六个朝代1000多年，刻就了1122部、3572卷、3500多万字的佛经。如此规模的刊刻佛经，历史跨度长久，是世界文化史上的壮举。

云居寺石经山雷音洞内景

"悯忠高阁，去天一握"

法源寺的前身是悯忠寺，为唐皇家敕建寺院。唐史称："贞观十八年，太宗以张亮、李世绩为行军大总管，诏亲战高丽。十九年七月，攻安市城不下，诏班师。十月，帝还至营州，诏战亡士卒遗骸集柳城，帝自为文祭之，临哭尽哀。抵幽州，复作佛寺，以资冥福，赐名悯忠寺。"唐太宗虽下诏建寺，但未能落实。直至武后通天元年（696），寺才建成，规模宏大。有记载说"悯忠高阁，去天一握"，悯忠寺成为唐代幽州城地标式的建筑。安史乱起，叛军占领悯忠寺，将之改名为"顺天寺"，佛教在北方受到摧残，声势骤减。"会昌法难"时，幽州佛教更是雪上加霜。有史料载："当武宗诏毁佛寺，地分三等，幽州等居上，许留僧二十人，寻又诏诸道留二十人者减其半，故备云于封管八州内，寺留一所，僧限十人。"悯忠寺幸运地被存留下来，"幽燕八州唯悯忠独存。"

"僧居佛寺，冠于北方"

辽金两朝对佛教基本是持崇奉的立场，在广袤的北国大地上，从契丹、女真皇室贵族到普通民众，对佛教大都有一种持久而普遍的信奉：造寺立塔，供佛饭僧，联邑结社，雕版印经，形成了既有传统佛教内涵又有鲜明民族、区域特色的民众信仰，可以称为"辽金佛教文化圈"。

北京为辽之南京、金之中都，乘隋唐佛教发展之余势，承先启后，在300余年的时间里，开演出中国佛教史上辉煌灿烂的一幕。作为辽陪都的南京（即今北京），佛法兴盛，《契丹国志》记："僧居佛寺，冠于北方。"

辽代佛教中一个奇特的现象就是对出家人的礼遇超越常规，僧尼地位极高，"帝、后见像设皆梵拜，公卿诣寺，则僧坐上座"。僧人拥有许多特权，有些还担任朝廷重要官员。景宗保宁六年（974）十二月，"以沙门昭敏为三京诸道僧尼都总管，加兼侍中"，兴宗时，崇敬非浊禅师，"重熙八年（1039）

冬，有诏赴阙，兴宗皇帝赐以紫衣。十八年（1049），敕授上京管内都僧录，秩满，授燕京管内左街僧录，属鼎驾上仙，驿征赴阙"。1050年"春正月庚寅，僧惠鉴加检校太尉"。仅兴宗一朝，"僧有正拜三公、三师兼政事令者凡二十人"。有人曾批评辽兴宗："朝政不纲，溺志浮屠，僧人有正拜三公三师者，官爵非人，妄有除授。"

至道宗时，此风更甚，"清宁间（1055—1064），已有僧守臻、精修、智清等，加司徒、司空，并有赐紫之荣。又僧纯慧恩加崇禄大夫、检校太保及检校太傅、太尉等官职。"

辽代曾大规模饭僧。供养僧团是佛教中一种培植福报的传统方式，但至辽代时，由于皇室的崇信，饭僧成为最具常规、且规模宏大的斋供活动。每当帝后幸寺、病愈、生日、忌日、外国遣使通好、祝贺战事捷报、石像告成、天降甘露等，经常有饭僧的举措。如道宗大康四年（1078）七月"甲戌，诸路奏饭僧尼三十六万"。从这些记载中我们可以看到辽代崇佛之盛。

金继辽而兴，朝野上下深受辽代崇佛之风的影响。女真统治者鉴于辽代佛教政策上的一些弊端，对之进行了有限度的调整，在度僧制度与僧团管理方面均比辽代要严格与规范。

万松行秀作为禅门高僧，在金代极有盛名。万松行秀15岁时在邢州净土寺剃度，受具足戒后，北上燕京参学于潭柘、庆寿、万寿中都三大名寺，后为曹洞宗第十四代宗主。他主唱禅学，精通华严，并推重净土，与江南天童如净南北呼应，并称为曹洞宗二大宗匠。他撰有评唱天童正觉《颂古百则》的《从容录》六卷，对释儒各派思想都有继承与发扬。世人称其为"儒释兼备，宗说精通，辩才无碍"。金明昌四年（1193），金章宗敬仰他的道行，诏他"于内殿说法，章宗躬身迎礼"。1246年，万松禅师示寂于燕京，终年81岁。立塔于今西城区西四附近，世称"万松老人塔"。万松生前告诫其门人耶律楚材"以儒治国，以佛治心"，成为当时社会上广为流传的格言。

鸣钟香鼎绕红尘

建于元代的白塔寺

　　元统治者入主中原，新建大都，从忽必烈到元末顺帝，皆对佛教大力支持，优礼有加，为北京佛教的兴盛，提供了坚实的政治基础。

　　僧官制度的扩展是元代佛教中国化一大特色。从东晋、北魏开始，历朝为了加强与僧团的沟通，实现对庞大宗教队伍的有效管理，设立了僧官。僧官设立后，历代多有沿袭。元代管理佛教的机构，最初设总制院，即以国师为领导。后又设功德使司（简称功德司）。至元二十五年（1288）总制院改称宣政院，扩大管理职权，且在各路设行宣政院。僧官如僧录、僧正、僧纲等，都由宣政院管辖。至顺二年（1331）撤销行宣政院，另于全国设立广教总管府16所，掌管各地僧尼事务。元统二年（1334），又罢广教总管府，复立行宣政院。

元大都的建造与一个僧人释子聪有关。《元史》记载，刘秉忠原名刘侃，出身世宦之家，风骨秀异，英爽不羁。后师从虚照禅师，法名子聪。海云印简应忽必烈之召赴蒙古，途经云中时，闻其才名，约之同行。谒见对答之间，子聪深受忽必烈器重，获准从此参决军政大事，后恢复本来的刘姓，命名秉忠。世祖即位时，他起草的朝仪、官制等一切典章，成为元代的重要制度。他建议忽必烈取《易经》"大哉乾元"之意，将蒙古更名为"大元"，这就是元王朝命名的由来。他对元大都的规划设计，奠定了北京最初的城市雏形。新城规模宏伟，按照"南朝北市，左祖右社"的原则，规划建造，大街宽24步，小街宽12步。还有384火巷、29弄通。元大都城墙周长28公里多，宫殿巍峨，寺庙雄伟，街道宽敞，规模宏大。

"鹅头律师"与戒台寺

明正统年间，京师万寿寺（今戒台寺）和天宁寺分别设有"万寿戒坛"和"广善戒坛"，成为北京地区传戒的两大中心。万寿戒坛的重修由著名律师道孚主持。道孚（1402—1456），号知幻，俗姓刘，江浦人，为"敕建马鞍山万寿大戒坛第一代开山大坛主"。7岁时在南京灵谷寺出家。遍读经书，学业日进。宣德元年（1426），随师入京，居庆寿寺。宣德七年（1432）朝礼五台山，途中自悟"一翳在眼，空花遍界"，自号"知幻"。明英宗召见，见其顶额隆起，龙颜大悦，呼为"凤头和尚"，他却自称为"鹅头"，由此

有"凤头和尚""鹅头律师"之称。宣德九年（1434），其应太监王振请求主持戒台寺复建。他起先不肯，后读碑文，知戒台寺是大辽普贤大师所建四众受戒之所，乃叹说："释迦如来三千余年遗教，几乎泯绝。吾既为佛之徒，岂忍视其废不兴耶。"遂投身于寺院，再兴工程。经过 7 年的辛苦经营，戒台寺得以复兴。正统元年（1436），受僧录司左讲义。正统五年，英宗为戒台寺赐额"大万寿禅寺"，知幻受命开坛传戒。景泰七年（1456）圆寂，荼毗后塔葬小观音洞（今药师洞）旁。戒台寺东南山洼内塔额记曰"大明僧录司左讲经兼万寿禅寺（戒台寺）开山第一代住持、钦依戒坛传戒坛主知幻大和尚之灵塔"。嘉靖五年（1526）五月，明世宗诏禁僧人设坛传戒说法，是明中期限制佛教政策中最具影响的条例，直接导致明中期佛教的全面衰落。

雍和宫与金瓶掣签制度

1644 年，清军攻占北京，建立了多民族统一的大清帝国。清朝对于佛教的管理几乎完全是继承明代的政策，但金瓶掣签却是清代创立的宗教制度。

藏传佛教活佛转世制度形成之后，日久弊生。乾隆皇帝应八世达赖喇嘛"立定法制""垂之久远"的请求，于 1792 年派遣大军入藏驱逐廓尔喀入侵者取得胜利之后，谕令进藏官员筹议善后章程。次年，正式颁布了《钦定藏内善后章程二十九条》，明确规定：大皇帝为求黄教得到兴隆，特赐一金瓶，今后遇到寻认灵童时，邀集四大护法，将灵童的名字及出生年月，用满、汉、藏三种文字写于签牌上，放进瓶内，选派真正有学问的活佛，祈祷七日，然后掣签，由各呼图克图和驻藏大臣在大昭寺释迦牟尼佛像前正式认定。

清廷在制定金瓶掣签制度的同时，制作了两尊金瓶，一个送往西藏，供在大昭寺释迦牟尼佛像前，主要供西藏地区掣签定大活佛转世灵童；一个放在北京雍和宫，供甘肃、青海及蒙古地区大呼图克图转世灵童掣签之用。金瓶供奉于雍和宫时，乾隆皇帝亲撰御笔《喇嘛说》，揭碑立石于雍和宫，称此举是"辑藏安边，定国家清平之基于永久"的大政方针，并申明"兴黄教即所以安众蒙古，所系非小"。自此开始，西藏以东的大活佛转世均在雍和宫以金瓶掣签的方式决定。

北京地区清代兴建的部分黄教寺院是蒙藏地区上层政教人士的招待站和办事处，其政治性质十分明显。五世达赖、六世班禅、九世班禅先后进京朝谒清帝，加强了北京和蒙藏地区的联系，增强了中央政府的凝聚力，也是中央政府对西藏、蒙古地区行使主权的一种体现。

雍和宫藏金奔巴瓶

近代护国爱教运动

近代社会，风起云涌，中西文化交融激荡，庙产兴学风波不止，佛教如同一叶漂浮于大海中之小舟，险象环生，波谲云诡。在这一场挽救民族危亡、护国爱教的运动中，一大批爱国高僧，诠释了处于这种动荡时节的佛门领袖于困境之中重整僧团、再树法幢的决心，表达了"出世犹垂忧国泪"的关心国家民族命运的爱国情怀。

身在佛门，而心萦家国

1911 年，清王朝的统治被推翻，随之军阀混战，民不聊生，佛教受挫。民国元年（1912），中华佛教总会在上海成立，敬安当选首任会长，设本部于上海静安寺，设机关部于北京法源寺。翌年，复开成立大会，法源寺方丈道阶被选为驻北京机关办事长。

释敬安（1852—1913），字寄禅，湖南湘潭人。少以孤贫出家，后于宁波阿育王寺剜臂肉燃灯供佛，烧二指，自号"八指头陀"，曾任浙江宁波天童寺方丈。敬安生活的年代适逢中华民族内忧外患之时，国内的政治变革与列强的入侵都是出家人无可回避的问题。他以佛弟子的慈悲与诗人的敏感情怀，不忍见自己的国家遭此惨境，写下大量的感怀诗。"身在佛门，而心萦家国"就是其生命的真实写照。鸦片战争之后，中国陷入百余年灾难深重的时期，以出世为旨归的佛教，此时以积极的态度入世，体现出了强烈的爱国救民意识。

民国四年（1915），由北京政界要人发起大乘讲经会，邀南方名僧谛闲、月霞北上讲经，影响极大。此后的民国八年（1919）、十年（1921）、十四年（1925）、十五年（1926）等，都有大规模的讲经活动举办。另一方面，佛教界也积极创办各种佛学组织，如中华佛学院、柏林教理院、拈花寺佛学院等，并有著名居士朱芾煌、王虚亭等人创办佛经流通处，徐文爵等创办北京刻经处等，大力普及佛教教育，弘传佛法。信佛民众又办有华北居士林、北京佛学研究会及三时学会等组织，以参研佛法。

此外，各种宣传佛教的报纸、杂志如《觉世日报》《佛教评论》《北平佛教月刊》等陆续创办，扩大了佛教在社会上的影响。而众多的新办学校，如北京大学等高校，也都聘请佛学专家学者如梁启超、汤用彤、熊十力、周叔迦等讲授佛教史、佛教哲学及佛教文化等课程。

民国年间，北京佛教界还积极参与社会教育普及工作，有十余座寺庙开办了小学。北京佛教界还踊跃投入抗日救国洪流之中，各寺院或成立治伤医院，或设立妇孺收容所，或组织救护队救死扶伤。

熊希龄居士"裸捐"抗战

民国初年，中华佛教总会会长敬安（八指头陀）受辱，圆寂于北京法源寺。全国僧众群情激愤。作为与敬安长老同乡又是诗友的熊希龄以事态严重面告袁世凯，政府遂公布《中华佛教总会章程》，此一佛教团体得以合法存在。1913年2月，中华佛教总会于上海静安寺举行大会，冶开、熊希龄当选为会长。冶开当时为江南四大丛林之一的常州天宁寺方丈，在佛教界威望素著。熊希龄则是以其护法的功德及社会名望而当选。

熊希龄与佛教有很深的因缘。1912年，虚云和尚在云南成立佛教分会，许多事情要和官方接洽，而时任云南民政厅长罗容轩对佛教有成见，事多阻碍难行。滇督蔡松坡时为调解，亦不得圆满。1918年，南京欧阳竟无居士初办南京内学院，熊氏被聘为院董。1919年、1926年，北平佛教界发起讲经会，邀请太虚法师讲《维摩经》，熊希龄参与发起并听讲。1925年，内学院扩大为法相大学，经费不足，幸赖熊希龄及梁启超、叶恭绰联名呈请国民政府，拨出日常经费，始正式开学。熊希龄晚年取法名妙通，并常署双清居士，以示归敬佛法之志。

熊希龄留名于后世，不仅因为他是民国第一位民选总理，更因为他在北京香山创办了香山慈幼院。1917年夏末秋初，华北地区发生大面积水灾，灾民635万。熊希龄目睹难民露宿、呼号求援的惨状，心殊不忍，当即赴京请赈，被梁启超等阁员推举为赈灾总办。1918年水灾平息后，大部分灾童逐渐被父母领回，但最后仍有200多人无人认领。于是他决定在北京西郊选址建造香山慈幼院。因为各地不时向慈幼院送灾童和学生，慈幼院规模不断扩大，最多时学生达两千余人。香山慈幼院不仅是专为收养孤贫儿童而设立的慈善机构，也是对他们进行教育的学校，目的在于使之学到一定的知识和劳动生产技能以自立于社会，推行的是学校、家庭、社会"三合一"的教育体制。香山慈幼院有明确的办院宗旨，即："本院为救济孤贫儿童，施以发达身心之完善教养，使植立德智体群四育之基础，而能独立生计，适应社会需要，以养成健全爱国之国民为宗旨。"从1920年建院到1948年，香山慈幼院共招收平民子女6000余人。在1937年以前的毕业生中，就有80多人考入燕大、清华、南开、北师大等高等学府，多人学有所成，成为社会的栋梁之才，令人赞叹。"清代翰林，北洋总理，离归作庶民，熊氏宦途难展志；幼园稚子，社会遗孤，教养成英杰，香山慈善永留芳。"这是后人纪念熊希龄的一副对联。

熊希龄除了全力做慈善外，在民族大义面前的表现也是一个大写的"人"。"九·一八"事变发生后，熊希龄深感"国难临头，已及眉睫"，若不奋起抵抗，"国亡无日"。他将慈善事业与抗日救亡紧密联系起来，以自己的一系列实际行动，谱写了一曲抗日救亡乐章，直至献出了自己的生命。

1931年12月20日，熊希龄等人组织成立中华民国国难救济会，并致电全国人民，发表主张抗战之宣言。他致电张学良、阎锡山、冯玉祥等将领，请他们统兵抗日，共赴国难，"愿诸公立赋同仇，联集战线，正当自卫，拼死抗争，以护我疆土，以保我民族人格。"

1932 年 10 月 15 日，熊希龄决定捐献全部家产，用于抗战救亡与慈善事业。这笔捐赠计大洋 275200 余元、白银 6.2 万两，是熊希龄从清末到民初任职 25 年来的全部积蓄。

"一·二八"淞沪战事，十九路军浴血奋战，熊希龄发布《香山慈幼院院长通告》，提出："国若能救，虽死亦荣……余虽六十老翁，此心不甘亡虏，一息苟存，誓当奋斗。本院平日既以爱国主义教育诸生，值此危时，岂能坐视？故于全国人民救国总动员之前，先为余一家救国总动员。"并在香山为自己筑了生圹，以明心志。在熊希龄的组织领导下，香山慈幼院组成了 200 人的义勇军，开赴上海战区，女生则加入红十字救护队，前往战区医院帮助工作。1933 年，为支援长城抗战，他利用北平红十字会力量，设北平第一后方医院，救护受伤官兵。他还亲自偕长女熊芷组成救护队，往前线救死扶伤。1937 年 12 月 25 日，他筹划有关慈善救济之事，劳顿过度，突患脑溢血而逝世，为抗战坚持到生命的最后一息。1992 年 5 月 17 日，熊希龄骨灰归葬北京香山。该墓园位于海淀区四季青北辛村，现在是海淀区文物保护单位。

僧众参与抗战救护

1937 年 7 月 7 日卢沟桥事变后，随着战事的日渐扩大，伤亡人数越来越多，北京各寺院号召青年僧人从军抗战，并先后成立医院、救护团，暨难民收容所，从事救济工作。在广化寺，由全体僧众及各界善信，发起组织伤兵医院一所，于民国二十二年三月二十四日开办，除医士聘请外界担任外，其余一切看护、勤务、膳宿等项，俱由僧人充任办理。共收容伤兵 500 余人，后经治愈出院者甚众。柏林寺成立一兵民治伤医院，内有僧伽数人，颇善医术，亦加入诊治。因寺院地方宽敞，空气流通好，故除按照普通医院组织部署外，并特别添设慰问祈祷队，派有若干僧人，时时向受伤兵民加以安慰，且朝晚定课，祈祷国难和平，并为全体受伤兵民回向。先后入该寺治疗者，达数百余人。拈花寺住持金朗和尚在寺中设立妇孺收容所，专救护热河、滦东一带逃难来之妇孺，规模宏大，先后收容妇孺数以千计。广济寺住持现明和尚，平日对于慈善公益各事非常热心，特就该寺启建法华道场四十九日，延请戒行精严者数十人，逐日讽诵大乘经典，礼忏拜愿，为战区死者超度、生者祈祷，并组织救护队，由该寺青年僧人组成，奔赴前线，从事救护工作。此外，还有华北居士林，由林长胡子笏居士提倡，推举男女居士多人，至各医院担任接待员或看护员，补助各种救护工作，兼调查各医院实施治疗需要及所缺物品，逐日报告，以便设法补充，使伤员能得到普遍迅速的救护。北平的佛教徒还举办大规模的盂兰盆会，诵经追悼抗战中的阵亡将士，与上海、湖北、山西、陕西等地佛教界南北呼应，举办祈祷法会，以佛教特有的方式来支持爱国抗日。北京佛教徒和全国人民一起，投入了这一救亡图存的大洪流中，书写了恢弘的爱国历史，赢得了广大民众的尊敬与褒扬。

走上社会主义道路

"法运都随国运转"，中国佛教的发展与中国社会的演进息息相关。1949年，中华人民共和国成立，中国佛教界执行党的方针政策，进行民主改革，割断与旧中国、旧社会、旧制度的联系，团结起来，成立新的组织，建立新的制度，积极参与社会主义革命与建设事业，走上与新中国、新社会相适应的道路。中国佛教获得新生，佛教的社会性质、思想面貌发生根本变化，成为适应社会主义社会的新型宗教，佛教界的爱国人士和广大信教群众拥护党的领导、拥护社会主义制度，成为爱国统一战线的重要组成部分。

新中国成立后北京佛教的再生

1949年1月31日，北平和平解放。人民政府以崭新的面貌、优良的作风和施行的宗教信仰自由政策，赢得了佛教界的信赖和拥护。北京的佛教徒以饱满的热情积极地投身于社会主义建设事业之中。这一时期，北京佛教界积极开展爱国主义与社会主义教育运动，加强对宪法及有关政策法令的学习，举办短期学习班、座谈会及其他专门的学习会，结合国际国内重大事件，提高政治觉悟，紧紧团结在党和政府周围。在开展社会主义教育活动中，他们围绕中国共产党的领导、走社会主义道路，以及反帝、爱国、守法等方面，进行辩论与学习，用说服教育的方式解决思想问题、信仰问题，并结合土地改革、镇压反革命、抗美援朝等，主动接受教育，坚定走社会主义道路的决心，坚持爱国爱教、团结进步。

1953年5月30日至6月3日，中国佛教协会成立大会在北京举行。来自全国各地、各民族的法师、喇嘛、居士等代表120人出席了会议。会上由赵朴初居士作《中国佛教协会发起经过和筹备工作的报告》，大会通过《中国佛教协会章程》和有关决议。从此，中国佛教协会作为全国各地区、各民族、各宗派佛教徒参加的全国性佛教爱国团体和教务组织诞生了，实现了全国三大语系佛教界的空前大团结。中国佛教协会的成立是由虚云、喜饶嘉措、圆瑛、赵朴初等 20 位全国佛教界著名人士发起的。1952 年 11 月 4 日至 5 日曾在北京举行发起人会议，会议通过了《中国佛教协会发起书》。《发起书》的第一句话就是："中国人民的解放，给予了中国佛教以涤瑕荡垢、重见光明的机会。"新中国刚刚成立，在此新旧交替之际，"为了根除旧社会遗留的影响，必须对留存下来的旧的意识形态和旧的上层建筑进行社会主义改造，对旧社会过来的人进行新思想的教育，破旧立新。改造旧社会意识形态和形式，对佛教界来说，主要是进行思想改造，清除封建主义残余。"

积极声援抗美援朝运动。1950 年底，朝鲜战争爆发，美帝国主义的非正义行径激起首都宗教界的极大愤慨。当时佛道教 700 余人在巨赞、圣泉法

北京佛教界参加抗美援朝大游行

师带领下，游行至天安门前集会，声讨美帝侵略朝鲜。游行队伍最后聚集到冰盏胡同的贤良寺，经过商议，成立"北京市抗美援朝委员会佛道教分会"，公推巨赞为主任，并确定每星期五为抗美援朝活动日，届时各组集会宣传志愿军的英雄事迹和辉煌战果，并组织慰问军烈属活动。1951 年 1 月，北京市佛道教界抗美援朝分会组织支援前线的捐献活动，共募得人民币 25000 余元（旧币）及手套、袜子等大批物资，用实际行动反对美国的霸权主义，支援正义战争。1953 年春，巨赞法师和首都宗教界人士参加赴朝慰问团，到前线慰问志愿军战士。回国后，巨赞法师在《现代佛学》上撰文，热情颂扬时代最可爱的人。

积极参加政治学习。1949 年 9 月，北京市民政局组织举办僧尼学习班。佛教界巨赞、周叔迦、殷宽良负责会务工作，法尊法师、正果法师和潘怀素居士等出任教席，招收各寺庙青壮年僧尼 30 余人，在东城区羊管胡同的极乐庵开班授课，课程主要有时事政治、佛教知识，以及一些基础文化课。这种以提高僧尼政治觉悟为主的学习班，为佛教界培养了一批爱国爱教的骨干力量。1953 年春，北京市抗美援朝委员会佛道教分会改组为"北京市佛道教学习委员会"，圣泉任主任。学委会的委员们每周二下午在广济寺集中听报告，周四分组讨论。各组还经常派代表相互观摩，交流经验。1958 年，北京市宗教界在崇圣寺成立了北京市宗教界联合学习委员会，佛教界的学习委员会址在广济寺，学习地点集中在广化寺、普济寺、通教寺、翠峰寺、兴隆寺、白云观等几个地方。自 1949 年至 1959 年，北京市佛教界僧尼学习班历经抗美援朝委员会、北京市佛道教学习委员会、宗教界联合学习委员会，前后学习了社会发展史、宗教政策、土改大纲、共同纲领、抗美援朝时事报告和英雄事迹、过渡时期总路线、北京市寺庙管理暂行办法、宪法草案、市政协组织的近代史十讲等课程。

成立互助小组与寺庙管理组。新中国成立初期，京城内外的大多数寺庙依靠低廉的房租收入维持生计，根本无力修葺危旧房舍。1950 年，从前门区开始，由弥璋、慧修、觉望三人组成互助小组，协助本区贫困僧尼管理寺庙。当时有山西街地藏寺、关帝庙，西河沿万寿关帝庙、福峰寺、关帝庙，北桥湾地藏庵、万佛寺等组成互助小组。鉴于寺庙危房较多，亟待修缮，为保居民安全，互助小组提出了调整房租和修缮房屋方案，并获得了市民政局批准。后来，互助小组通过学习房管政策，挨寺召集住户开会，宣传"以房养房"，又组织技术人员检查危房，做出工程预算，资金不足的部分由大寺补助。实践结果颇有成效，影响逐渐波及全市各区。

1953年春，市民政局召集圣如、寂轩、体勤、慈保、慧明、义安、果莲（尼）7名僧尼，成立全市性的互助小组，把无人、无力管理的大而破的寺庙管理起来。这些寺庙是：宣武区的法源寺、三圣庵，米市胡同的关帝庙，西单区的显应观（太监庙）、静默寺，西四区的广善寺、宝禅寺，东四区的梓潼庙等。各区佛教学习委员会的委员们纷纷组织讨论寺庙管理暂行办法，并派出调整租金小组，深入各寺协助召集住户宣传房管政策。经过积极开展各项工作，危旧寺舍租户的居住安全和贫困僧尼的生活来源得到基本保障。

在此基础上，1954年1月1日，北京市佛道教寺庙管理组在广济寺正式成立，全市各区互助小组代管的寺庙均被纳入该组统一管理。当时的资金来源多是所管理寺庙的租金收入，收支基本平衡甚或有余。为了更好地贯彻"以庙养庙，以庙养僧"的方针，动员北京市的僧尼120余人，寺庙管理组对全市各区寺庙的财产进行深入调查并登记造册。普查登记的内容包括：建寺年代、占地面积、平面图、房屋间数及佛像、法器、供器、家具、文物、字画、碑碣、树木等数量，历时四个月完成登记工作。各区寺庙财产统计表册交民政局加印后，政府留档一份，寺庙管理人员执一份，另外全市各区寺庙财产还有汇总统计表一份。在这次调查中，整理定级并登记在册的珍贵佛教文物总数达到2600余件。

随着业务增多，后来寺庙管理组又增设西城分组和东城分组。1956年夏，寺庙管理组的办公地址从西四广济寺迁至西皇城根崇圣寺。当时佛道教寺庙管理组工作人员有七八十人、瓦工木工 100 余人，管理有西城、东城、宣武、崇文、海淀、丰台、朝阳七区寺庙 500 余所、房屋 23300 余间，月房租收入近 50000 元。

1958 年，寺管组将西城区广善寺、弥勒院、翊教寺、玉佛寺、铁狮子庙，东城区柏林寺、大佛寺、贤良寺、净莲寺，宣武区长椿寺、圆通寺，海淀大钟寺，交给民办集体工厂使用，先后办起了第一纸盒厂、第四纸盒厂、第五纸盒厂、民用灯具厂、第二绣花社、果脯厂等；寺管组还将部分房舍捐让小学和居民使用。寺管组留以自用的寺庙有广化寺、普济寺（后交西城橡胶厂）、嘉兴寺殡仪馆、翠峰寺（尼）、通教寺（尼）、白衣庵（尼）等。另外，广济寺为中国佛协的自管产，法源寺是中国佛学院的自管产，崇圣寺和西城兵马司无量寺是寺管组留用的库房。

除以上留用自管，支援生产、教育和经文物部门指定为文物保护单位的庙房外，寺管组将全市七个区的寺庙房产全部移交北京市房地产管理局以租代管。登记造册佛寺有 433 所、道观 59 所（其中包括太监寺两所）。1958 年至 1971 年，寺庙管理组所收经租费及无保留价值的物品处理款，扣除僧尼、道士等生活费与自管房屋修缮费开支外，共存人民币 140000 元。1950 年至 1985 年末，寺管组修缮寺庙计 492 所，支付修缮费 1750000 元。

组织生产劳动。1950 年春，首都佛教界通过自筹资金，包括居士们的自动捐助和对大寺方丈摊派份额的形式，在东四区羊管胡同开办大雄麻袋厂，参加生产的僧尼 100 余人，分梳麻、纺纬、织袋等车间。同年，僧人敏悟、静融，尼僧祥林、居士董永祥等效法大雄麻袋厂，又成立了大仁麻袋厂，招收僧尼 30 余人，向社会上招收工人 20 余人。车间设在德外清凉庵和西四区广善寺。到 1952 年，中印建立了友好关系，大批价廉的印度麻袋进口，大雄、大仁这样的手工小厂没有能力抗衡，很快关门倒闭。失业的年轻僧尼由民政局介绍工作，走向社会。1950 年正月，通教寺 70 余名尼僧组织缝纫组，能本负责业务，通愿主管设备。到 1955 年，正式成为第十八缝纫社。1961 年，缝纫社与北京童装厂合并，能本被任命为车间主任。与此同时，在祥林主持下建立翠峰寺的缝纫加工，主要承接来料加工。寺内尼僧在殿堂佛事之余搞缝纫生产，按件计价。此厂 1958 年后，并入第二绣花厂，祥林被吸收为车间主任，一般尼僧都是取活加工，并未吸收为正式工人。1952 年秋，各寺集股在嘉兴寺创办印刷厂，定名为"第一印刷厂"，由上海请来两位技师指导生产，圣泉任经理，妙观任会计，招收 30 多位僧尼及社会上部分青年参加生产。三年后妙观充任经理。1959 年，该厂与西城区印刷厂合并为国营企业，场地也由嘉兴寺迁往西皇城根西四印刷厂内。1959 年春，由寺管组牵头，佛教界筹集资金，天主教、基督教各自派 8 人到西四塑料厂学得技术，并将普济寺内的僧人集中迁往广化寺，在普济寺原西城塑料厂的场地上成立了"卫星塑料厂"，各教人员共 100 多人成为职工，主要生产电器塑料配件。工人们分早中晚三班劳动，每周二、四学习文化知识等课程，每周六到厂义务劳动一天。

1960 年，寺管组迁入广化寺办公，组织年老体弱的僧尼参加力所能及的来料加工生产，如给玩具厂组装零件、给床单厂印花，等等。"文化大革命"后这种小生产仍在继续。另外，北京市佛教僧尼还参加了一些其他社会活动：如 1951 年春，北京僧尼、居士分批参加了南方各省的土地改革运动，参加的僧尼有巨赞、昭喧、果莲（尼）、常荣（尼）、宏静（尼）、泉峰、海岑、宝林、莲果及居士吕香光等人。1950 年至 1953 年间，佛教界僧尼中涌现出一批街道工作积极分子，其中尤为突出者有三人：东单区贤良寺的真慧，被评为扫盲运动的积极分子；崇文区清化寺的松静，出席了全国卫生模范大会，并在大会上发言；东四区极乐庵的澍培，被选为街道卫生先进工作者。北京佛道教界每年都要参加"五一"劳动节和"十一"国庆节活动。

巨赞法师与"新佛教运动"

新中国成立后，在北京佛教早期发展时期，巨赞法师是一个代表人物。

巨赞法师早年曾得到近代佛门领袖太虚法师的启发,立志改革旧佛教。他对社会变革有着异常的前瞻性。在学生时代,他就参加进步青年组织;抗战时期,在湖南组织南岳佛道教救难协会和佛教青年服务团,获周恩来题词"上马杀贼,下马念佛"。他与一大批社会名流及进步人士相往来,如夏衍、田汉、郭沫若、柳亚子等。他在主编的《狮子吼》杂志上宣扬抗战救亡思想,在宣传口号中有"当汉奸的,生受国法,死堕地狱"这种富有时代特征的理念。新中国成立后,他更是认识到这是佛教新生的最好契机,积极投身于新社会的建设之中,提出了许多具有建设性的建议。在抗美援朝期间,他发表演讲,号召佛教徒捐献飞机,引起社会人士对佛教的重新认识。巨赞法师从心底拥护新生政权,当时许多名流迁移海外,他却从香港回到大陆。1949年9月21日,巨赞法师出席了中国人民政治协商会议,并应邀参加了中华人民共和国的开国大典。他致力于新中国佛教界的工作,担任《现代佛学》社主编,中国佛教协会常务理事、副会长兼副秘书长,中国佛学院副院长等,并先后当选为第二、三、四届全国政协委员及第六届全国政协常委。

巨赞法师认为,佛教传入中国两千年来,一直与我国固有的文化相协调、相融合,并成为了中国人自己的信仰。但佛教也存在着许多腐朽没落的东西,特别是近代以来经忏佛教的影响更是使众多社会人士误解了佛教。因此,新中国的建立恰恰是改革佛教的最好契机。于是,他为了使佛教适应新的时代潮流、新的社会环境,倾全部心力于新佛教的建立。

巨赞法师在北京经过一段时间的调研、考察与讨论,以北京市佛教同仁的名义,上书毛泽东主席及各民主党派《新中国佛教改革草案》,后又有《新丛林组织纲要》(草案),提出佛教建设的许多思路与想法。在教内,他提出"生产化"与"学术化"两大口号,对当时振兴佛教起了非常大的作用。1950年,他在北京开办大雄麻袋厂,组织僧尼劳动生产,提倡恢复农禅生活,影响波及全国,后来佛教界又办有大仁、大力麻袋厂。"生产化"则求生活之自足自给,如此则佛教本身可以健全,然后才能谈得上对国家社会的贡献。

"学术化"在于提高僧众的知识水准，博学慎思，研究入世出世间一切学问，恢复僧众在学术界原有的地位，使每一个寺院都成为学术团体，而每一个和尚都是文化人。佛教的发展既要契理，更要契机，与社会相适应。巨赞法师的新佛教运动就是对佛陀慈悲济世本怀的践行，就是对新生政权的主动适应。新中国的佛教就要体现出新的面貌与气象，这是巨赞法师始终不渝的信念。

巨赞法师积极配合当时在各地展开的思想改造运动，认为改革佛教的重点是对佛教徒的思想改造。为此，他在北京成立佛教徒学习会和僧尼训练班，让他们通过学习，认清时代，"提高僧尼们的政治觉悟和对于佛教的体认，使能从工作中实践佛教的真精神，增进修养"。

新中国成立前夕，巨赞法师毅然从香港回到大陆，"为佛教在新社会中，争取一个合理的立场与正当的工作岗位而到北京"。在开国大典上他是唯一身着僧衣站立于天安门城楼上的出家人，直观地呈现了当时新生政权的宗教政策，打破了境外流传的谎言。

爱国爱教的正果法师

曾担任北京市佛教协会会长的正果法师，一生研习三藏，于渝岭京华，遍设讲筵、培育僧才，毕生献身于佛教教育事业。赵朴初老人曾评价说："正果法师是一位道高德重、戒行精严、学识渊博、诲人不倦、爱国爱教的高僧。"爱国与爱教、正信与正行是法师一生的真切写照。

正果法师早年追随太虚法师学习，识大体，顾大局，明是非，辨善恶，在大是大非面前毫不糊涂。重庆解放前夕，国民党政府提出派两架飞机专门将汉藏教理院的人员及物资运往云南或台湾，法尊法师和正果法师坚持没有同意。法师对前来探望的同班同学惟贤法师讲："佛教在祖国，我还要为解放后的祖国佛教出力，此志坚持不变！"誓言如此，行胜于言。新中国成立后，法师积极投身于百废待兴的佛教事业，大力提倡僧教育，协助赵朴初会长推动中国佛教协会的工作，历任中国佛教协会副会长、中国佛学院副院长、

北京市佛教协会召开第一次代表会议，代表和正果法师（右一）在北京市佛教协会合影

北京市佛教协会会长、北京广济寺方丈，及全国政协委员、全国政协常委等重要职务。法师用实际行动践行了自己的爱国诺言。

正果法师一生大半时光都在从事僧才教育工作，为太虚法师僧教育计划的推广、为新中国佛教人才培养、为"文革"后佛学院的恢复倾注心力，任劳任怨。法师晚年坚持不懈为佛教奔走呼号。他经常带病参加政协的各种活动，特别是对落实宗教信仰自由政策方面存在的问题，陈词恳切、详明得失、不辞劳苦、务期解决、以利团结，做了大量的工作，赢得教内外的敬重。

1980年12月，中断已久的全国佛教代表会议召开。法师在广济寺发起并举行传戒法事活动，如法如仪，庄严隆重。1983年12月他再次为学僧授比丘戒。中国佛教协会第五届全国代表会议期间，法师还组织起了以净严长老为首的"十师"，为因"文革"还俗而后再出家的部分与会人员补授了大戒，使僧伽法脉，续焰传灯。

正果法师僧格高贵。赵朴初曾赋挽诗："排众坚留迎解放，当风力破桃花浪。辞医不殊易箦贤，我在佛在气何壮。辩才无碍万人师，不倦津梁见大慈。忍泪听公本愿偈，预知海会再来时。"

重现生机的北京佛教

北京市佛教协会第一届理事会全体合影

1978 年中共十一届三中全会以后，中共北京市委和北京市人民政府拨乱反正，纠正"左"倾错误，认真恢复贯彻执行宗教信仰自由政策，在开放寺庙、恢复爱国佛教组织，以及为佛教界人士平反冤、假、错案等方面，做了大量工作。

1980 年 9 月，北京市佛教寺庙管理组织恢复工作。1981 年 11 月，北京市佛教第一届代表会议召开，宣告北京市佛教协会成立，正果法师当选为会长。同年，北京市委、北京市人民政府做出决定：把宗教房屋的产权全部退还宗教团体，已被拆除的房屋折款交给宗教团体；将停发的宗教房屋经租费发还宗教团体；政府拨款对宗教活动场所和宗教团体用房进行修缮。这些措施受到广大信教群众的热烈拥护。与此同时，北京佛教文化事业重现生机。中国佛教协会会刊——《现代佛学》于 1980 年复刊，改名为《法音》。1980 年 12 月，停办 14 年之久的中国佛学院恢复办学。北京地区佛教文物、典籍的保护和利用工作得到加强，1983 年，中国佛教图书文物馆在法源寺成立。1993 年，广化寺文物博物馆成立。1986 年 3 月，北京市佛教协会与中央音乐学院合作，组建了北京佛教音乐团，音乐团多次赴外交流演出，如1987 年 1 月出访西欧，1989 年 12 月赴新加坡演出，1996 年 5 月赴德国巴伐利亚参加第二届国际宗教音乐节、6 月赴柏林参加亚洲音乐节，1999 年 9 月赴捷克、比利时参加国际宗教音乐交流活动等。

新中国成立以来，在政府的重视和支持下，北京佛教界开展同世界各国佛教界的友好往来。从 20 世纪 50 年代至今，北京西山灵光寺的佛牙舍利，先后赴缅甸和斯里兰卡以及我国的香港、台湾等地供奉，盛况空前。1957 年和 1959 年，北京佛教界人士参加中国佛教代表团，出席了在缅甸、尼泊尔、印度、柬埔寨等国举行的纪念"佛陀涅槃二千五百周年纪念大会"和在斯里兰卡举行的世界佛教领袖和学者会议。1980 年 4 月，北京市佛教协会和佛教界人士组织欢迎鉴真和尚像回国巡展。1986 年，北京佛教团体配合世界宗教和平会议在北京召开，举行"为和平祈祷"的大型宗教活动，扩大了中国爱国宗教组织在世界的影响。

1999 年 10 月 1 日，在中华人民共和国成立 50 周年庆典上，首都宗教界人士参加游行队伍，迈着欢快的步伐走过天安门广场，成为一道亮丽的风景。"不同的信仰，共同的心愿"，2009 年 10 月 1 日参加 60 周年国庆的首都佛教界代表身着庄重的僧服，面对国旗庄严宣誓。

首都佛教界自觉与社会相适应，以爱国爱教、团结稳定、活动有序、教风端正、管理规范、安全整洁、服务社会为标准，创建和谐寺院，促进宗教和谐与社会和谐。在中央统战部、国家宗教事务局表彰全国创建和谐寺观教堂活动中，北京市佛教协会、雍和宫、广化寺等受到多次表彰。

新时代的北京佛教

进入新时代，北京佛教界坚持中国化方向，多层次、全方位开展各项活动，主动在政治上自觉认同、文化上自觉融合、社会上自觉适应。

铸牢中华民族共同体意识

党的十八大以来，北京佛教界以习近平新时代中国特色社会主义思想为指导，深入学习党的十八大、十九大精神，牢固树立"四个意识"，坚定"四个自信"，贯彻落实《宗教事务条例》，坚持我国佛教中国化方向。深入学习习近平总书记关于宗教工作的重要论述，贯彻落实党的宗教工作基本方针。建设一个政治上可靠、作风上民主、工作上高效的高素质领导班子，高举爱国爱教旗帜，以法为依，团结引领教职人员和信教群众牢固树立正确的国家

庆祝新中国成立70周年，北京市怀柔区圣泉寺举行升国旗仪式

观、历史观、民族观、文化观、宗教观。组织读书班、学习班、培训班、参观展览等，开展爱国主义、集体主义、社会主义教育，有针对性地加强党史、新中国史、改革开放史、社会主义发展史、中华民族发展史教育，深入开展国旗、宪法和法律法规、社会主义核心价值观、中华优秀传统文化"四进"宗教活动场所，不断增强对伟大祖国、中华民族、中华文化、中国共产党、中国特色社会主义的认同，铸牢中华民族共同体意识。

自觉推进佛教中国化

北京市佛教协会充分发挥宗教团体在活动中的主体地位，不断提升场所管理的法治化、民主化、规范化水平，倡导"三境寺院""生态燃香""科学放生""绿色环保"理念，创建寺院清净、人心安静、礼佛恭敬的文明气象。积极贯彻落实中国佛教协会《坚持佛教中国化方向五年工作规划纲要（2019—2023）》精神，以推进佛教中国化为主线，成功举办十余届北京佛教讲经交流会和两届佛教中国化论坛。以社会主义核心价值观为引领，开展教义教规阐释征文活动和常见佛教经典阐释工作，为建设新时代人间佛教思想体系和自身管理规范体系夯实理论基础。推动建设既传承优良传统，又体现时代精神的北京佛教思想文化体系。

教风建设重中之重

在 2021 年 12 月 3 日至 4 日召开的全国宗教工作会议上，习近平总书记强调："要支持引导宗教界加强自我教育、自我管理、自我约束，全面从严治教，带头守法遵纪、提升宗教修为。"北京佛教界历来注重制度建设、道风建设，正确认识和处理国法与教规的关系，引导广大僧众与信教群众，增强国家意识、公民意识、法治意识，提升自我管理水平，既重视佛教义理的中国化，也注重佛教制度的中国化。

2019 年 10 月北京佛教协会举办首次传戒法会，在北京佛教传戒史上具有里程碑意义。从 1949 年以来，北京地区佛教界从未开展过大型的传戒活动。经中国佛教协会同意，北京市门头沟白瀑寺 2019 年 10 月 10 日至 11 月 10 日传授三坛大戒。此期传戒共 41 坛，有 122 名戒子分别来自北京、辽宁、广东、河北、河南、云南、福建、陕西、湖北、湖南、黑龙江、吉林、山东、山西、江苏、浙江、甘肃等 17 省市的寺院。北京佛教界以此为契机，加强道风建设，以戒为师，提升宗教修为。

人才培养是关键

北京佛教界重视当代佛教人才的培养、储备与关怀，以"四项标准"推进人才建设，推荐教职人员参加各类培训学习，参加各地佛学院教育，以及攻读国民教育系列硕士、博士学位，打破北京佛教发展中人才制约的瓶颈。

为了安顿教职人员的身心，促进他们更好地融入北京佛教、服务北京佛教，北京市佛教协会依法推进宗教教职人员认定备案工作，并为已备案教职人员办理基础社会保险，确保教职人员获得应有的基本福利保障。

北京佛教界依靠首都区位优势，聘请对中国佛教文化有深入研究的专家学者，助力优秀教职人员开展佛教文化研究与教义阐释工作。优化教职人员人才结构，因人而异、因材施教，着重于增进学识、修行实践、寺务管理等方面的培养，尽最大可能实现人才结构的多元统一。采取多种方式，加强对教职人员的国民教育、法治教育、政治教育、宗教教育，提高教职人员的人文素养和综合素质。制定教职人员培养规划，统筹资源，优化布局，打造规模适当、质量过硬、梯次合理的教职人员队伍。举办专题培训班，努力培养精通经典教义、精通中华优秀传统文化、守法持戒的高素质僧才，促进佛教事业健康传承。关心优秀青年教职人员的成长，帮助他们在工作实践中守法持戒、精进修学、历练成长，不断提高弘法利生、服务社会的能力和水平。

"悲智行愿"，善行天下

北京佛教界自觉践行"人间佛教"思想，继承佛教慈悲济世、拔苦与乐的优良传统，积极投身公益慈善活动，以实际行动体现信仰、服务社会，紧紧围绕扶贫济困、赈灾救灾、助医助学、助残养老等方面做了大量卓有成效的工作，打造北京佛教界"悲智行愿"公益慈善品牌。如开展"大爱无际慈善义诊"活动，携手北京知名医院医疗志愿者服务老区和远郊区病患，为受助者献上及时之需。新冠肺炎疫情发生后，北京佛教界为北京和湖北十堰疫情防控工作捐款 600 多万元，助力打赢疫情防控阻击战。同时，积极开展对口帮扶、扶贫采购、大病患者救助等公益慈善活动。在中秋节、重阳节、春节等传统节日期间，北京市佛教协会所属各寺院还积极开展走访慰问活动，给敬老院、养老驿站、周边社区老人、贫困家庭送去慰问金和慰问品。

文明互鉴，友好交流

2017 年 7 月，柬埔寨国王西哈莫尼会见北京佛教代表团

北京佛教界注重把自身建设发展融入国家发展战略中，致力于促进与各国佛教界的相互交流与友好合作，服务国家外交大局，为"一带一路"国际合作发挥佛教应有的积极作用。自 2012 年以来，北京佛教各场所先后接待美国、俄罗斯、加拿大、西班牙、葡萄牙等外国政要或宗教领袖 200 多批次；出访日本、缅甸、泰国、柬埔寨等国共 12 次，受到包括柬埔寨国王在内的当地政府首脑、官员、佛教领袖的热烈欢迎和广泛好评。北京佛教界积极参与中日韩三国友好交流会议，进一步发展三国佛教传统友谊，巩固和加强三国佛教"黄金纽带"关系，为弘扬中国佛教文化做出应有贡献。

助推传统文化复兴

北京作为首都的特殊性，使得北京佛教在全国具有很强的综合辐射带动能力。积极发掘佛教文化中的和谐因素，回报社会、服务民众，为构建和谐社会贡献力量，成为首都佛教界的共识和义务。

佛教文化与儒家文化、道家文化一起构成了中华民族文化软实力的丰富资源和不竭源泉，北京佛教界正在积极探索实践，将佛教文化的资源有效地转换成现实的文化软实力，让佛教文化在国家文化软实力建设中发挥作用。

加强佛教文化建设，承先启后，继往开来，与时俱进，开拓创新，再塑佛教的全新风貌，是佛教自身建设与发展的需要，是佛教与现代社会相适应的重要内容与途径，是佛教在新的历史起点上寻求新的自我定位的一项重要任务。多年来，北京佛教寺院举办传统佛事、佛学论坛、培训班、讲经说法、出版佛教刊物等，开展佛教文化常识普及活动，积极倡导适应现代社会发展的时尚新风，极大地丰富了当代北京佛教文化的内涵，并产生良好的社会效应。如广化寺创立的什刹海书院，常年举办高端学术论坛，成为书院重要的学术交流平台，每年推出儒学季、佛学季、道学季、易学季等不同主题的论坛活动，旨在推动中国传统文化的继承与复兴。灵光寺组织的佛乐团，多次参与外事演出活动和社会公益活动，向国内外各界人士介绍中国传统文化。

　　北京佛教历经上千年，文重法盛，高僧辈出，寺塔林立，呈现出特有的中国风格、中国气派。新时代，北京佛教界将在党和政府支持下，深入挖掘教义教规中有利于社会和谐、时代进步、健康文明的内容，对教义教规做出符合当代中国发展进步要求、符合中华优秀传统文化的阐释，推进制度化建设，不断开辟佛教中国化的新境界。

广化寺举办什刹海书院"2019春秋国医论坛"

北京道教中国化历程

      历史上，道教有太平道、正一道、真大道、太一道、全真道等教派在北京地区传播。从魏晋南北朝时北京道士寇谦之在嵩山改革道教，唐代北京天长观（白云观的前身）的建设，元代丘处机劝谏成吉思汗后住持北京白云观和张留孙修建北京东岳庙，明代道教《正统道藏》的编纂，清代全真龙门派王常月律师在北京白云观开坛传戒，到当代北京道教主动接受社会主义改造、积极走与社会主义社会相适应的道路，无不彰显北京道教中国化的历程。

从清整道教到龙门中兴

魏晋南北朝的北京道教

魏晋南北朝时，处于大变革时期的北京道教，在道士寇谦之改革北方天师道的洪流中，得到了进一步的发展。寇谦之为上谷昌平（今北京境内）人，北魏明元帝神瑞二年（415），自言太上老君降临嵩山，授其天师之位，赐《云中音诵新科之诫》二十卷，敕令清整道教，并得服气、导引口诀。明元帝泰常八年（423），他又自称得老君玄孙李谱文授《天中三真太文录》，使能劾召百神，又授《录图真经》六十余卷，讲述坛位、礼拜及衣冠仪式。他将经书献给北魏太武帝拓跋焘，受到敬重，太武帝亲至道坛，受符箓。宰相崔浩拜其为师，亦受道教符箓。他们全力支持寇谦之对道教传度授箓进行改革，其具体措施为：

第一，传度治箓按照一定的规矩来，切不可贪高喜多。寇谦之所撰《老君音诵诫经》中称道教男女官受治箓是天官叩章，用以训示诫勉世人，邪魅不能迷惑它，就像世间的君臣佐使一样，像有神职的道士道民不能冒犯一样。然而当时道官祭酒们的种种行为，有违太上初衷、天官教诲。[1] 因此寇天师要求男女道士授受法箓，应该像朝廷当官任职一样循规蹈矩，不能贪图位高权重。对于私自立坛制箓授受，随意加大箓上吏兵将军、扰乱治箓、迷惑受箓者的行为"从今以去……未复承用"[2]。

第二，取消自署治箓符契进行传授的行为。寇谦之借太上老君的口吻说：

---

[1] 《老君音诵诫经》："道官祭酒愚闇相传，自署治箓，为请佩千部将军吏兵相惑乱。请之伪吏兵卫护，尽皆无有。正可常佩受署某官而已。通神得道之人，遇值仙官。诸受职箓者，不得五人三人吏兵给吏。然地上遇人自署相仿，何可能有此百千万重将军吏兵管护哉？"《道藏》第18册，第213页。

[2] 《道藏》第18册，第213页。

"从系天师升仙以来，旷官真职，道荒人浊，后人诸官愚闇相传，自署治箓符契，气候倒错，不可承推。吾本授二十四治，上应二十八宿，下应阴阳二十四气，授精进祭酒，化领民户。道陵演出道法，初在蜀土一州之教。板署男女道官，因山川土地郡县，按吾治官靖庐亭宅，与吾共同领化民户，劝恶为善。阳平山名上配角宿，余山等同，而后人道官不达幽冥情状，故用蜀土盟法板署治职，敕令文曰：'今补某乙鹤鸣山云台治权时箓署治气职，领化民户，质对治官文书，须世太平，遣还本治。'而九州土地之神，章表文书，皆由土地治官真神而得上达。有今闻道官章表时请召蜀土治宅君吏他方土地之神，此则天永地福，人鬼胡越。吾本下宿舍治号令之名，领化民户，道陵立山川土地宅治之名耳，岂有须太平遣还本治者乎？从今以后，诸州县男女有佩职箓者，尽各诣师改宅治气，按今新科，但还宿官称治为职号，受二十四治中化契令者，发号言'补甲乙正中官气角宿治'，以亢宿、氐宿、房宿，二十八宿法。上章时直言'臣'而不得称真人。若灵箓外官不得称治号，其蜀土宅治之号勿复承用。若系天师遗胤子孙在世，精循治教领民化者，不得信用诸官祭酒，为法律。上章时不得单称系天师位号，当号名，与诸官同等。明慎奉行如律令。"① 对于个人立署授受符箓，或某个教团独专治箓符契的行为，应该革除，不可承推。

第三，清纯传度法箓内容，剔除某些不该要的箓契，如黄赤经契。《老君音诵诫经》说："吾诵诫断改黄赤，更修清异之法，与道同功。其男女官箓生佩契黄赤者，从今诫之后，佩者不吉。"② 这说明寇谦之已经认识到传男女合气之术对道教发展不利，所以主张革去黄赤之道，以求道团健康发展。

除却了上述三种传度法箓弊端后，寇谦之认为："《文录》有五等，一曰阴阳太官，二曰正府真官，三曰正房真官，四曰宿宫散官，五曰并进录生。坛位、礼拜、衣冠仪式各有差品。……出天宫静轮之法，则起真仙矣。又地

① 《道藏》第18册，第216页。
② 《道藏》第18册，第216页。

上生民，末劫垂至，其中行教甚难。但令男女立坛宇，朝夕礼拜，若家有严君，功及上世。其中能修身炼药，学长生之术，即为真君种民。"①寇谦之将箓分成了太官、府真官、房真官、散官、录生五等，提出必须按照相应的坛、礼、冠仪进行迁授。

寇谦之从小就学习张鲁的修道方法，因此他对张鲁天师治的管理并不陌生，他深知天师道当时发展的种种弊端所在。于是他从信徒入道传度的宅录制度下手，对天师道进行了改革。他从废除天师道的租米钱税契录制度入手，禁止道官祭酒在传度信徒入教活动中索取钱财，要求以儒家的礼度和道教的服食修炼来规范行为，这一做法不仅得到道民们的拥护，而且得到了封建统治者的赞许。寇谦之所处的北魏政府对寇谦之的做法给予了政策支持和法律保护，专门为他在都城南城或南郊修建道坛传度弟子，②并且太武帝本人还亲临道坛传度受箓，③使之成为皇权常制，这样使原本属于道教的"道宅科录"列入了国家的法制。其实早在北魏道武帝时（386—409）便在朝中立仙人坊，设置仙人博士，可视为政府对道教管理的开始，寇谦之改革道教的举措无疑受到北魏政府的欢迎。后来北齐政府在太常寺下设崇虚局，对全国道教事务进行管理，尤其是对道士的簿账进行严格管理。从此，北方道教摆脱了民间的阴影，上升到官方正统道教的地位，显盛于北朝。

同样，南朝道士陆修静从道士传度入籍着手对南方天师进行了改革。

寇谦之和陆修静改革天师道的目的都是要消除道教在统治者心目中对政

---

① （北齐）魏收撰：《魏书》卷一百一十四《释老志》，北京：中华书局，1974年，第8册，第3053页。

② 太延六年（440），太武帝下令为寇谦之师徒在京城东南（象征嵩山）修建了五层高的道坛，遵其新经之制，取名"玄都坛"，传度道士120人，朝廷供给衣食。北魏孝文帝元宏元和十五年（491）将道坛由城南迁至南郊，定员由120人减至90人。孝文帝迁都洛阳后，一照旧例，在洛阳城南新建道场，定员为106人。北魏孝武帝元修永熙三年（534），孝静帝元善见由洛阳迁都邺城，建立东魏，在邺城南建立道场，定员仍为106人。东魏武定六年（548），高澄把持朝政，奏请取消道坛。

③ 太延六年（440），太武帝根据寇谦之的建议，改元"太平真君"，后又应寇谦之所请，亲自至道坛受符箓。自此，北魏历代皇帝即位时，都至道坛受符箓，成为一种规制，依此作为鲜卑拓跋部统治汉族的一种依据。如文成帝拓跋濬于兴光元年（454），"至道坛，登受图箓"。孝文帝拓跋弘于天安元年（466），"幸道坛，亲受符箓"。

治改良或对抗的形象，努力革除道教在统治阶级中的不良影响，使道教走向官方化、成熟化，与儒、释二教相融合，使道士身份和道教文化得到社会的认可。为了实现这一目标，寇谦之提出道教"辅佐北方泰平真君"①的倡议，所以"老君降临嵩山"，要求寇谦之清理道门、整肃教风，删除以往不合理的管理办法，如租米钱税和男女合气方术，以礼度和服食闭练来治理道教。在《老君音诵诫经》中他批评道门中"攻错经道，惑乱愚民""诳诈万端"②的不良现象，大力赞扬北魏王朝"载在河洛，悬象垂天"③，是顺天意、合民心的政府，是"中庸、忠、孝、仁、义、信"等儒家思想的集中体现，表达与旧道教的根本区别。这种改革主张与措施得到了统治政权嘉许，北魏统治者接纳道教，太武帝带头"崇奉天师，显扬新法"④，在都城开设道教厨会，"立玄都坛，超静轮天宫"⑤，用王公大臣的礼节接待寇谦之和他的弟子，颁布诏令在全国建造太平观275所，传度道士1300多人，并倡议道教位居佛教之前，改元年号为"太平真君"⑥，以"太平真君皇帝陛下"之称，亲临道坛受道教法箓。这一系列的现象表明北方道教经过寇谦之的改革成功地从民间走向官方，成为了一个较为成熟的中国传统宗教，它的教理体系和文化得到了国家和社会的认可。

此外，魏晋南北朝时期道教文化的社会认可还与葛洪和陶弘景的努力分不开。葛洪倡导的是"外儒内道""尊王敬儒崇道"的主张。他著《抱朴子

---

① （北齐）魏收撰：《魏书》卷一百一十四《释老志》，北京：中华书局，1974年，第8册，第3051页。

② 《道藏》第18册，第211页。

③ 《正一法师教戒科经·大道家令戒》，《道藏》第18册，第237页。

④ （北齐）魏收撰：《魏书》卷一百一十四《释老志》，北京：中华书局，1974年，第8册，第3052页。

⑤ （北齐）魏收撰：《魏书》卷一百一十四《释老志》，北京：中华书局，1974年，第8册，第3053页。

⑥ （北齐）魏收撰：《魏书》卷一百一十四《释老志》，北京：中华书局，1974年，第8册，第3053页。

内外篇》，外篇讲"人间得失，世事臧否"①，如"君道、臣节、良规"②等篇名，显然具有儒家治世的特征，内篇讲"神仙方药、鬼怪变化、养生延年、禳邪却祸"③，明显是道教修炼的内容，如"畅玄、论仙、金丹"④等；提出修仙当以忠孝和顺仁信为本，化解了"神仙"与"君王"之间紧张气氛和对立状态，使修仙者既尊仙道又敬王道。

陶弘景在葛洪、陆修静改革道教的基础上，提出了三教融合的思想。他将儒家的"中庸、忠孝"与佛教的"去性存性、三毒、轮回、顿悟"融入道教教化思想中，指出世界"万象森罗，不离二仪之育，百法纷凑，无越三教之境"⑤，所以"崇教惟善，法无偏执"⑥。这样导致许多僧人和道士都皈依到他的门下，于是在茅山崇虚观中设立"佛道二堂，隔日朝拜"⑦，教导"身以弘道，行不违仁"⑧的修行法则，满足了士大夫精神生活的需求，为儒、释、道三教的修行树立了榜样。

道教在葛洪、陶弘景、寇谦之和陆修静的带领下，在自我革新的道路上才得以走向成功，最终脱胎换骨由民间宗教走向被官方认可的宗教，也由仪式性的宗教逐步向思想性宗教前进，最终从文化上得到了社会的认可，为隋唐统治者对道教的认可奠定了坚实的基础。北方天师道在寇谦之影响下，逐渐盛行于包括北京在内的北方地区。

---

① 杨明照撰：《抱朴子外篇校笺·前言》，北京：中华书局，1991年，第1页。

② 杨明照撰：《抱朴子外篇校笺·前言》，北京：中华书局，1991年，第1页。

③ 杨明照撰：《抱朴子外篇校笺·前言》，北京：中华书局，1991年，第1页。

④ 王明：《抱朴子内篇校释·前言》，北京：中华书局，1986年，第1页。

⑤ 陶弘景：《茅山长沙馆碑》，陈垣编纂，陈智超、曾庆瑛校补：《道家金石略》，北京：文物出版社，1988年，第22页。

⑥ 陶弘景：《授陆敬游十赍文》，《道藏》第5册，第636页。

⑦ （唐）释法琳撰：《辩正论》卷8引《陶隐居内传》，（唐）释道宣：《广弘明集》卷十三《辩惑篇》第二—九引《辩正论·十喻九箴篇》，国学大师网：《钦定四库全书》子部《广弘明集》卷十三，第40页，http://www.guoxuedashi.com/2591y/1664129.html。

⑧ （梁）萧纶：《解真碑铭》，《华阳陶隐居内传》卷下，《道藏》第5册，第511页。

唐代崇道与白云观诞生

唐朝的统治者利用道教为立国争取合法地位，自称是道祖老子的后裔，奉道教为国教，祀老子为"太上玄元皇帝"，鼓励皇亲国戚加入道教，[①] 将道教《道德真经》和"四子真经"[②] 列入国家科举考试的内容，敕封道教真人[③] 等。在山西临汾一个不起眼的二峰山，神话"老子显圣"，为李唐合法身份证明，此事迹记载在唐玄宗《大唐龙角山庆唐观纪圣之铭》[④] 之中。唐代帝王以老子为其祖先，尊为"太上玄元皇帝"，将二峰山封敕为"龙角山"，在山上敕建庆唐观，御制御书《大唐龙角山庆唐观纪圣之铭》，刻成石碑，至今仍保存在山西临汾庆唐观的原址上。皇帝的崇道立国得到了道教的响应，将皇帝的一系列行为整理成《龙角山记》，编收于《道藏》之中作为道门圣典永充保存。据载，开元二十九年（741）唐玄宗梦见老君对他说："吾有像在京城西南百余里，汝遣人求之，吾当与汝兴庆宫相见。"[⑤] 唐玄宗派遣官员去寻找，在周至县楼观山里发现了老子像，闰四月迎请老子像供奉在兴庆宫中，五月唐玄宗画玄元皇帝老子的肖像分别发送到各州的开元观中祀奉，同时还授受法箓。

---

① 唐代有高阳、太平、金仙、玉真、万安、楚国、华阳、文安、浔阳、平恩、邵阳、永嘉、永安、义昌、安康、新昌、永穆、咸宜等18位公主入道，现存公主住持道观有太平公主的太平观、金仙公主的金仙观、玉真公主的玉真观、咸宜公主的咸宜观、新昌公主的新昌观、永穆公主的华封观（又名万安观）和华阳公主的宗道观（又名华阳观）。

② 四子真经指《南华真经》（《庄子》）、《冲虚真经》（《列子》）、《通玄真经》（《文子》）、《洞灵真经》（《亢仓子》）。

③ 唐玄宗天宝元年（742）封庄子为"南华真人"，封列子为"冲虚真人"，封文子为"通玄真人"，封亢仓子为"洞灵真人"。

④ 《大唐龙角山庆唐观纪圣之铭》："我远祖玄元皇帝，道家所号太上老君者也。……肇我高祖之提剑起晋，太宗之伏钺入秦，鹏搏风云，麟日闯月，夏臣丑而已去，殷鼎轻而未徙。老君乃洗然华皓，白骥朱鬣，见此龙角之山，示我龙兴之兆，语绛州大通堡人吉善行曰：'吾而唐帝之祖也，告吾子孙，长有天下。'于是一闻赤伏而万姓宅心，一麾白旄而六合大定。《传》曰：'有声之声，不过百里，无声之声，延及四海。'非夫神唱明德，翕时人祇者欤！"《道藏》第19册，第692页。

⑤ （宋）范祖禹编撰：《唐鉴》卷九《玄宗·中》，刘修治主编：《中华藏书》卷二《皇家藏书·唐鉴》，北京：文化艺术出版社，2002年，第128页。

就在这一年，时称幽州的北京城诞生了一座供奉老子的道教宫观，它就是今天位于北京西便门外的白云观。白云观最初建时叫"玄元皇帝庙"。玄元就是指道教之祖老子。但建成后的"玄元皇帝庙"却改称"天长观"，只是因为唐玄宗的生日叫作"天长节"。天长观建成后，由皇帝选配道士居住，并赐玉石雕刻的老子像，作为观内奉祀的圣像，是观内最高贵的宝物。由于当时幽州地区的人口已达 37 万多人，有 67000 余户，土地已普遍开垦，农业、手工业和商业都有很大的发展，作坊店铺都很发达。同时，幽州城是唐朝江南、中原与东北相联系的枢纽和各种货物的集散地，地理位置十分重要。因此，天长观很快成为著名的道观。唐宣宗至唐懿宗时期（847—872），大保相国、卢龙节度使张允伸鉴于天长观年久失修，遂差使押衙兼监察御史张叔建率领工匠加以维修。竣工后，张允伸推刘九霄撰《再修天长观碑》记其事迹，懿宗咸通七年（866），道士李知仁重摹，这块碑现仍然竖立在白云观中。

白云观山门

金元时期的北京道教

金元时期是北京道教兴盛的时期，道教在北京发展十分迅速，有萧抱珍创立的太一道、刘德仁创立的真大道、王重阳创立的全真道，以及南方的正一道在北京发展。

金熙宗天眷年间（1138—1140），萧抱珍（？—1166）创立太一道，门徒数千人。大定十一年（1171）金世宗诏见第二祖萧道熙到金中都（今北京），任中都天长观（今白云观）住持，使太一教开始在北京流传。大定二十二年（1182），金世宗诏他入北京皇宫内问以养生之道，道熙对答如流，世宗赏赐他很多财物，并奉敕在太一万寿观内立御赐额碑。大定二十六年（1186），萧道熙忽思念栖真岩壑，传教于弟子萧志冲，飘然而去，不知所终。萧志冲（1151—1216）继萧道熙住中都，于金章宗泰和五年（1205）赴太极宫（天长观之新名），诵经百日。泰和七年（1207），由于萧志冲驱蝗有功，金章宗赐给他"元通大师"称号，并任道教提点；后又为女官们治好了病，卫绍王即位后，赐给他名为"上清大洞"的道教法服。萧志冲在京期间，追随他的信徒每年多达数千人。金朝灭亡后，忽必烈诏太一道四祖萧辅道（？—1252）至和林，留住宫邸。萧辅道凭借与元帝室的特殊关系，广交上层官僚、士大夫及文人雅士。元世祖居潜邸时，召见萧辅道，萧辅道举荐萧居寿（1220—1280），请传嗣为太一道五祖，元世祖命令萧居寿改李姓为萧，赐号"贞常大师"，授紫衣一袭。萧居寿嗣掣纲领，持守成规，宏展道纪，信徒甚众。元世祖中统建元（1260）春正月，萧居寿奉诏于本宫设黄箓大醮。秋九月，又奉谕祈祓金箓醮筵，赐号"太一演化贞常真人"。元世祖至元十一年（1274）世祖特旨创太一广福万寿宫于两京（上都内蒙古多伦和大都北京），建斋坛，领祠事，且禪祀六丁，至元十三年（1276）赐萧居寿"太一掌教宗师印"，掌管道教事务。至元十七年（1280）萧居寿羽化。李全佑嗣为六代祖，蔡天佑继嗣为七代祖，直到泰定帝时，太一道仍盛于大都一带。

金朝初年，刘德仁（1122—1180）创立真大道。金世宗大定十四年（1174）

后，应诏居中都天长观，赐号"东岳真人"，真大道开始在北京传播。传授真大道的人几乎遍及北方，以"清静无为为本，真常慈俭为宝"。刘德仁传教38年后，传法于大通真人陈师正。金人与蒙古人激烈征战期间，真大道归隐于民间流传。直到元宪宗时，五祖郦希诚得到元宪宗的信任，真大道才改变了隐于民间的局面。郦希诚（1182—1259）少年出家，曾居燕京天宝宫（位于北京南城），得元宪宗庞遇，赐改"大道教"为"真大道"，授"太玄真人"号，赐印玺、紫衣冠服等，命令他总领道教事务。

金世宗大定七年（1167），王重阳（1112—1170）于山东昆嵛山（今山东牟平县东南）一带布道，收当地富豪马钰为徒，马钰为其筑庵居住，命名为"全真"。由此，凡奉其道者，皆号称"全真道士"。于是全真道正式创立。王重阳在山东文登、宁海、莱州等地传道立会，主张儒、释、道三教合一，故"凡立会必以三教名之"，"劝人诵《道德经》《般若心经》及《孝经》"。全真道在北京广泛传播与发展，全赖于全真七子中的王处一和丘处机。金世宗大定八年（1168）二月中，王处一求拜于王重阳全真庵，王重阳授给他"正法"和"玉阳子"之号。大定二十七年（1187），金世宗在中都诏见王处一，问他养生延命的道理，王处一回答说："惜精全神，修身之要；端拱无为，治天下之本。"世宗十分高兴，先后让他居住在中都天长观、修真观、崇福观，使全真道正式开始在北京传播。王处一还特别为金世宗主持万春节（世宗生日）醮事。金章宗承安三年（1198），章宗诏见王处一，问他养生延寿的秘诀，王处一回答说："无为、清静、少私、寡欲。"又问他性命的奥秘，以"心运气，是皆无为自然斡旋造化玄元至道不为而成者"作答。再问他治国及边境的事情，均符合章宗的意思。次年（1199），王处一乞求还乡养母，章宗特意赐给他"体玄大师"的称号。王处一竭力宣扬全真玄风，常与太宗、将军、巡检、县令、押司等文武官员，以及各阶层人士馈赠互答，凡劝人，皆以归玄修道，出家修仙为劝诫。金宣宗兴定元年（1217）四月二十三日，王处一羽化升仙于燕京天宝观。

丘处机（1148—1227），号长春子。20岁于昆嵛山栖霞洞拜王重阳为师。大定二十八年（1188），金世宗诏丘处机居天长观，问他保身养命的方术，丘处机回答说："抑情寡欲，养气熙神。"世宗十分喜悦，让他主持万春节醮事，并在宫中建庵供丘处机修行，进一步巩固了全真道在北京的发展。金宣宗兴定三年（1219），远在西域的元太祖成吉思汗派近臣刘仲禄、札八儿持诏奉请。丘处机带着为民请愿的决心，欣然同意，于次年（1220）偕尹志平等18人自山东莱州启程西行，跋山涉水，旅途万余里，终于在金宣宗元光元年（1222）到达印度大雪山阳坡（今阿富汗境内），历时3年。见到成吉思汗后，丘处机劝谏说："敬天爱民为本，清心寡欲为要。"成吉思汗听后，深有感慨，从而放弃了对异族百姓的大肆杀伐。1224年，成吉思汗命令丘处机居燕京太极宫（今北京白云观），在北京全面发展全真道。此后，丘处机建立了八个教会，广招弟子，开坛演教。燕京名豪富绅争相捐赠，修建宫观，使太极宫焕然一新。元太祖二十二年（1227）皇帝下旨改"太极宫"为"长春宫"，丘处机在宫中演教，玄风大振。是年（1227），丘处机羽化于北京，其遗蜕葬在白云观的处顺堂（今白云观的邱祖殿），四方弟子来会者达万余人。元世祖至元六年（1269）追赠他为"长春主道演教真人"，元武宗加封他为"长春全德神化明应真君"。清乾隆皇帝赞其曰："万古长生，不用餐霞求秘诀；一言止杀，始知济世有奇功。"

丘处机羽化后，弟子尹志平居长春宫，继续在北京弘传全真道。尹志平在长春宫东侧置地，建处顺堂，安放丘处机遗蜕。元太宗四年（1232），太宗南征回京，命令尹志平入中宫，代祀于长春宫，皇后赐《道藏》一部。六年（1234），太宗赐道经一帙。八年（1236），尹志平往终南山修葺祖庭，课受信徒。十年（1338），传衣钵于李志常。李志常（1193—1256）于元太祖十三年（1218）在莱州师事丘处机。二十二年（1227）李志常诏受都道录，兼领长春宫事，力承师志，在北京继续传扬全真道。元太宗五年（1223）敕命为燕京玄学总管，教蒙古贵族子弟18人。七年（1235），奉诏筑道院于和林（今蒙古哈尔和林）。十年（1238），太宗赐封"玄门正派嗣法演教真常真人"，任全真掌教，成为全真道第七代掌门。宪宗即位，赐以宝诰金符，奉诏行使岳渎祭祀，举行金箓斋、普天大醮祀事。

经过尹志平和李志常掌管的全真道，逐渐在燕京长春宫完善了十方丛林制度。十方丛林也叫十方常住，丛林意谓茂密的山林，深山老林中栖隐修真高士。十方常住道众荟萃，故常住有丛林之称。十方丛林制度缘于王重阳创立全真教之初，王重阳著《立教十五论》，要求出家道士必须投庵，居处以茅庵草舍为足，不可求大殿高堂，道伴须详择明心、有意、有志之人，相与修学，并云游访道，参究性命；读诵道经当穷其本意，不贵记多念广；修炼从调心打坐入手，以性命混合为要诀等。丘处机时，制定了一套系统的管理体制与管理方法。据《律坛执事行为榜》记载，管理体制为民主选举制和分工负责制，任何人不得随心所欲、为所欲为。管理方法采取执事制，分为：首领执事——方丈、监院；常住执事——"三都五主十八头"、客寮、库账、经典堂号"八大执事"。另有根据不同情况设立专职执事和极个别小的执事。并对客堂、寮房、圜堂、养症堂、老人堂、十方堂、号房、账房、经堂和道众的言行举止等做出了严肃详细的规定。

元至元十三年（1276），忽必烈遣使征诏正一道第三十六代天师张宗演（1245—1292）入宫，设宴招待他，并赏赐冠服，封为嗣汉天师，赐号"演道灵应冲和玄静真君"，主领江南道教事务，使正一道正式在北京传播。张宗演两次在元大都设醮。忽必烈在北京建崇真万寿宫，任命张宗演及随行弟子张留孙任该宫观的住持。崇真万寿宫是正一道在北京的重要道观。张留孙随张宗演到北京后，一直留在京城，在元武帝（1308—1311）时，当上了集贤院主管。

张留孙（1248—1321）于至元十三年（1276）随师赴大都朝觐元世祖，世祖十分赏识他"七分神仙，三分宰辅"的美好形象，留侍身边。元世祖时有诏问，张留孙教以"虚心正身、崇俭爱民以保天下"之法，深合皇上的意思。

曾为真金太子、昭睿顺圣皇后祈禳治病，疗效显著，世祖欲命其为天师，张留孙坚决不同意，世祖只好称之为上卿，赐宝剑，敕建崇真宫于两京，供他居住，以掌祠事，并赐良田栗园若干顷，高弟门人皆给馆驿马车。至元十五年（1278）授给他"玄教宗师、道教都提点"，管领江北、淮东、淮西、荆襄道教事务，佩银印。张留孙羽化后，被元世祖封为"道祖神应真君"，翰林学士赵孟頫为之撰写碑文纪念。张留孙以道士的身份留在皇帝身边达50余年，历事八帝，在北京德高望重。至元二十四年（1287），张留孙的弟子吴全节来到北京，拜见元世祖，于元大德二年（1298）任崇真万寿宫提点，协助张留孙设醮。大德十一年（1307），成宗授"玄教嗣师"，赐银印，秩视二品。元武宗至大元年（1308），武宗赐七宝金冠织文之服给吴全节。元英宗至治元年（1321），英宗制授"上卿玄教大宗师、崇文弘道玄德真人"给吴全节，命令他总摄江淮荆襄等处道教、知集贤院道教事务，赐玉印一、银印二。吴全节雅好结交士大夫，当时大臣硕儒多与之交游，曾举荐陆贽、吴澄等人给皇上。至元六年（1346）吴全节羽化，张留孙弟子夏文泳掌教。在集贤院里，正一道与全真道，均有高道名列其中。

金元统治者对全真道、太一道和正一道一视同仁。成吉思汗编成文法典，规定必须无区别地对待一切宗教。各教派的掌教和代表人物都曾奉诏至北京，有的入住长春宫，有的在大都另建宫观。如元世祖至元十七年（1280）于今复兴门内成方街建成大都城隍庙；元仁宗延祐元年（1314）道士在朝阳门外建成九天宫。延祐六年（1319），张留孙自资兴建东岳庙。另据《顺天府志》记载，还有潘德冲建的固本观、宋道安建的长生观、宋德芳建的清都观、王志明建的洞神观、王慧舒建的清远观、何志邈建的兴真观、何守夷建的清真观、李志方建的真元观、霍志融建的崇元观等，由此大都成为全国道教中心。

明代道教与《道藏》编纂

明成祖永乐年间（1403—1424），特许在北京建造规模宏大的都城隍庙，成为祭祀城隍最高庙宇，并敕命北京全真道士以白云观"处顺堂"为中心复建长春宫，从此白云观代替原长春宫的地位。永乐元年（1403），明成祖朱棣继位，第四十三代天师张宇初到北京参加祝贺，成祖赐给他缗钱修葺大上清宫，并让他陪祀北京天坛。永乐四年（1406）夏天，成祖命令张宇初"编修道教书"，通类刊版，明《道藏》正式开始修编。永乐五年（1407）曾三次建斋箓于朝廷，成祖厚赐珍物，并给驿券还山。

明成祖朱棣称帝以后，为了酬谢真武神功，还在京城的东北角修建武当庙宇，每年派人前去祭祀。成祖还为道教斋醮谱曲、撰词，即今存于《道藏》中的《大明御制玄教斋醮乐章》。

明宣宗宣德七年（1432），在皇城西北（今西城区阜成门西大街）修葺创建于元代的天师府，并改称朝天宫。宣德八年（1433）建成，成为明代最大的皇家道观。

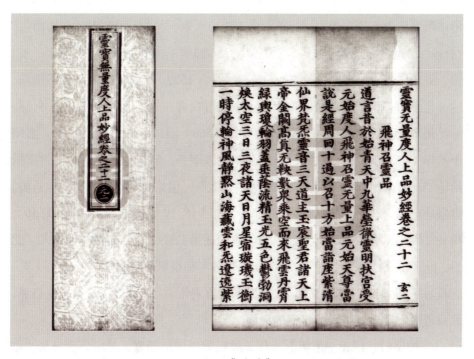

明版《道藏》

明英宗正统八年（1443）正式赐白云观匾额称"敕建白云观"，同时不但封张元吉以大真人号，还组织道士于正统十年（1445）完成《正统道藏》的编纂刊印，于正统十二年（1447）颁赐天下道观。由此北京白云观得《正统道藏》一部。天顺元年（1457），复诏道士蒋守约至北京，提拔为礼部尚书。

明宪宗成化八年（1472），宪宗授给顺天宛平（今北京）人崔志端太常寺赞礼郎，后补寺丞、少卿。明宪宗还于成化十三年（1477）首开传升道官制度，诏第四十七代天师张玄庆入北京，授给他"正一嗣教保素继祖守道大真人"，管理道教事务。

明孝宗继位后，任用崔志端为尚书，成为明代第三个道士尚书。崔志端，初由神乐观道士充当乐舞生，明孝宗弘治八年（1495）迁卿，十七年（1504）进礼部尚书，仍掌太常寺事。

及至明世宗朱厚熜，将明代北京崇道活动推向高潮。他一方面崇尚道教斋醮，一方面任用道士与方士，一方面笃信方药。明世宗嘉靖三年（1524），诏江西龙虎山上清宫道士邵元节（?—1539）入京，令"专司祷祀"，寻祷雨雪，"有验"，世宗封他为"真人"，统领朝天、显灵、灵济三宫，并赐有金、玉、银、象牙印各一，管理道教事务。嘉靖六年（1527），邵元节献风云雷雨坛。后又建醮祷告，三年后皇子出生，世宗非常欢喜，封邵元节为礼部尚书，赐一品服。随后邵元节又举荐陶仲文（?—1560）给世宗，得世宗宪幸。嘉靖十八年（1539），陶仲文继邵元节总领道教事务，随世宗南巡有功，世宗授给他"神霄保国宣教士"，又封他为"真人"。世宗生病，陶仲文为他祈祷。世宗病愈后，授他少保、礼部尚书之职，又加少傅、少师。嘉靖二十九年（1550），陶仲文因平狱有功，被封为恭诚伯。他的徒弟弘经、永宁亦被封为真人。此后，世宗还于嘉靖三十五年（1556）为其皇考和皇妣上道教尊号，又自号"飞玄真君"，后加号"忠孝帝君"，再加号"万寿帝君"，俨然以道教教主自尊，北京道教发展达到了极为显盛的局面。

明神宗时，诏正一道第五十代天师张国祥进京朝觐，神宗亲手书写"宗传"字额赐张国祥，并赐张国祥玉刻"宗传"印，即元坛印。敕命重新修理位于朝天宫内的府第供其居住，御书真人府额，旨聘驸马都尉谢公诏之女为婚配。张国祥在北京13年，宠赉甚渥。明神宗万历三十五年（1607）上元节，张国祥奉旨校梓《万历续道藏》，编辑了《续道藏》杜字号至缨字号，刊印流行。后来，习惯上把正统版《道藏》叫做正藏，张国祥续修的叫做续藏。正藏与续藏合起来就是今日的《道藏》。

虽然明代严格限制道教私建宫观，但在北京民间仍建有妙峰山娘娘庙、前门关帝庙、护国洪慈宫、崇元观、白马关帝庙、东坝娘娘庙、崇文门外火德真君庙、和平门火神庙、广安门外六里桥西南五显财神庙、旧鼓楼大街北药王庙、德胜门外玉虚观、门头沟大村乡娘娘庙、房山良乡西昌祖庙、通州城内西大街伏魔大帝宫等多处道观。

清代王常月"龙门中兴"

清代以后，北京道教发展缓慢。清朝的顺治、康熙、雍正三朝为笼络汉人，对道教尚加保护。顺治六年（1649）六月，清世祖封第五十二代天师张应京为"正一嗣教大真人"，赐敕印，命令他掌管天下道教事务。顺治十二年（1655），清世祖召第五十三代天师张洪任进京朝觐，命令他"驱除外藩妖害"，劾治立应，奖励尤盛。顺治十三年（1656），世祖谕礼部曰："儒、释、道三教并垂，皆使人为善去恶、反邪归正、遵王法而免祸患。"同时，清世祖还支持王常月在北京的阐教活动。明末清初，兵荒马乱，北京白云观道士几乎全部遁隐山林，王常月突然出现在白云观中，率领余众毅然居住了下来，不久便被道众推为白云观住持。顺治十三年（1656），王常月被封为国师，得赐紫衣，三次奉旨在白云观主讲经论。不久便在白云观传初真、中极、天仙三堂戒，传授道徒1000多人，使久衰不兴的全真道龙门派得到了恢复发展，成为清代最大的道教派别，历史上将此称之为"龙门中兴"。康熙十九年（1680），王常月将其衣钵传授给弟子谭守诚，在北京白云观羽化，世行 159 载。康熙四十五年（1706）追赠他为"抱一高士"，并在白云观西院建飨堂、塑法像，岁时祭祀，道教内部尊称为昆阳王真人。

同时，道教正一派于康熙年间（1662—1722）在北京正阳门外修建了天师府。康熙二十年（1681），圣祖召第五十四代天师张继宗至北京朝觐，命令他祷雨，"颇有灵验"，赐御书"碧城"以为号。雍正年间（1723—1735），改建京师天师府至地安门外。雍正皇帝倡导三教合一，对道教较为重视。雍正元年（1723），世宗皇帝授第五十五代天师张锡麟为光禄大夫，并于雍正四年（1727）诏见张锡麟。同时对龙虎山道士娄近垣大加崇信。雍正五年（1727）娄近垣（1689—1776）随五十五代天师张锡麟入京。雍正八年（1730），娄近垣以法箓符水治愈雍正的病，被封为钦安殿住持，四品位。雍正十一年（1733），世宗修大光明殿，赐给他居住，封他为"妙正真人"。乾隆即位，封他为通议大夫，三品位，掌管道录司印，住持北京东岳庙。

乾隆以后，皇帝就越来越忽视道教。例如：第五十二代天师张应京到北京时，顺治皇帝赏给一品印，而到乾隆皇帝（1736—1795）时，更是降为正五品。嘉庆二十四年（1819）规定："正一真人系属方外，原不得与朝臣同列，嗣后仍照旧例朝觐，廷宴概行停止。"道光元年（1821），敕令第五十九代天师"停其朝觐，不得来京"。禁止天师出入皇宫，取消正一真人封号。清末道教在北京仍有一定实力，田产收入亦相当多，仅白云观在清末民初就有土地 5800 余亩，但道士中道行著称者越来越少，理论教义发展停滞，教团力量日渐衰弱，社会影响力量减弱，北京道教日趋衰微。

晚清时，光绪皇帝（1875—1908）的二总管太监刘诚印，带领宫中太监集体加入了道教，并创立了道教霍山派。自此很多太监便将自己在宫中的收入用于修建道教的宫观。清亡后，一些有资财的太监便以所建道观为家，买地买房出租或经商，这类道观在北京有 20 多处，主要有海淀区蓝靛厂立马关帝庙、颐和园北金山宝藏寺、八宝山黑山护国寺、西城北长街兴隆寺等。

此间，还有南无派，从第二十代宗师刘名瑞起主要活动于北京一带。刘名瑞（1839—1931）曾经演道法于龙门（派），授受道法于南无（派）。晚年隐居于千峰山桃源观（今北京凤凰岭桃源观），潜心著述，著《敲蹻洞章》《盥熻易考》《道源精微论》，阐发内丹学说，在民间影响很大。刘名瑞传道法于赵大悟（1860—？），号千峰老人，北平昌平县阳坊镇人。光绪初年，赵大悟得便血之病，祖母带其至千峰山桃源观，求庙内刘名瑞道长看病，因病痊愈，认为道师，得名赵大悟。

近代北京道教爱国思想

辛亥革命后，北京朝阳门外的东岳庙只剩9名道士，道观的一部分改为小学校，还有一部分被警察局占用。至新中国成立前，白云观里还供有菩萨像，有全真和正一两派的道士居住，甚至还有佛教的僧侣在白云观修行。

这一时期，为了振兴道教，北京白云观方丈陈明霖于1912年发起成立"中央道教会"，争取生存，力图发展。陈明霖于辛亥年(1911)被道众推举任方丈，于1913年开坛传戒，宣演大法，得皈依弟子320余人。1920年，他又开坛说戒百日，得皈依弟子400余人，为全真龙门弘扬做出了榜样。虽然如此，道教教团却失去了经济基础，国民政府对道教没有财政支持。但在北京等地举行的传戒活动，却得到了上至民国大总统黎元洪，下至省长、商会会长等人以私人名义所做的赞助。

1915年，熟谙道教经典总集《道藏》的陈撄宁至北京寻访炼养功夫高深的道长，住北京白云观、北京西四砖塔胡同一道教小庙中修炼道教内丹功法。1916年，陈撄宁离开北京后与夫人吴彝珠居住上海，并在民国路开设中医诊所行医。1924年，陈撄宁在上海创办《扬善半月刊》和《仙道月报》，宣传道教仙学爱国思想，北京的很多道教文化爱好者便受惠于他。他在《答复北平学院胡同钱道极先生》时说："成仙在中国，做鬼也在中国！羡慕外国就朝外国跑，祖国谁改造？个个都希望死后往生西方极乐世界，不必说是一种梦想，就算是成为事实，亦表示我们自己毫无能力，完全要仰仗外力来救拔。""我们自己有祖传之神仙秘宝，为什么不探索发掘？况且仙学修养法讲现实，追求的是形体长生、祛病延年，深有深的功效，浅有浅的收益，较其他道门实际，为什么不发扬国粹？"陈撄宁的这种朴素的爱国之心，深深地打动着北京的信众。他还在继承传统仙学的基础上，援引科学解释来改进仙学。他的学生张化生评价说："当兹生物学、生理学、生殖学、生态学、发生学、化学、物理学等大明之时，似宜适应新潮，将仙术建筑在科学的地平线上，俾唯心唯物之粗暴威权，消融翔洽于唯生的大化炉中，造成生平和乐的世界。"[1] 表明了他对待仙学与科学两者之间的态度。对于长生，他认为长生不是永生，而是对生命的延长，并直接说明："人生在世，有生就有死，有死必有生，古之称之为造化。有生为造，有死为化。而在修炼大道的人，偏要打破这个生死常规，做到长生久视，以与造化相抗衡。如果缺乏超群的毅力、深厚的道德、高远的智慧，结果定难实现。"[2] 并发愿："定要永久长住在这个世界上，改造此世界，方见得道家真实的力量比任何宗教为伟大。"[3] 对于成仙，他认为"抽尽秽浊之躯，变得纯阳之体，累积长久，化形而仙"[4]。至于修道成仙的方法，他创造了三元丹法，即天元丹法，亦称大丹，指清修；地元丹法，亦称神丹，指外丹；人元丹法，亦称金丹，指性命双修。进而言之，分为静功、动功、女丹修炼等等。在对待仙学与道教信仰的问题，他提出仙学可以与信仰分离，也就是说不信教的人也可以修炼仙学，从而使神仙信仰有了更广泛的发展空间。

　　1928年，南无派第二十一代宗师赵避尘，开始度道结缘，度弟子800余人，创千峰先天派。同年，民国政府公布了神祠存废标准，作为对旧宗教的政策。其中与道教有关部分，规定应保留祀奉的神是伏羲、神农、黄帝、仓颉、禹、孔子、孟子、岳飞、关帝、土地神、灶神、太上老君、元始天尊、三官、天师、吕祖、风雨雷神等；应废除祀奉的神是日、月、火、五岳、四渎、龙王、城隍、文昌、送子娘娘、财神、瘟神、赵玄坛、狐仙等诸神。这种规定在当

---

① 陈撄宁：《仙学解秘：道家养生秘库》，大连出版社，1991年，第529—530页。

② 田诚阳：《仙学详述》，北京：宗教文化出版社，1999年7月，第194页。

③ 牟钟鉴：《长生成仙说的历史考察与现代诠释》，《上海道教》1999年第3期，第12—14页。

④ 牟钟鉴：《长生成仙说的历史考察与现代诠释》，《上海道教》1999年第3期，第12—14页。

时未取得实际效果。清代和民国年间，道教虽不景气，但民间仍一如既往地崇拜诸神，赶庙会的活动也日益兴盛起来。

1941 年，日寇企图利用道教笼络人心，为其侵占、奴役华人服务，成立伪"华北道教总会"，以伪"国务总理"靳云鹏为"会长"，以北京火神庙住持田子久为"副会长"，受到北京地区广大道教徒的反对。

积极开展社会主义改造

1949 年 10 月，新中国成立后，中国共产党和人民政府贯彻执行宗教信仰自由政策，保护公民个人宗教信仰自由，促进了社会的安定团结，道教活动逐渐得到恢复和发展。在《中国人民政治协商会议共同纲领》第五条中规定，中华人民共和国公民有宗教信仰的自由权。这消除了北京道教界对前途命运的担心。同时他们看到了中国共产党领导北京人民政府果敢地剿灭了国民党反动派残余武装，镇压了反革命破坏活动，稳定了社会秩序，安定了北京人民生活，对外进行了抗美援朝保家卫国战争，打败了美国侵略军，助长了中国人的志气，维护了新中国的尊严。北京道教界衷心拥护中国共产党的领导，拥护人民政府。1950 年，北京市尚有道教宫观 67 处、乾坤道士近 200 人。在北京民政和宗教事务部门的关怀下，开展爱国主义和社会主义学习，发表《反帝爱国宣言》，订立《爱国公约》，成立抗美援朝分会，组织生产劳动，开展捐献运动，从物质上支持抗美援朝。在北京爱国道教界人士倡导下，宫观中的封建制度被废除，并于 1953 年 6 月，自发成立学习小组（委员会）。1954 年，政府组织成立北京市佛道教寺庙管理组，对寺庙宫观财产进行了清点造册，各城区组织互助组，对寺庙宫观危旧房募款修缮，妥善安排道众生活。1956 年，为了管理好全市的宫观，提高道众的爱国主义与社会主义觉悟，在北京市人民政府的帮助下，前门关帝庙的刘之维道长把全市的道众组织起来，并与北京佛教界联络，共同成立学习班，实行自教自学，共同提高。他还与北京市佛教界协同成立了佛道寺庙管理小组，抓好宫观管理工作。

在土地改革和民主改革中，在社会主义改造与社会主义经济建设中，北京道教界始终与党和政府同心同德、同向同行。北京道教界的主流坚定地跟着中国共产党走社会主义道路，积极参与到了社会主义事业的建设中。其间，后海广福观的孟明慧道长担任北京市人大代表，前门关帝庙的刘之维道长担任北京市政协委员。

1956年，全真派第一丛林白云观由政府出资重新修复。刘之维在担任中国道教协会筹委会委员的同时，还担负维修白云观的工作。11月26日中国道教协会筹务委员会在北京成立，沈阳太清宫岳崇岱方丈被推选为筹委会主任，北京火神庙监院孟明慧道长被推选为筹委会副主任。1957年4月，中国道教协会在北京成立，会址设在北京白云观，岳崇岱当选为会长，孟明慧当选为副会长，刘之维当选为常务理事，驻会北京。冬天，陈撄宁来到北京，住中国道教协会所在地北京白云观。陈撄宁始终保持清静修持，待人诚恳，敦厚慈善，对党和政府竭力拥护，得到了时任中央统战部部长李维汉等的赞扬。

1956年，中国道教协会筹备委员会在白云观成立

　　1959 年，刘之维与佛教界联合办起北京嘉兴寺塑料厂，任副厂长兼统计员。1960 年陈撄宁当选为全国政协委员，1961 年当选为中国道教协会第二届会长，在白云观内成立了道教文化研究室，创办《道协会刊》，开展学术研究。他说自己在新中国成立前无意仕途，可说是一界不入，年近八十，在新社会才正式入道教协会做负责人，想在有生之年，把自己的才能贡献给道教界，贡献给社会。朴质的话语表达了他爱国爱教的情怀。

改革开放后的北京道教

落实宗教政策，恢复修葺开放宫观

1978年，十一届三中全会召开，党的宗教信仰自由政策重新得到落实。之后，宫观逐步恢复开放、修葺。

1979年，刘之维任白云观监院，重新主持观务。1980年，政府拨款再次修缮白云观，刘之维第二次主持白云观的修缮工作。1982年，修葺一新的白云观被国务院定为全国重点宫观之一、北京市文物保护单位，成为全国对外开放的重点宫观、北京市风景名胜。1984年，白云观陆续从外地请来老道长和来观参访的年轻全真道士常住，加上中国道教协会的全真、正一两派道士，当时在观中的道士有60多人。同年，白云观成立"民主管理委员会"，实行十方丛林管理制度，推选监院、知客、都管等执事，并开办劳动自养的"白云观服务社"，包括旅馆、餐馆、停车场、道家书屋等。1986年，刘之维当选为中国道教协会副会长，主持教务工作。同年，黄信阳当选为白云观监院。1987年，白云观恢复春节庙会，更名为"白云观民俗迎春会"。1989年，白云观制订《北京白云观接纳道教居士办法》，恢复北京道教居士活动，进一步加强了宫观管理体制，由监院与执事管理教务，开展正常的宗教活动。同年11月，白云观举办中辍60多年的传统授戒仪典，迎请王理仙道长升座为白云观第22代方丈，举行为期20天的传戒活动，传戒弟子75人。1995年，北京白云观、香港青松观和台北指南宫在白云观联合举行"护国佑民"的罗天大醮法会。1999年，尤法瞿、李宇林当选为白云观副监院，负责日常事务。同年，白云观成立修缮委员会，对白云观进行维修。2000年，北京白云观隆重举行修缮竣工、方丈升座和神像开光活动，谢宗信荣任白云观第23代方丈。

2001 年，北京白云观被列为全国重点文物保护单位。2006 年，李信军当选为白云观副监院，负责日常事务。此后，北京桃源观、吕祖宫、青龙观、兴隆观、佑民观等先后恢复开放。2008 年 5 月北京东岳庙、10 月平谷龙王庙、11 月平谷药王庙恢复为道教活动场所，对外开放。2010 年 9 月房山区上英水真武庙和圣莲山真武庙开放为道教活动场所。2011 年 4 月，北京居庸关长城城隍庙恢复为道教活动场所，对外开放。2014 年 6 月，密云古北口娘娘庙恢复为道教活动场所，对外开放。2017 年 7 月，怀柔关公庙开放为道教活动场所；10 月，丰台大王庙作为道教活动场所对外开放。

成立道教协会

2005 年 1 月，北京市道教协会成立，选举以黄信阳为会长，袁志鸿、刘崇尧、王成亚为副会长，南昌祺为秘书长的第一届领导班子。2019 年北京市西城区道教协会成立，成为市辖区率先成立道教组织的地区。至此，北京市共计开放 15 所道观，成立一个区级道教协会。

提升教职人员队伍综合素质。2005 年 1 月，北京市道教协会召开第一次代表会议，北京市道教界道士、居士及各界代表共 80 余人参加，其中道士 22 人、居士 20 人。历经十多年的发展，北京道教教职人员队伍已发生翻天覆地的变化，2019 年 12 月，北京市道教协会第四次代表会出席代表 160 人，其中教职人员代表 73 人、居士代表 28 人，人员队伍的壮大体现了党和政府对宗教界人士的关爱与支持。市道协现有宫观 15 处、教职人员 116 人。

推动宫观开放。2005 年，市道协成立后，百废待兴，协会驻地吕祖宫南院被居民占用，只有一间办公用房，冬季没有供暖，条件异常艰苦。在政府各级部门的帮助下，三个月时间完成居民腾退及吕祖宫修缮工程。2006 年 9 月，吕祖宫焕然一新，为协会创造良好的工作环境，也为协会今后的发展提供了有力的保障。

由于北京长时间没有道教组织，道教场所匮乏，道协成立初始即把场所恢复作为工作重点，投入大量人力、物力，本着条件成熟一处恢复一处的原则，经对北京地区原有道教宫观进行调研，尽一切所能推动道教活动场所恢复工作。市道协成立第一个五年，先后恢复桃源观、吕祖宫、东岳庙、佑民观等8处道教活动场所。后续又分别恢复了居庸关城隍庙、关公庙、大王庙等7处道教活动场所。今天，15处道教活动场所分布在全市十个行政区，基本满足教职人员及广大信众宗教生活的需要，为贯彻党和国家宗教信仰自由政策做出了积极贡献。

加强自身建设。近年来，北京市道教协会修订并完善制度40余项，聘请专业机构梳理内控管理制度，形成《市道协内部控制制度汇编》，进一步规范了协会办公、财务和重大事项审批、执行的流程。同时注重抓好作风建设，从细化制度落实、加强服务引导、改进工作作风入手，着力发挥好市级宗教团体的桥梁纽带作用。

北京市道教协会积极引导各场所负责人，以身作则、如仪如律、率先垂范，加强道风建设，自觉遵纪守法、严持戒律、弘道利人。

在北京市宗教活动场所规范化管理"四个办法"出台后，北京市道教协会积极指导各场所学习、对照"四个办法"，从场所管理、财务管理、教职人员管理、场所安全管理等方面逐条对照、修订、完善场所内部制度，15处场所均按要求进一步修订完善制度，制定了一套细致全面、可操作性强、切合场所管理实际、制度体系完整的宫观规范化管理制度体系，为道教场所规范化管理提供了切实有效的制度保障。

培养道教人才。教职人员的培养工作是北京市道教协会工作的重点。北京市道教协会充分利用教内及社会师资力量培养高素质人才，推荐教职人员赴中国道学院及其他高等院校进行深造。同时，积极与中央民族大学寻求合作，借助中央民族大学哲学与宗教学学院的优良师资，一起合办道教研修班。从2007年至今，先后举办5期道教文化研修班，先后有120余名学员顺利结业，在他们当中，有些成了道教宫观的骨干力量，有些则在道教文化领域已经小有造诣。

　　2020 年北京市道教协会举办以"明道立德 正己诚心"为主题的玄门讲经活动，11 位道长上台结合自身体悟，展示学修成果，弘扬道教"尊道贵德""济世利人"的思想。通过玄门讲经活动，深入挖掘道教优秀传统文化资源，探索和彰显道教文化当代价值，不仅加强了道教教职人员的自身建设，同时能引导信众正信正行，获得了较好反响。

　　自 2013 年至今，北京东岳庙已成功举办三届"东岳论坛"，分别围绕道教发展与中国化方向、东岳信仰与北京东岳庙、当代道教发展机遇与挑战、道教与傩戏的文化共生与交融等主题展开研讨，以坚持道教中国化方向为主线，进一步探讨道教与社会主义社会相适应的广度和深度。同时，北京市道教协会作为支持单位，连续举办三届"道家文化与生态文明"高端论坛，论坛以践行、弘扬道家智慧为依托，深入挖掘道家传统文化与现代社会生态文明建设相契合的内容，历届论坛均围绕生态文明、人文精神等主题，组织专家学者进行主旨发言和高端对话。

2018 年 5 月，第二届东岳论坛——坚持道教中国化方向研讨会举行

2018 年"四进"宗教活动场所活动启动以来，北京市道教协会用简单易读、传播性强的行文方式，分条目整理出道教界人士熟悉和富有亲切感的道教经典、教义中体现社会主义核心价值观的典型加以阐述，并设计成宣传海报，以圣莲山真武庙为试点在全市道教活动场所进行推广。此举是北京道教界"四进"活动进入新阶段的重要标志。

开展慈善活动

"齐同慈爱、利益人群"是道教的优良传统。北京市道教协会自成立以来，克服自身困难，以各种形式推进公益慈善事业的发展。从 2008 年开始，北京道教协会所属道家书画艺术委员会，坚持组织书画家到区县乡村"送春联"活动，足迹遍布海淀区、昌平区、大兴区，赠送春联及书法作品 2000余幅。此项公益慈善活动得到了社会各界的一致好评和认可。2010 年 4 月，北京市道教协会与北京市慈善协会共同成立"弘道济世专项基金"。专项基金由北京市道教协会及道教信众捐资设立，每年入资 100 万元，主要用于资助北京市慈善协会开展助老、助残、助医、助学、应急救助项目，帮扶社会弱势群体。2010 年 12 月 15 日，正值寒冬，"弘道专项基金"首次开展活动。众道长、居士来到北京市大兴区礼贤镇儿童寄养中心，看望生活在这里的孤残儿童，捐助 10 万元人民币为礼贤镇孤残儿童们购置一批康复设备及生活必需品，改善他们的生活条件，帮助他们快乐成长。从此北京道教公益慈善活动有了专门的载体和规范化的管理，一些慈善公益活动也得以长效化地开展。2012 年 9 月 18 日，"点亮心灯·光明行动——慈善助医活动"在北京白云观中国道教慈善周启动仪式上正式启动。此活动由北京市道教协会弘道济世基金发起，依托"首届中国道家艺术名人书画展"，组织名家作品进行慈善拍卖，将募集到的善款用于救助贫困家庭的少幼儿眼疾患者治疗。北京本色文化艺术投资有限公司现场向主办方捐款人民币 400 万元，用于治疗贫困家庭的少幼儿眼疾患者。积极开展以"慈爱人间·五教同行"为主题的宗教慈善活动。吕祖宫中秋佳节到西城区绥福境社区养老院看望孤寡老人，东岳庙与朝外街道在重要节日联合到养老院看望慰问老年人，桃源观在海淀民宗办的倡导下连续两年资助贫困学生，龙王庙在农忙季节开展支农活动，居庸关城隍庙定点捐助南口敬老院、内蒙古阿旗贫困地区，道教界以扶危济贫、捐资助学、走访慰问等方式，开展社会公益慈善活动。

据不完全统计，近年来，北京市道教协会共组织公益慈善活动 15 次，慈善捐助款约 217 万元。每当遇到自然灾害时，市道协都在第一时间积极倡导和带领广大道友开展献爱心活动，在 2010 年西南地区干旱和玉树地震后，北京道教界踊跃参与捐助，共捐款 17 万元。道教讲"众善奉行""广行仁爱"的劝善伦理，即是倡导社会人人遵守道德规范、人人行善事、人人关爱社会弱势群体。做好公益慈善事业，就是要把道教济世利人的理念、优秀的传统文化与国家的大政方针结合起来，带领和团结广大道教信众，在弘扬道教优良传统文化的同时，始终如一地以"服务社会、服务公众"为己任，为道教谋发展、为社会做贡献。

2016 年至 2018 年，北京市道教协会及其所属宫观响应市民族宗教委号召，发扬"五教同光"的精神，向京郊密云、贵州三都县、新疆和田地区墨玉县贫困户捐款 26.5 万元。同时，向河北省邢台受水灾灾区捐款 10 万元，为海淀区贫困学生爱心活动款捐赠 3 万元，向中国道协上善基金捐款 50 万元。北京市道教协会在北京市慈善协会设立的道教弘道济世基金，连续多年专款用于公益救助和献爱心等活动。2018 年 7 月，由北京市慈善基金会、北京市道教协会、海淀区民宗侨办联合组织"弘道济世、爱心助学"项目，至今已有 200 位困难学生得到了资助。"浓情中秋，心系夕阳"活动，由北京市慈善协会与市道协共同发起，旨在弘扬中华民族尊老爱老的传统美德。每年中秋，市道协的主要领导都要深入养老福利院看望老人，赠月饼、送祝福，足迹遍布海淀、大兴、西城等区 4 所养老院，惠及千余位老人。平谷区药王庙发掘宫观优势，秉承"医道同源"的理念，在当地医疗部门指导下，依法合规坚持义诊十年，服务百姓1000余人，得到了当地百姓的一致好评。2020年，北京吕祖宫联合北京市道教协会、西城区道教协会，向北京市西城区红十字会捐款10万元整。北京道教界向北京市慈善协会捐款45万元，专项用于湖北省十堰市新型冠状病毒感染肺炎疫情的防控和救助工作。2021年7月河南郑州普降强暴雨造成城市内涝灾害，居庸关城隍庙全体道众向郑州红十字会捐款2700元以奉献爱心。

开展联谊活动，加强对外友好交往

北京市道教协会成立以后，北京道教界通过请进来、走出去的方式加强与我国港、澳、台地区以及国外道教界进行友好交往。2006年，香港道教联合会主席汤伟奇、香港圆玄学院主席陈国超、蓬瀛仙馆叶脉理事等香港道教界朋友参加了北京吕祖宫神像开光庆典仪式。2007年，台湾"中华无极道脉玄门道脉圣事会"到访。此后，北京市道教协会与"台湾中华道教会"、台湾指南宫、台湾全真仙观等道教组织建立联系，应邀赴当地进行文化交流。2007年，应邀参加在我国香港举办的国际道德经论坛；应"中华无极道脉玄门道脉圣事会"、财团法人谷关大道院邀请，参加在我国台湾省台中县谷关大道院举办的"蟠桃圣会"。2009年，应台湾全真仙观邀请，派道长赴台传授全真正统道教科仪及道家武功；组团赴台第二次参加"蟠桃圣会"；应啬色园邀请，赴我国香港参加"贺祖国甲子纪庆、迎建太岁元辰殿"庙会活动。2010年应台湾省太上全真道教会邀请组团赴台进行经忏交流，每年组团参加台湾省"蟠桃圣会"大法会。2013年刘崇尧副会长、张兴发道长应邀赴印尼参加老子道教节，向海外传播道教优秀理念。吕祖宫连续两年接待我国台湾全真道教会两位道友以及新加坡玉皇宫的一位道友在此长期学习道教斋醮。2010年至2014年，共接待新加坡道教总会、法国道教协会、韩国神仙院、挪威太极中心代表团以及我国香港道教联合会、香港啬色园等教内外组织，及英国、法国、瑞士、墨西哥、越南等国道教人士来访。2014年北京居庸关城隍庙张兴发道长赴印尼三教庙宇联合会请授道教知识，2015年张兴发道长赴新加坡道教学院讲授道教内丹修炼学，加强与海外道教界的学术交流。2018年北京奥运会期间，接待美国前国务卿基辛格博士、加拿大电视台（CBC）记者以及我国香港道教联合会汤伟奇主席等教内外友人。同年，北京市道教协会接待"国际道教领袖访京团"。"国际道教领袖访京团"是由我国香港道教联合会牵头组织，118名成员是来自我国海峡两岸与港澳地区，及美国、马来西亚、新加坡等十个国家和地区的道教领袖。访京团先后前往中央统战部、中国道教协会、北京市东岳庙参观学习。

　　生长于中华土壤中的北京道教，自古迄今与中华民族风雨同舟、和衷共济，在同呼吸、共命运的基础上，积淀了深厚的爱国爱教情怀。北京道教不乏与民同化、为民表率的祖师，和光同尘、混迹于民的圣贤，隐于市尘、居于茅洞的仙真。他们的所思所想、所行所持，适应、服务、造福中国社会的故事，彰显北京道教不断中国化的历程。

北京伊斯兰教中国化历程

　　作为六朝古都的历史文化名城，长期以来北京不仅是全国政治中心，也是不同民族、宗教之间相互交流的文化中心。伊斯兰教约于宋元时期传入北京，经历了一个融入中国社会和文化的中国化历史过程。

从"化外之民"到"化内臣民"

中国与阿拉伯国家之间交往历史悠久，最远可追溯至汉代，当时称阿拉伯国家为"条支"，《史记》卷一百二十三《大宛列传》中"条支"一条有如下记述："在安息西数千里，临西海，暑湿、耕田、田稻。"唐代，随着阿拉伯地区与中国之间日益频繁的政治、经济往来，阿拉伯—伊斯兰文化与中国传统文化之间交流与融会也随之步入新的历史阶段。

唐永徽二年（651），大食国遣使入贡，此举标志伊斯兰教正式传入中国。初期来华的穆斯林大多居住在长安、洛阳或东南沿海城市，他们在保留其固有传统习俗和伊斯兰信仰的同时，逐步接纳与融入中国的文化传统和社会中，开始了伊斯兰教中国化的历史进程。

有关伊斯兰教传入北京地区的具体断代、年限及传入途径，文献资料并没有确切记载，学术界迄今为止也没有统一论断。主流意见和观点目前有两种：一种认为伊斯兰教大约于北宋至道二年或辽统和十四年（996）传入北京地区，其主要依据为牛街礼拜寺《古教西来历代建寺源流碑文总序略》。另一种观点则认为伊斯兰教是随着蒙古军队于1215年攻克金中都并最终改

《古教西来历代建寺源流碑文总序略》碑拓

元定都、建立元政权后才逐渐传入北京地区，也就是所谓的"元初说"。但有一点是相同的：伊斯兰教在元代时期大规模传入北京地区，并在这块土地上生根、发展。

《古教西来历代建寺源流碑文总序略》中提到宋至道二年（996），西域辅喇台人革哇默定的两个儿子那速鲁定和撒阿都定"性近幽处，不干仕进，上赐官爵，坚辞弗受，知燕京为兴隆之地，可以开万世帝王之鸿业，遂请颁敕建寺，世为清真寺掌教。都定君奉敕建寺于东郭，鲁定君奉敕建寺于南郊，而皆受赐给予茔墓于西皁焉。原夫鲁定君之寺，即吾牛街也"。根据碑文，最早在宋至道二年或辽统和十四年，今日北京所辖地方已有穆斯林的活动踪迹，有穆斯林在此定居或客居，形成一定规模并建立了清真寺。

1215年，蒙古大军攻克金中都，并改中都为燕京（后改号中都）。蒙古大军以此地为中心，继续南下，攻打金和南宋政权。至元八年（1271）忽必烈改国号为元，改中都为大都，成为元朝的首都。随着成吉思汗及其后代的西征，蒙古大军席卷中亚、西亚，直至东欧，形成跨越欧亚的蒙古帝国。在此过程中，来自中亚、西亚乃至东欧等地的人来到元大都，他们被称为色目人。他们的到来不仅改变了北京历史上的居民构成，相当多的未及返归故里的色目人世代生息于此。元朝的色目人，其国籍、族属和宗教信仰颇为复杂，但其中的阿拉伯人以及皈依伊斯兰教的波斯和中亚人占有相当的数量，他们被称为"木速蛮""回回"和"回回人"。

元太宗窝阔台统治时期，元朝政府以诏书形式正式明确了在华穆斯林的身份问题。《通制条格》卷二记载元太宗窝阔台的圣旨诏书："不论达达（蒙古）、回回、契丹、女真、汉儿人等，如是军前掳到人口，在家住坐，做驱口；因而在外住坐，于随处附籍，便系皇帝民户，应当随处差发，主人见，更不得识认。"该诏书的颁示，意味着无论是唐宋以来的蕃客、土生蕃客及其后裔，抑或是东迁来华的穆斯林，都是元朝的臣民。

元宪宗蒙哥二年（1252）再次颁布"壬子户籍"，正式出现"回回户"。

根据元代中统四年的统计，当时的元大都（北京地区）计有"回回户"2593户。至元八年（1271）元世祖忽必烈最终完善了户籍制度，《户口条画》中对"回回户"和"畏吾儿户"做了明确的规定："回回户、畏吾儿户，钦奉先帝圣旨，不拣甚么人底民户、州城内去了的人，只那住的地面和那本处民户差发铺马只应一体当者。那根脚千户百户内有的浑家大小人口，每千户百户内也教依旧体例内当差发者，仰收系科差。如回回户内有新签出军户者，至日开除。""答失蛮、迭里威失户，若在回回寺内坐住，并无事差，合行开除外，据有营运事产户数，依回回户例收差。"

总之，元朝户籍制度的确立，标志着唐宋以来的穆斯林先民结束了客居和侨居的身份，正式成为中国人，同时也是伊斯兰教中国化的重要标志。从蕃商、蕃客到土生蕃客、三世蕃客乃至七世蕃客，一直到随处附籍、皇帝民户、回回户等等，标志着来华穆斯林从"化外之民"到"化内臣民"的身份转变。

元代，北京成为当时中国的政治中心、经济中心和文化中心，大批阿拉伯人、波斯人以及中亚乃至东欧地区人口迁移到北京和中原地区，他们当中有的是被征用而来的军士、工匠，有的是被俘虏的百姓、役户，也有的是携带整个部落与家属前来归顺的上层人士，还有的是从事经济贸易的商贾。这些人中不乏信仰伊斯兰教的穆斯林，随着他们在中华大地上定居、繁衍，元代中国穆斯林人口及清真寺数量大为增加，"切见中都（北京）亲管民户……今体察到本路回回人户自壬子年元籍并中统四年续抄，计二千九百五十三户。"① "回回"这一新的群体在元朝时期形成，伊斯兰教迎来了一个历史性的发展阶段。元代时期的大都，也是管理全国伊斯兰教的中心，元朝政府设立了管理伊斯兰教的官方机构，即统领全国伊斯兰教事务的"回回掌教哈的所"。有学者认为元代北京应该有敕建的清真寺，北京历史上较早的清真寺除牛街礼拜寺外，还有位于阜成门内金城坊街路西的敕赐普寿寺，即今西城区锦什坊街清真寺。另外，北京东四清真寺最早建成时间可能在元至正六

年（1356）。

明代是伊斯兰教中国化的发展时期。从唐宋的"蕃客"、元代的"回回人"到明代，大约经历了七八百年的时间，中国穆斯林完成了从"化外之民"到"化内臣民"的社会身份转变，唐宋时期以"蕃客"身份活动的痕迹已经逐步消失，广大信仰伊斯兰教的各族穆斯林与华夏民族一起"同生天地之间"，共同在中华大地上繁衍、生息。伊斯兰教思想文化与中国儒释道思想和传统文化相结合，形成了独具特色的中国伊斯兰教。清真寺的建筑也由唐宋时期的砖石结构逐步向中国传统营造法式发展，这一时期，北京地区修建了很多极具中国传统文化特色的伊斯兰教建筑。

明代伊斯兰教得到比较稳定的发展，穆斯林的人口数量有了增加，清真寺数量也有所增多。北京除修葺前代的清真寺外，还新建了以常营、花市、回回营清真寺为代表的一批伊斯兰教建筑，其中还有敕建的清真寺。

《古教西来历代建寺流源碑文总序略》曾悬挂于北京牛街礼拜寺邦克楼后侧，现原件无存，拓片藏于北京图书馆及首都图书馆，20世纪50年代由刘仲泉抄件。该抄本记载："节蒙圣恩，敕建北京清真寺、法明寺、或为普寿、或曰名礼拜寺，各匾额不同。"以官方敕赐寺名而著称的清真寺、法明寺、普寿寺、礼拜寺即今北京地区被称为"四大官寺"的伊斯兰教清真寺建筑。其中，敕赐清真寺为东四清真寺，敕赐法明寺原址位于今安定门内交道口北二条，敕赐普寿寺是建于元代的今锦什坊街清真寺，敕赐礼拜寺就是今天著名的牛街礼拜寺。

从这一时期清真寺在北京地区的数量与分布地域、建筑形制来看，北京地区的伊斯兰教呈现出明显的本土化特点，受中国传统文化和社会政治的影响，中国化的特色日益鲜明，伊斯兰教已经由唐宋时期的外来宗教转化为极具中国特色的中国伊斯兰教了。

清代初期，清代统治者对伊斯兰教采取"因形势之变化，或羁縻与怀柔为主"的政策，伊斯兰教保持缓慢的发展趋势。作为"首善之区""辇毂重地"

的北京，与全国各地的伊斯兰教发
展形势大体相同。同时，由于清政
府把北京伊斯兰教作为全国伊斯兰
教的示范，北京地区的伊斯兰教在
康熙、雍正年间和清朝末年，表现
出一定程度的生机，而且有所开拓
和发展。随着穆斯林人口的增加，
自清初开始北京地区的伊斯兰教逐
渐向北京的外城和近郊地区发展，
内城、外城、远近郊区各处都有清
真寺。

　　与此同时，部分原有的清真寺
得到了重新修缮，如牛街礼拜寺在
康熙三十五年（1696）进行修缮，
寺门楣间有康熙皇帝亲撰“敕赐礼
拜寺”匾额。北京笤帚胡同清真寺、
三里河清真寺、花市清真寺、通州

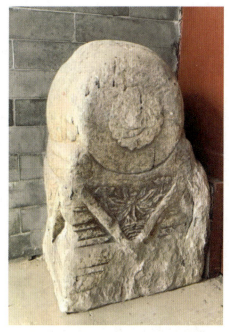

房山区常庄清真寺抱鼓形石鼓，
建造于明洪武元年（1368），直径0.40
米，高0.46米，依稀可见花卉、叶
藤等图案

清真寺都在这一时期重新进行了修缮或部分重建。在清代中晚期，还新建了
很多清真寺，如崇文门外堂子胡同清真寺、上唐刀胡同清真寺、下坡清真寺、
海淀清真寺、长辛店清真寺、管庄清真寺等。有清一代，伊斯兰教与中国社
会和文化进一步相适应，发展成为与佛教、道教等相鼎立的“清真教门”，
并且在教义、学术文化、清真寺建筑、宗教习俗和文化传统上实现中国化，
成为中国的伊斯兰教。

　　外来宗教在其传入中国的历史过程中，自觉或不自觉地都要走到中国化
的道路中来。伊斯兰教传入北京后，也大体经历了从外在的语言、服饰等器
物层面，到国家政治、社会生活，再到更深层次的思想交流、文化会通，不

断中国化的历程。

从唐代到清末，中国穆斯林中涌现出很多杰出的文人、书画家、诗人，他们深受中国传统文化影响，在文学艺术方面有着杰出的造诣和成就，如唐代大中二年（848）考取进士的大食人李彦升，元代著名诗人、工书善画、《雁门集》的作者萨都剌。《丁鹤年集》的作者丁鹤年，诗人戴良评之为："鹤年古体歌行，皆清丽可喜，而注意之深，用功之至，尤在于五七言律。其措词命意多出杜子美，而音节格调则又兼得我朝诸阁老之所长。其入人之深，感人之妙，有非他诗人所可及。"①元曲作家马九皋，他的作品以"清逸旷达"被世人所称道。还有五代词人李珣兄妹等等。来自阿拉伯、波斯等地的穆斯林及其后裔生活在以儒家文化为主体的语言环境中，已经逐渐放弃了父祖辈的语言，汉语成为其通用语言。他们不但从语言、服饰和生活习惯上开始了中国化的历程，更尝试用中国传统儒、释、道的术语和思想解释伊斯兰教。明清时期"以儒诠经"学术运动，正是建立在中国穆斯林立足伊斯兰信仰，融入中国文化和中国社会的基础之上。

北京市西城区清真礼拜永寿寺，也称三里河清真寺，始建于明万历三十三年（1605），清康熙四十三年（1704）重修。寺内有王岱舆墓碑记一通。王岱舆（约1584—1670），名涯，自署真回老人，上元（今南京）人，明末清初著名的伊斯兰教学者，被誉为"中国伊斯兰教史上第一个'以中土之汉文，展天方之奥义'的学者"。王岱舆自幼师从经学大师胡登洲四传弟子马君实，学识广博，于性理史鉴、诸子百家及佛、道之书无不涉猎，成为一名"博通四教"的大学问家。清顺治二年（1645），王岱舆举家迁居北京，潜心著述。约于顺治十四年左右在北京病逝，葬于三里河清真寺西侧墓地。王岱舆毕生致力于伊斯兰教哲理研究，其主要著述有《正教真诠》《清真大学》《希真正答》，把伊斯兰的教义哲理与中国传统的思想文化相结合，从理论上为伊斯兰教的中国化做出了积极的探索。

---

① 白寿彝主编：《中国回回民族史》，上册，北京：中华书局，2003年，第157页。

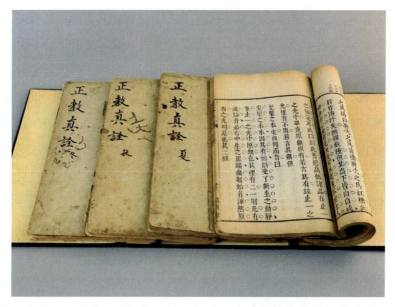

王岱舆著《正教真诠》，福德图书馆藏

　　以王岱舆、刘智等伊斯兰学者为代表的"以儒诠经"学术活动始于明末清初，约止于清代道光、咸丰年间。它是用儒家学说对伊斯兰教进行本土化的诠释，以期达到"道本同源"，使伊斯兰文化与以儒家学说为主导的中国传统文化融会贯通，使伊斯兰文化得到中国社会的承认和接纳，与中国传统文化相融，共存于中华大地。"以儒诠经"学术活动提出了中国伊斯兰教既忠于真主、更忠于君王的思想。王岱舆在《正教真诠·真忠》里有几段话："夫忠于真主，更忠于君父，方为正道，因其源清，而无不清矣。或即忠于君父，而不能忠于真主者，直为异端。""因人生住世，有三大正事：乃'顺主'也、'顺君'也、'顺亲'也。凡违兹三者，则为不忠、不义、不孝矣。"明代穆斯林每逢聚礼日，都要在清真寺为皇帝祈福，清代穆斯林特制了"皇帝万岁万万岁"的木牌，放置于在清真寺大殿内的一角，彰显其忠于君王，适应中国的政治和社会环境，确保了伊斯兰教在我国的传承。

　　清真寺是伊斯兰文化的载体，每一座清真寺都有着丰富的文化内涵。有学者说，清真寺"是深嵌在时代文化框架之中，包含着有关穆斯林深刻历史与宗教哲学意境的一种宗教艺术"。北京清真寺文化是中外文化相互交流与融合的产物，是各族穆斯林辛勤劳动和智慧的结晶，它集中体现了宗教、民族、教育、建筑、书法、艺术等方面的历史文化。从建筑外观上看：北京地区清真寺其整体建筑布局对称严谨，有明显中轴线，古香古色，颇有气派。从建筑形制看：庭院数进，宽敞明亮，大门、礼拜大殿、主要配殿、唤礼楼和碑亭都是大木起脊用斗拱的典型的中国宫殿式建筑。礼拜大殿内的装饰则采用中阿合璧、丰富多彩的装饰艺术，将精细的阿拉伯装饰艺术风格与中国传统建筑装饰手法融会贯通，并且突出了伊斯兰教的宗教内涵，形成了独具中国特色的北京清真寺文化。[①]北京地区的知名清真寺，如牛街礼拜寺、东四清真寺等，其建筑形制、整体布局、内部装饰都有着浓厚的中国庭院式建筑风格。

北京东四清真寺福德图书馆内收藏有明代青花瓷砚屏一座，其纹饰繁复满密，器形饱满，色彩艳丽，是明代青花瓷的珍品。故宫博物院收藏有同样款式的砚屏及其他具有浓厚伊斯兰色彩的青花瓷器。这些瓷器既带有鲜明的

明代宣德款"炉瓶三事"，福德图书馆藏

① 佟洵编著：《伊斯兰教与北京清真寺文化》，北京：中央民族大学出版社，2003年，第19页。

阿拉伯—伊斯兰风格，也是中国传统瓷器的代表作品。东四清真寺还收藏有明清时期的各种香道用具，如明晚期宣德款"炉瓶三事"、熏香炉等。这些香道用具都是典型的中国传统炉、鼎等青铜器造型，而以阿拉伯文古兰经字句为装饰，是伊斯兰的用香传统与中国香道文化相结合的产物。

总体而言，宋元以降，北京地区的伊斯兰教在中国传统文化和社会的影响下，从清真寺的宗教建筑到日常生活用品，从穆斯林的姓氏、所习用的语言文字到风俗习惯，都走过了一条从阿拉伯的伊斯兰文化到中国传统文化的中国化道路，并最终形成了具有鲜明中国特色的北京伊斯兰教。

需要着重提出的是，在清代，北京逐步发展成为中国伊斯兰教学术研究的中心之一。康乾时期，北京伊斯兰教的发展迎来了学术昌明的黄金时代。诸如王岱舆、马注、刘智等经学大家都曾远来京师，切磋学问、阐发性理，或延师设帐，或著书立说，极一时之盛。清末、民国之初，北京伊斯兰教界兴办新学、辑发报刊，一时蔚为大观，成为近代中国伊斯兰文化复兴运动的发祥地和文化、思想中心。

清代末期，受传统经堂教育的束缚和限制，北京地区伊斯兰教的学术人才及宗教传承远远落后云南、山东、南京等地。为此出身掌教世家的牛街礼拜寺王宽阿訇积极倡导兴办新学，于清光绪三十四年（1908）在穆斯林大众支持下，呈准督学局，在牛街礼拜寺后院创办学堂。马魁林于清光绪三十年（1904）开设书报社，辑印《天方典礼》《四篇要道》等伊斯兰教学术典籍，促进了当时北京伊斯兰教文化教育活动的进一步发展。

民国初期，北京地区伊斯兰教界革新教务、兴办教育，进行学术研究，开展国际交流的文化教育活动。1927年，北平中华印刷局印制出版铁铮译《可兰经》，该书为中国最早的一部汉译《古兰经》。1932年，王静斋译《古兰经》于北京出版刊行，这是中国穆斯林翻译的第一部《古兰经》译本，也是第一部由阿拉伯文直译的《古兰经》译本。1929年，由马松亭、唐柯三等创办的成达师范迁至北京东四清真寺。1936年，福德图书馆在马松亭、唐柯三和顾颉刚等人的倡议下于北京东四清真寺内筹备成立。有着"东方回教唯一的图书馆"称号的成达师范福德图书馆的成立，及其随后开展的一系列学术活动，标志着北京乃至中国的伊斯兰文化教育达到了一个前所未有的高度。成达师范学校邀请主流学界知名学者在福德图书馆举办的六次八场学术演讲活动，也意味着中国伊斯兰教与中国传统文化的文明互鉴和文化交流、伊斯兰教的中国化发展到了一个新的历史阶段。

与祖国共命运的近代中国伊斯兰教

我国是一个统一的多民族国家，在"天下一家"的文化传统和认知下，民族团结和国家统一始终是中国历史发展的主流。中国穆斯林的先民，不仅忠实于自己的信仰，践行伊斯兰教义教规中要求的各种功修，做一名合格穆斯林，而且把中国传统文化中仁爱思想、中庸之道和孝悌观念与伊斯兰教义相结合，从而形成了中国穆斯林"爱国爱教"优良传统。在不同历史时期，北京地区各族穆斯林继承和弘扬爱国主义优良传统，为民族团结、祖国统一做出了积极贡献。

鸦片战争后，中国逐步沦为半封建半殖民地国家，为了救亡图存，抵御西方列强的殖民危局和文化侵略，仁人志士奋而挺起，维新、革命相继发生，开始兴办新式教育，培养人才，欲图振兴祖国、挽救时局，寻求救国、强国之路。在这种历史背景下，北京地区伊斯兰教界的有识之士也乘势而起，兴起了发展新式教育、组建爱国回民社团、创办现代报刊的伊斯兰文化运动。

北京人丁竹园、丁宝臣兄弟是最早创办穆斯林报纸的爱国人士。丁竹园（1869—1935），名国瑞，号竹园，北京人。幼学诗书，聪颖过人，受其叔父影响，青年时代即开始研习中医。丁竹园与其弟丁宝臣早年从医，在京城医药界内颇有声誉。"庚子事变"后，丁氏兄弟行医不忘爱国，他们以忧国忧民的胸襟和抱负，怀着"以医济人、以言济世"的理想和信念，决心以报刊的形式，唤醒各族同胞的爱国主义情怀。1897年，丁竹园开始以"竹园演说"著写文章刊载于天津《直报》《中外实报》；1902年以后，又不断为《大公报》撰写文章，"议论国事切中要害，开导人心言辞诚恳"，以"忧世忧民之苦心，阐发公理，持论正大，规谏政府"，"救国情殷"。1906年，丁宝臣在北平创办《正宗爱国报》，以白话文著论立说，点评时政、倡导新思想。次年，其兄丁竹园在天津创办《竹园白话报》。这两份报纸均为我国最早的现代报纸之一，也是近代以来中国回族所创办的最早的报纸。丁竹园的文章内容广泛，涉及政治、经济、文化、教育、宗教等诸多方面，文笔犀利、通俗易懂，深受社会朝野人士欢迎。丁竹园具有强烈的爱国意识，他曾经在文章中大声疾呼"保国即是保教，爱国即是爱身"，"无论哪一教，既是中国民，就当同心努力地维持我们国家大事。没了国，还能保得住教吗？"又说："在中国清真教的人奉的是清真教，可全是中国的国民……把国家维持得强盛了，教门一定亦跟着发达。"丁竹园一生爱国，他是我国白话文运动的先驱和著名实践者，也是近代以来的爱国教育家。

清光绪年间，著名的爱国将领马福禄就在保卫北京、抗击英法等八国联军侵略的斗争中，率领回族及东乡、保安等各族穆斯林官兵，谱写了一曲壮烈殉国的壮丽诗篇。1900年六月中旬，英国海军提督西摩尔中将率领2000名八国联军士兵从天津进犯北京。甘军统帅董福祥命令其部将马福禄统领各部3000余人前往廊坊抗击侵略军。战斗非常激烈，马福禄指挥若定，穆斯林官兵英勇奋战，"中国军队在后方步兵和炮兵的支援下，迅速逼近车站"[1]。在付出近百名穆斯林官兵壮烈牺牲的代价下，最终击溃了八国联军的这次进攻。廊坊战役被称为"庚子之役第一恶战"，它的胜利使得西方列强不得不承认这是"欧洲人在亚洲人面前的丢脸"[2]。廊坊战役后，马福禄率领甘军将士奉命攻打北京使馆区，甘军将士奋勇作战，连续攻克比利时、荷兰、意大利等国使馆区。其间，马福禄族弟马福贵、马福权，侄子马耀图、马兆图等相继阵亡。7月1日，马福禄在激战中左臂受伤，但他仍力战不退。联军设栅垒抵抗，马福祥先破二栅，马福禄又"连毁七栅，敌尸骈藉埤堄间，血为之殷"。最后亲率敢死队，"大呼跃栅，而飞弹入其口"，捐躯都门，时

① ［俄］德米特里·扬契维茨基：《八国联军目击记》，中译本，福州：福建人民出版社，1983年，第167页。

② 《德国外交文件有关中国交涉史料选译》第二卷，北京：商务印书馆，1960年，第12页。

年46岁。① 在反抗八国联军侵略的斗争中，马福禄及其率领的河州穆斯林将士表现出不畏牺牲的英勇精神和爱国主义情怀，为抗击西方列强的侵略做出了不可磨灭的贡献。

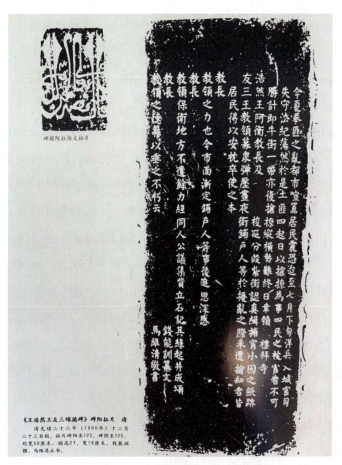

碑额阿拉伯文拓片

《王浩然王友三颂德碑》碑阳拓片　清

清光绪二十六年（1900年）十二月二十三日刊，拓片碑阳长123，碑阴长125，均宽50厘米。额高27，宽18厘米。钱能训撰，马维清正书。

《王浩然王友三颂德碑》碑阳拓片

王宽（1848—1919），字浩然，因其行五，故被人称为"王五阿訇"，顺天府宛平县人。他自幼学习伊斯兰教经书典籍，八国联军侵占北京期间，

_____

① 马福祥编：《马氏族谱述事集》，民国三十五年（1946）版。

他曾冒险去军营与侵略军交涉，牛街地区一度赖其始得以保全，因此深得穆斯林群众敬重。清光绪三十二年（1906），王宽阿訇于朝觐麦加期间，游历埃及、希腊、意大利、土耳其等国之后深受启发，归国后决定兴办教育，开发民智、培养人才，以达到救亡图存、富民强国的目的。清光绪三十四年（1908），他在牛街礼拜寺创立清真两等小学堂，课程设置除了宗教课程之外，还包括国文、算术、格致（科学）、体育、音乐、手工等课程；高等三年，除以上课程外还学习历史、地理、几何、代数。两等学校同时开办，在华北地区有很大影响。

辛亥革命后，王宽阿訇在北平发起成立回教团体，以"联合国内回民……兴教育、固团体、回汉亲睦"为宗旨，力求"庄严民国称霸亚洲而雄飞世界"，使中华民族屹立于世界强国之林。他追求进步，积极参加当时的民主政治活动，支持伟大革命先行者孙中山先生的革命事业，积极拥护孙中山先生推翻封建帝制、建立共和政体、民族平等主张。1912年8月，孙中山、黄兴应袁世凯之邀来京共商国是，王宽阿訇以中国回教俱进会名义，组织北京阿訇、学者和穆斯林群众约一千人在前门外织云公所举行欢迎会，欢迎孙中山先生。孙中山先生在致辞中说："回教同胞以宗教之团结力，强盛中华民国……"1915年，袁世凯复辟称帝，孙中山先生号召全国各地发起"护法运动"，王宽阿訇迅速同孙中山先生联系，支持革命，并应临时政府要求致电甘肃提督马安良，晓以大义，希望他不要出兵支持袁世凯复辟。在王宽阿訇劝说下，西北地区局势得到了稳定。1917年，孙中山专函王宽阿訇，委托王以其影响"举西北实力，参加革命"，策应北伐。王宽阿訇即派学生孙绳武赴广东效命，并按孙中山先生委托与西北地方回民实力派人物联系，动员他们响应孙中山先生号召，策应北伐。王宽阿訇一生爱国爱教，倡导新式教育，为社会进步事业做出了积极贡献。

中国共产党成立后，中国各族穆斯林把自己的命运同祖国命运紧密联系在一起，在党的领导下与全国各族人民砥砺同行，积极投入到革命事业之中。

面对日本帝国主义侵略带来的空前危机，中国穆斯林和全国人民一起，积极响应中国共产党号召，救亡图存、共赴时艰，涌现出一大批杰出爱国志士和抗战英烈，他们用自己的鲜血和生命，在近代中华民族抗日斗争中谱写出一篇可歌可泣的壮丽华章，为中国的民族独立和解放运动做出了巨大贡献。

日本军国主义侵略中国后，意图制造民族矛盾，采取政治分化手段，瓦解抗日民族统一战线，分裂中国。日本侵略军及其所扶持的日伪组织制造回汉矛盾、民族分裂和卖国宣传一系列行为，遭到北京广大穆斯林群众和各族人民的强烈谴责与抵制。"九·一八"事变发生后不久，北京宣内回回营民铎中学抗日救国会即创办了《醒民》杂志，该杂志虽然办刊时间不长，却大胆说出了穆斯林心声，先后发表了《抗日的决心及觉悟》《失东三省的责任哪个顶》《不抵抗主义与亡国主义》《谈一谈南京惨死的学生》等一系列抗日爱国、反对国民党当局屈辱退让的文章。北京穆斯林爱国刊物在进行抗战宣传方面颇具特色，它把宣传抗战救国与宗教传统和教义、与中国社会相结合，从而赢得了广大穆斯林同胞的拥护和支持。例如，于"中华民国二十九年九月十日出版发行"的第六卷第八期《成师校刊》刊登了张玉亭撰写的"古兰译解"一文，引用《古兰经》进行阐释："打击敌人，对作战有必胜信念，坚定意志……宁愿牺牲一切，在所不惜，这是我回教同胞伟大的气概"，鼓励穆斯林同胞奋起抗战，与敌人作殊死斗争。同期发表的马英泉"告回教青年同志"一文中说："今既国家艰危，凡为中华国民莫不同心戮力、共举抗战之义旗，同据权利之坚城，守共国土，任何牺牲，在所不惜。"表达了在国家危亡时刻，穆斯林与全国人民一起，戮力同心，共克时艰，不惜牺牲一切，守卫国土、捍卫中华民族尊严的民族精神和英雄气概。

卢沟桥事变之后，日本的政治阴谋逐步推行，对中国伊斯兰教方面的工作也日益加强。1937年末，伪满的"满洲陆军少校"刘锦标以南满铁路局"嘱托"的名义衔命来到北平。他明为"满铁嘱托"，实为日本军方的特工人员。刘锦标来到北平后，频繁与各界接触，洽谈筹备"中国回教总联合会"，该会的成立宣言、章程、传单、组织机构图表均由"伪满"来的人员拟定。1938年1月，日本华北军方面派遣高级顾问高垣信造负责筹组所谓"中国回教总联合会"。同年二月，伪"中国回教总联合会"在北平中南海怀仁堂成立。这个伪宗教团体是由日本驻屯军特务机关所控制，打着"回教"的幌子，在华北、西北等地区通过各种方式进行诱降活动，企图利用伊斯兰教，为日本侵华进行美化宣传，分裂中华民族，从民族和宗教领域为日本军国主义的侵略战争服务。①

为了响应团结全国各族同胞一致抗战的号召，联合北京地区的穆斯林，揭露日本侵略者的虚伪宣传，中国著名伊斯兰教学者王静斋阿訇发起成立了"中国回民救国协会"（后改名为"中国回教救国协会"），团结穆斯林同胞，进行抗战宣传，进一步发动穆斯林群众奋起抗日。以北平王梦扬为代表的一些穆斯林学者迅速响应"中国回教救国协会"号召，谱写了很多脍炙人口的抗战歌曲，在华北广大抗战地区传唱。

1938年12月，日本侵略者组织所谓的"华北回民朝觐团"，假借朝觐之名，赴沙特、埃及、土耳其等国，意图混淆国际视听，为日本侵华战争进行美化宣传。"中国回教救国协会"先后组织"中国回教南洋访问团""中国回教近东访问团""中国回教朝觐团"等爱国团体赴沙特、埃及等国揭露日本法西斯侵略暴行，陈述日军侵华真相，阐明中国国民政府抗日立场和坚定决心。北京著名穆斯林学者薛文波、马天英参加了"中国回教近东访问团"，先后访问、拜见了沙特国王伊本·萨特、财政大臣阿卜杜拉·苏莱曼、埃及首相马贸木德帕沙、世界回教青年会会长哈密得萨、爱资哈尔大学校长麦拉艾等众多阿拉伯政治、社会各界要人、名流，受到了热情接待和广泛支持。

1939年2月，北京著名阿訇马松亭得知日伪组织派遣朝觐团在埃及、沙特等国进行反面宣传消息后，指示以庞士谦、马坚为主的留学生立即赶赴麦加，迅速行动起来，通过各种途径和方式与日伪朝觐团斗智斗勇，最终挫

---

① 周瑞海主编：《中国回族抗日救亡斗争研究》，北京：社会科学文献出版社，2006年，第34页。

败了日伪朝觐团阴谋，维护了民族尊严和国家独立。

杨明远阿訇面对日寇、汉奸多次派人诱使其出任伪"中国回教总联合会"北京区本部委员长，进行了严正拒绝。他坚决拥护中国共产党提出的团结回回民族抗战主张，结合伊斯兰教教义向穆斯林群众积极宣传爱国爱教思想，甚至在学习中让学生查阅"国家兴亡、匹夫有责"这句话的含义，借此激发他们爱国之心。杨明远阿訇刚直不阿，追求真理和进步，把国家命运与民族、宗教命运联系起来，在中华民族生死存亡的危急关头，立场坚定，忠贞爱国，受到了穆斯林群众的拥护与爱戴。

在艰苦卓绝的抗日战争中，北京穆斯林与全国人民同心协力，荣辱与共，将自身命运融于中华民族反压迫与反侵略斗争洪流，表达出强烈爱国主义精神，谱写出一曲民族自强的时代颂歌。

新中国成立后的北京伊斯兰教

随着新中国成立，中国伊斯兰教获得新生，进入崭新历史发展阶段。信仰伊斯兰教的中国各族穆斯林在政治上、经济上、文化上获得了平等的权利，得到了宗教信仰自由政策的保障，北京伊斯兰教工作也步入了一个新的发展阶段。

拥护党的领导，宣传党的民族宗教政策

北京和平解放时，各族穆斯林一起走上街头，欢庆解放，高举红旗，高唱"没有共产党，就没有新中国"，欢迎人民子弟兵。但受国民党反动宣传的影响，一些穆斯林群众对党的民族、宗教政策不了解，加上新中国成立前国民党污蔑造谣共产党的宣传以及挑拨民族关系、制造民族矛盾的行为，群众中存在着各种疑虑。针对这种情况，北京市回民工作委员会由回族干部马玉槐带领，深入到牛街、朝阳门、德胜门外等回民聚居区，采取座谈会、报告会、学习会、串户访贫问苦等各种方式向回族工人、街道群众、教职人员等反复宣传、解释党的民族平等、宗教信仰自由政策。1949 年 7 月 7 日，北京市各界各族群众七千余人举行"七·七"事变 12 周年纪念大会。部分宗教界代表人士和回族工人、农民、教员、学生发言，马玉槐在会上宣讲党的民族平等团结和宗教信仰自由政策。1949 年 10 月 2 日，在回民学院举行的约六千余名各界回族群众参加的庆祝中华人民共和国成立大会上，全国政协回族代表刘格平、白寿彝及著名伊斯兰学者马坚等应邀出席大会，他们在发言中一致指出：中华人民共和国成立，标志着民族平等团结、友爱合作大家庭的建立，强调各民族加强团结，搞好恢复发展生产的重要意义。通过这些

活动，广大回族群众了解了党的民族宗教政策，消除了疑虑。

北京市委非常重视宗教工作，根据《共同纲领》规定的宗教信仰自由政策和彭真同志"宁缓勿急"的指示，对穆斯林正常宗教活动予以保护。为了争取团结教育宗教界人士，回民工作委员会召开阿訇座谈会，宣讲民族宗教政策，由杨明远、管华庭、安士伟、石昆宾、王连仲等阿訇倡导，成立北京市阿訇学习班，杨明远阿訇任主任，定期学习时事政策。

新中国成立后，根据穆斯林群众的意见和要求，清真寺逐步实现了民主管理。1951 年 8 月 1 日，牛街礼拜寺成立民主管理委员会，之后北京市各清真寺相继成立民主管理委员会，对寺里事务实行民主管理。1952 年，包尔汉、刘格平、赛福鼎、达浦生、马坚、庞士谦等，发起筹备成立全国性伊斯兰教领导机构。1953 年，中国伊斯兰教协会在北京正式成立。

1953 年，中国伊斯兰教协会在北京成立

全面贯彻党的民族平等和宗教信仰自由政策，消除了新中国成立初期回族群众和宗教界的疑惧心理，揭穿了敌人的谣言，团结了广大伊斯兰教界宗教代表人士，极大调动了广大穆斯林群众的革命积极性。在随后的社会主义革命和建设事业中，伊斯兰教界人士团结带领广大穆斯林群众积极协助党和政府，主动参与各项国家建设活动，为社会发展和国家建设做出积极贡献。

积极响应号召，服从国家大局

1950 年 11 月 10 日，北京市各界回族群众在西单清真寺召开抗美援朝、保家卫国座谈会。市、区回族代表，各清真寺阿訇、回族干部、回族中小学校长 99 人出席会议。大家一致拥护各民主党派联合宣言，纷纷表示：誓与各兄弟民族一道，为抗美援朝、保家卫国，为保卫世界持久和平而斗争。1951 年 4 月 14 日，包括北京市各清真寺阿訇和乡老在内的北京市各界回族群众举行抗美援朝大会，约有 14000 余人出席大会。大会一致通过拥护世界和平理事会宣言和决议，举行拥护五大国缔结和平公约签名和反对美帝武装日本的投票，发表了《抗议美、法帝国主义的暴行，支援摩洛哥人民解放运动的声明》；大会决定成立北京市回民抗美援朝委员会，通过《北京市回民爱国公约》，会后举行了示威游行。

北京市回民抗美援朝委员会主席由马玉槐担任，马坚教授、杨明远阿訇任副主席，办公地址设在东四清真寺内。在 6 月 9 日召开的委员扩大会上，会议决定号召各界回族群众和伊斯兰教界人士积极参加回民学院发起捐献"中国回族人民号"飞机，支援抗美援朝募捐活动。经过广泛宣传，广大回族群众和各清真寺阿訇、乡老共捐献了人民币（旧币）16 亿元，捐赠给抗美援朝总会，购置"中国回族人民号飞机"。

北京和平解放后，百废待兴，在党和政府领导下，全市人民迅速掀起了发展经济、建设首都新城区的改造、建设工作。根据城市规划和发展，西城区三里河地区被规划为部分中央部委和中直机关所在地，需要对旧居民区进行大规模拆迁和重新建设。历史上，西城区三里河回民墓地是北京地区最大回民墓地，总面积约 1000 余亩，为了首都建设需要迁移三里河回民墓地、异地重建。迁移三里河回民墓地影响很大、工作艰巨。为了推动迁坟工作，市民政局、房管局、"四部一会"（用地单位）共同成立工作组，邀请有威望的清真寺阿訇、乡老和知名回族人士组成了"北京市回民迁坟委员会"，伊斯兰教界代表人士积极协助开展工作。委员会和工作组多次召开回族群众大会，宣传党的民族、宗教政策和迁坟具体办法，承诺在迁坟过程中严格尊重风俗习惯，并为新的回民墓地提供相应政策和条件。在各方的努力下，从 1952 年秋到 1953 年 8 月，三里河回民墓地迁坟工作顺利完成。

新中国成立后，北京市伊斯兰教界积极贯彻落实党的宗教政策，主动进行调适，进行了民主制度改革，废除了掌教世袭、摊派"乜提"和清真寺管理封建把持等制度，努力与社会主义社会相适应。1978 年 12 月党的十一届三中全会召开，北京伊斯兰教进入健康传承的新时期。

成立宗教团体，加强内部建设

爱国宗教团体是由宗教教职人员和信教群众参加的爱国爱教群众性社会组织，是党和政府联系、团结宗教界人士和信教群众的桥梁和纽带。充分发挥爱国宗教团体的积极性和应有作用，是贯彻和执行党的宗教政策，各宗教在法律、政策范围内正常开展活动的重要保证。

中国伊斯兰教协会成立后，在联系党和政府、团结各族穆斯林群众、开展正常宗教活动、发展文化教育、对外交流、社会主义建设等方面发挥了重要作用。一些省、自治区、直辖市也相继成立地方性伊斯兰教组织。

为了尽快落实党的民族宗教政策，在市委、市政府关怀下，1979 年 2 月 18 日至 20 日，北京市伊斯兰教第一次代表大会召开，宣告北京市伊斯兰教协会正式成立。

新成立的北京市伊斯兰教协会是一个代表伊斯兰教界、广大穆斯林群众，协助政府贯彻民族、宗教政策，并维护其合法权益的爱国宗教团体。在党和政府领导下，在北京市伊斯兰教协会指导下，各清真寺逐步恢复正常宗教活动，许多阿訇回到清真寺重新主持伊斯兰教日常教务工作。1979年，牛街礼拜寺进行了修缮，东四、密云城关、蓝靛厂、黄村等多座清真寺修葺一新，重新开放，恢复了正常宗教活动。

北京市伊斯兰教协会成立后，1986年起，有10个区相继成立了伊斯兰教协会，3个区成立伊斯兰教工作小组。截至目前，北京有伊斯兰教工作的14区中成立了11个区级伊协组织和3个伊协小组，与北京市伊斯兰教协会一起为全市各族穆斯林群众提供服务。

随着北京经济社会的发展，全市大多数清真寺得到了修缮和维护，为穆斯林群众宗教生活提供了方便。清真寺修缮得到各级党委和政府的帮助和支持，据统计，2003年至2014年10年间，全市近50座清真寺进行了重建、修缮和维护。清真寺职能更加丰富，更加融入社会，目前有17座重点清真寺成立了流动穆斯林服务站，许多清真寺修订寺志，设置图书室和文化展室，

北京阿訇为广州亚运会提供宗教服务

通过宣传栏或设置展板等形式宣传党的民族宗教政策、法律法规和社会主义核心价值观等内容，积极开展公益慈善活动，参与社区共建，树立了首都穆斯林良好形象。

培养一支爱国爱教、高素质伊斯兰教教职人员队伍，对于北京地区伊斯兰教工作无疑有着十分重要的作用。北京市伊斯兰教协会十分重视教职人员培养工作。改革开放初期，北京市仅有不到 30 位阿訇，且以老阿訇居多。为了完善阿訇队伍建设，1985 年北京成立了伊斯兰教经学院。目前全市伊斯兰教教职人员中接受过经学院教育的阿訇占全体阿訇的 96% 以上，担任市区人大代表、政协委员和市区青联委员的阿訇 40 多人。

开展友好往来，助力国家外交

北京是一个历史悠久、文化底蕴深厚的古老城市，也是我们伟大祖国的政治、文化和国际交往中心。随着社会发展、改革开放不断深入，北京作为对外开放窗口，来京访问、参观、生活的外国友人日益增多，他们其中相当一部分人士有宗教信仰。因此，北京的伊斯兰教也承担着对外友好交流的外事任务和工作。多年来，北京市伊斯兰教协会本着"展示首都风采，宣传宗教政策、助力'一带一路'"工作思路，依托各区伊斯兰教协会及重点清真寺认真做好外事接待和对外友好交往工作，为国家的外交全局、首都的"四个中心"功能建设服务，圆满完成了对外友好交往、外事接待和多项大型国际活动伊斯兰教服务工作。

北京市伊斯兰教界积极参与 2008 北京奥运会、上海世博会、广州亚运会、南京青年奥运会、2014 北京 APEC 峰会、"一带一路"国际合作高峰论坛、中非合作论坛北京峰会、亚洲相互协作与信任措施会议、亚洲文明对话大会以及第 39 届国际标准化组织（ISO）大会等大型国际活动的伊斯兰教服务工作，受到各方好评。在做好外事服务工作的同时，积极开展对外友好交流，组织赴埃及、俄罗斯和乌兹别克斯坦进行友好访问，与当地伊斯兰教管理机构和组织围绕中道思想、宗教慈善和日常管理等内容进行交流。

　　北京伊斯兰教界积极发挥清真寺"民间外交窗口"作用，依托东四、牛街等外事重点清真寺，接待服务外国政要、各界人士和穆斯林外宾。据不完全统计，改革开放以来，北京市清真寺共接待外国元首及政府首脑 36 位、部长级以上官员 100 多位。2011 至 2018 年间，接待近外宾 70 万人次，充分发挥了首都外事工作优势，更好地向世界展示了我国宗教信仰自由政策与现状，体现了我国开放包容理念及共商、共建、共享的大国姿态。

新时代北京伊斯兰教的新风貌

习近平总书记指出"积极引导宗教与社会主义社会相适应,一个重要任务就是支持我国宗教坚持中国化方向",坚持宗教中国化方向关系着宗教的长远发展和未来走向,关系着各个宗教间的相互和谐、相容共存,是引导信教群众为促进经济发展、社会和谐、文化繁荣、民族团结和祖国统一努力奋斗的前提条件。

进入新时代,北京伊斯兰教界坚持中国化方向,勇于进取,不断开拓工作思路,改进工作方法,各项工作取得明显的成绩。

打造工作品牌,积极开展中国化实践

北京市伊斯兰教协会立足北京工作实际,制定《北京市伊斯兰教界坚持伊斯兰教中国化方向五年工作规划纲要(2019—2023)》,积极弘扬和践行社会主义核心价值观,多层面、多角度围绕坚持中国化方向积极开展工作,从经学思想、学术文化和履行社会责任等层面凝聚思想共识并积极加以实践,培育并固化工作品牌,即思想政治品牌——"五进"清真寺,经学思想品牌——"专题解经",文化研究品牌——"福德论坛"和社会服务品牌——"斋月善行",形成北京伊斯兰教坚持中国化方向的有效探索。

中华人民共和国国旗、宪法和法律法规、社会主义核心价值观和中华优秀传统文化"四进"清真寺是2018年中国伊斯兰教协会率先在全国宗教界开展的一项活动,启动仪式在东四清真寺举行。2020年,北京伊斯兰教协会将"民族团结进步创建"纳入活动主题,在全市开展"五进"清真寺活动,并将该活动打造成为北京市坚持伊斯兰教中国化方向的思想政治品牌,把握正确的工作方向。

"解经"是伊斯兰教经学思想建设的重要内容，通过用社会主义核心价值观引领，中华优秀传统文化浸润，对伊斯兰教教义教规做出符合时代进步要求的阐释，进而积极引导广大穆斯林群众坚持爱国爱教的优良传统，发扬爱岗敬业、团结理性的思想品质，为经济社会发展做贡献。"专题解经"是北京市伊斯兰教界对"解经"工作的总结与提升，通过体系化的"解经"模式，更有针对性、时代性开展"解经"，在经学思想层面凝聚坚持伊斯兰教中国化方向的思想共识。

"福德论坛"是继承并弘扬历史上"福德图书馆"所体现的"爱国、进步、团结"理念，结合时代要求打造的伊斯兰教中国化学术研究品牌，致力于坚持伊斯兰教中国化方向的学术研究活动，通过开展学术研讨、专题讲座、文化挖掘等工作，为坚持伊斯兰教中国化方向提供学术理论参考，形成学术理论成果，提升中国化工作的学术理论水平。

"斋月善行"是借助于伊斯兰教"斋月"为最尊贵的月份、行善的月份这一理念打造的公益慈善品牌，通过宣传慈善理念、开展公益活动和参与志愿服务的方式，引领广大穆斯林群众积极履行社会责任，主动参与社会服务，使伊斯兰教更好地融入当代中国社会。

形成共识，营造伊斯兰教中国化工作的良好氛围

北京市伊斯兰教界制定实施《教务活动指导手册》，统一全市教务活动管理，有效抵御境外渗透非法活动和极端思想的侵扰。在坚持北京地区教务传统、规范教风建设方面，形成"五点共识"，即"坚持中国伊协、市伊协关于教务方面统一规定，不在规定之外另搞一套；坚持北京优良传统的合理传承，不开展带有境外和特定地域、教派特征的活动；坚持团结和谐理念，不开展不利于内部团结和社会稳定的活动；坚持依法依章原则，不组织和参与非法宗教活动；坚持独立自主自办原则，不参与或支持利用宗教进行的渗

透活动"。对于网络"涉伊涉穆"负面言论及影响社会安定团结的事件与苗头，特别是对于伤害民族宗教感情、影响社会团结稳定的负面信息，积极应对，通过正确途径向相关部门反映，做好穆斯林群众思想引导工作，及时消除隐患，维护社会和谐稳定。

强化自身建设，夯实伊斯兰教中国化工作基础

完善的制度管理体系是坚持伊斯兰教中国化方向的必要保障。北京市伊斯兰教协会积极发挥桥梁纽带作用，指导并带领各区伊斯兰教协会、清真寺和广大穆斯林群众严格遵守法律法规，切实履行法律义务，用实际行动维护社会和谐稳定。

第一方面是对照《宗教事务条例》《宗教团体管理办法》《宗教教职人员管理办法》及《北京市宗教事务条例》和北京市宗教事务管理"四个办法"等要求，排查各级伊斯兰教协会、清真寺存在的问题和薄弱环节，梳理现有相关规章制度，及时修订完善，实现制度衔接。先后制定并实施《北京市穆斯林群众参与监督管理清真寺制度》《北京市清真寺负责人民主评议制度》和《北京市清真寺重大事故事件防范报告制度》等"三项制度"，《北京市伊协组织、清真寺财务和资产管理规范》《北京市清真寺日常活动及大型宗教活动安全管理规范》和《北京市阿訇管理规范》等"三项规范"以及《北京市清真寺大规模活动组织工作预案》《北京市清真寺反恐防暴应急预案》和《北京市清真寺消防应急预案》等"三项预案"，提升伊斯兰教协会组织、清真寺日常管理的规范化、法治化、科学化水平。第二方面是根据中国伊斯兰教协会相关制度和北京市工作实际修订《北京市阿訇资格认定办法》《北京市阿訇聘任办法》和《北京市清真寺民主管理办法》等"三个办法"，不断增强自我管理能力，提升服务管理水平。第三方面是编印出版《北京市伊协组织、清真寺内部管理制度示范手册》，指导各区伊斯兰教协会进行认真梳理并完善现有规章制度，抓好规划实施和制度落实落地，促进伊斯兰教协

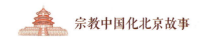

会、清真寺完善内部管理，不断提高北京市伊斯兰教工作法治化水平。

加强队伍建设，为中国化提供人才力量

坚持伊斯兰教中国化方向离不开高素质的人才队伍。北京市伊斯兰教协会把阿訇、清真寺寺管会和骨干乡老队伍建设作为重点，制定并实施《北京市伊斯兰教三支队伍素质提升五年规划（2016—2020）》，采取一系列措施，全面实施三支队伍素质提升工程，收到良好效果。

在阿訇队伍培养锻炼方面，北京市伊斯兰教协会将阿訇队伍建设作为工作的重中之重，建立了"培养教育""认定备案""聘任管理""考核评议""交流锻炼"和"服务保障"等六项机制，通过不断完善机制、规范管理，努力培养一支政治上靠得住、宗教上有造诣、品德上能服众、关键时起作用的阿訇队伍。举办在职阿訇经学大专班、阿语研修班和专升本学历班，逐步实现北京市阿訇宗教教育或国民教育全部达到本科学历工作目标，坚持每年开展全体阿訇培训班、中青年阿訇业务水平测试和阿訇恳谈会，加强阿訇队伍教育引导，全面推动北京市阿訇队伍政治觉悟、宗教学识、业务能力及综合素质整体提升。制定《北京市阿訇资格认定办法》，严把阿訇入口关。制定《北京市阿訇聘任办法》和《北京市阿訇聘任协议（范本）》，实现全市阿訇聘任协议签订率达到100%，保障了阿訇的合法权益，规范了阿訇聘任工作。制定阿訇交流调整锻炼工作的意见，推动阿訇本区和跨区交流锻炼，进一步提高阿訇队伍素质，促进全市伊斯兰教工作整体提升。制定《关于阿訇考核述职评议工作的指导意见》，严格年度考核工作，评选优秀阿訇，促进阿訇不断提升个人素养。积极争取各方支持，帮助阿訇解决生活中遇到的困难，制定《北京市阿訇基础资料档案管理目录》，认真收集、整理、汇总阿訇资料，及时为阿訇缴纳社保，维护了阿訇队伍的稳定。

在清真寺寺管会和骨干乡老队伍建设方面，北京市伊斯兰教协会明确了四个目标三项措施。四个目标是：进一步提高政策法制观念，引导清真寺寺

管会成员提高法制意识和规矩意识，自觉接受各级政府宗教事务部门指导和伊协组织领导，遵守伊协组织和清真寺各项规章制度，坚持做到依法办事、按规矩办事；进一步提高爱国爱教意识，高举爱国主义旗帜，坚定不移地走中国特色社会主义道路，拥护中国共产党领导，团结广大穆斯林群众维护民族团结、宗教和睦、社会和谐，积极弘扬爱国爱教正能量；进一步提高服务管理能力，加强清真寺服务管理，不断提高制度化、规范化水平，坚持做到民主议事、民主决策，接受各级宗教工作部门、伊协组织和广大穆斯林群众监督，提高服务管理能力和水平，加强与属地街道、社区的沟通联系，积极参加社会服务，树立伊斯兰教和穆斯林的良好形象；进一步完善组织机构，巩固和加强清真寺寺管会组织力量，优化人员结构，提高综合素质，引导寺管会全体成员爱国爱教、热情服务、团结和谐，切实成为服务穆斯林群众、服务社会的可靠力量。三项措施包括：加强学习培训，积极开展政策法规、时事政治集中学习培训，组织开展清真寺之间、各区之间，以及各宗教之间经验交流会、座谈会和参观活动；加强日常管理，以开展"和谐寺观教堂"创建活动为抓手，深入落实伊斯兰教工作属地管理责任，深入清真寺加强指导检查，指导清真寺深入落实《北京市清真寺服务管理工作指导手册》和《北京市清真寺民主管理办法》，做到依法依规办事，按规矩办事；建立工作机制，评选优秀寺管会成员，树立典型和先进，发挥带头作用。通过各项工作措施，一批政治素质强、政策水平高、群众威望好的骨干充实到寺管会中来，在各项重大活动中发挥积极作用，在大是大非和敏感问题面前，立场坚定，政治觉悟高，有力维护了清真寺的和谐稳定。

伊斯兰教中国化工作任重道远，北京市伊斯兰教协会将继续挖掘和弘扬伊斯兰教优良传统，深入挖掘教义教规中有利于社会和谐、时代进步、健康文明的内容，对教规教义作出符合当代中国发展进步要求、符合中华优秀传统文化的阐释。在党和政府的坚强领导下，北京伊斯兰教必定能够持续、健康、稳定地发展，在与社会主义社会相适应和坚持宗教中国化的道路上迈出坚实有力的步伐。

北京天主教中国化历程

作为六朝古都的北京，怀着兼容并蓄的姿态，吸引着多种外来文化的往来交融，天主教也在700多年前的元朝首次正式传入中国，并建立北京教区。

从元朝初传到近代教案频发

孤身一人，修好经营

1289 年，教宗尼古拉四世派遣方济各会会士，意大利孟高维诺神甫为钦使，携国书前往中国传教。1294 年，孟高维诺途经波斯、印度，历时 5 年，最后由泉州到达北京（时称汗八里），他是踏上中国领土的第一位天主教传教士。时任皇帝元成宗接见并优待了这位远道而来的意大利籍传教士，准许了他的传教请求，并提供了必要的物资支持。在"为一切人成为一切"的宗徒精神激励下，孟高维诺积极适应中国本土文化和人文环境，他尊重民俗，学习蒙文，并将《圣经》译成蒙文，首先在蒙古贵族中传播天主教，然后普及广大民众。他严以律己，正直热心，友善待人，收养孤儿，关心弱小，深入各个领域，劝导并感化了很多人信奉天主教，深得信教者和不信教者的爱戴，皇帝本人对他也十分敬重。在他的努力下，建立了北京和泉州两个教区，还在北京的皇城内建立了两座教堂，为天主教在华传播开辟了道路。

1305 年，孟高维诺在给教宗的信中提道："我还用蒙文翻译了《新约全书》和《圣咏集》，并请人用优美的字体缮写出来，我当众朗读并且宣讲，证明基督的教义是正确无误的。"教宗对他的工作十分满意，于是在 1307 年设立北京总主教区，任命孟高维诺为第一任总主教，兼管远东教务，负责拓展东方教务的使命。由此，孟高维诺开创了天主教在中国的传教事业。

孟高维诺在北京建立了多所教堂，当时有一座教堂距离宫廷仅一箭之距。他在门头沟后桑峪建立的教堂，成为北京教区现存历史最悠久的教堂。

1328 年，孟高维诺在大都去世，享年 81 岁。他在华宣教 30 余年，为 3 万余人授洗。他苦心经营，热心福传，饱尝了开教的艰辛，也取得了福传的硕果。

但是，由于天主教还没有完全在我国本土扎根，在北京接受福音的对象大多是蒙古人而非汉人。后来明朝掌握政权，教会随着蒙古人淡出中原大地也一同式微了。明朝实行闭关政策，不与西方联系，罗马教廷不知道中国教会的发展情况，又由于种种政治、经济等方面的原因，当时的教廷也没有条件向遥远的中国派出新的传教士。因此，随着元朝的灭亡，初建的北京教会也随之销声匿迹。

蓄发易服，落地生根

直到明万历年间，意大利利玛窦神甫远渡重洋，万里迢迢来到北京，再次开始了中国教会的创立奠基事业。利玛窦神甫展现了"入乡随俗"的福音传播艺术，学习中国语言、著汉书、穿汉服、行汉礼，以谦逊和博学的形象赢得中国朝廷的礼遇与厚待，赢得周围百姓对他的好感。他秉承保禄宗徒"为一切人成为一切"的圣训，使自己变成了一个谦卑博学的中国知识分子，变成了一个"仰慕中华美德与文化"的西方"利子"，变成了一个守法效忠的当朝臣民。

位于北京宣武门天主教堂院内的利玛窦塑像

利玛窦神甫常言天主教虽传自西方，但并不与中国的礼教格格不入。他以天主教教义与儒家伦理观念相融合为传教方针进行传教。采取宽容中国习俗的传教策略，尊重敬天、尊孔、祭祖等传统礼仪，在他看来，中国的敬天、尊孔、祭祖的传统习俗，表达了以农业收成为主要经济来源的中国人盼望风调雨顺、丰衣足食的朴素心愿，表达了他们对先贤和祖先教诲的遵从与榜样的效仿。只要不掺入祈求、崇拜等迷信成分，本质上并没有违反天主教教义。在此基础上，尊重他们的习俗对教会在中国的生存和发展却大有裨益，是中国人接受基督信仰的必然前提。利玛窦神甫对天主教徒在兼顾中国传统习俗这个问题上的尊重和宽容，以及这样的态度所收到的明显成效，可以说是对天主教必须走中国化道路才能够在华夏大地上落地生根的早期注脚。

利玛窦神甫在京城期间修订了很多前人著作，以劝勉进修或开明教义。最脍炙人口的是《二十五言》《畸人十篇》和《天主实义》。国人见一西人竟能以中文著书立说，不得不叹服其学问宏深、道理高妙。

传教初期，利玛窦神甫认为中国人不容易理解西方文化中所信奉的"主"或"神"，取一个能广为中国人接受并利于传扬的名号是一件尤为关键的事。他认为"天主"这个名号能广被接受，不仅因为此二字发音响亮、意义深长，听来有庄严肃穆气派之感，更因为它是从尊重中国的传统文化、参考中国人敬畏天地的传统的角度出发，取意"天地真主，主神主人亦主万物"及"至高莫若天，至尊莫若主"而定名信仰中的"神"及"主"为"天主"。由此，恭敬朝拜这位至高至尊的"天主"的宗教团体便被称为"天主教"。

利玛窦神甫注重与中国的统治阶层，即帝王和士大夫等进行交往，通过获得这些上层人士的好感与认可，天主教在中国不但不会受到政府的阻碍，反而可以借统治阶层的权力和影响力来更好地传播。

为了与士大夫结识交好，利玛窦向他们传授了很多西方的科学知识，他孜孜不倦地向长期闭关锁国的明朝政府介绍世界，传播西方当时最为先进的科技，不但赢得了万历皇帝的好感，更令不少有着远大抱负的士大夫大开眼界。这些人中的一部分更是改信了天主教，其中最著名的当属被后人称为"中国天主教三大柱石"的明朝大学士徐光启、望族名士李之藻和官员杨廷筠。

利玛窦为明廷制作了浑天仪等天文历算仪器，又与徐光启翻译欧几里得《几何原本》，制作《坤舆万国全图》，大大开阔了当时中国人认识世界的视野，对中国历史文化的发展产生了重大影响。利玛窦之后，遵从"科学传教"策略的汤若望等人继续在历法修订及火炮制作等方面多有贡献。尤其以"西方新法"编撰完成的《崇祯历书》，清初以《时宪历》之名颁行天下，深刻体现了西方科技及西方文化对中国的影响。

《坤舆万国全图》

从利玛窦开始，到汤若望、南怀仁等，耶稣会士们经历明万历、崇祯和清顺治、康熙等朝代百年时间，尊重中国传统习俗和文化，服务于朝廷与社会，得到朝廷的认可和支持。

1661年，顺治帝驾崩，康熙皇帝幼龄即位，由四名辅政大臣代掌朝廷大权。其时杨光先任监正职，尽废西法，复用旧法，预测天象，屡屡出错，朝廷深感不满，于是决定西法与旧法比试预测，以证优劣。由比利时神甫南怀仁主持的西法，逐款皆符；而由杨光先等主持的旧法，则款款皆错。自此，朝廷对西方科学深以为意，由于在科学和技术，尤其在天文观测和仪器制造方面的杰出贡献，南怀仁多次得到晋升加级，也得到了为康熙帝讲解数学的有利机会。他后来在《欧洲天文学》一书中写道："当然，一旦我得到了向康熙讲解数学的有利机会，我就插进了天主教某些问题。例如关于唯一的天主、灵魂的永存、

汤若望献给清廷的日晷仪

死后的报应和赏罚、天主十诫、基督受难、信徒的贞洁和誓言等等。皇帝常常平静地、友好地听我的讲解并向我提问。我常利用这种有利的时机，为在座的亲王们介绍有关天主教的教义。"

几年后，由于受到一些朝廷重臣的诬陷，天主教会陷入暂时的沉寂之中。经过南怀仁神甫的不懈努力，康熙皇帝认定天主教并不是一些大臣口中祸国殃民的邪教，反而是天主教传教士所带来的科学知识，于清朝的发展壮大十分有益。由此，他颁布皇谕，宽释了教会："天主教教义教规前被查禁一事，有失公正。今查并无违反国家利益和庶民责守之道。为此，凡被逐教士可回原堂从事本职。"谕旨为汤若望（已故）平反，恢复原赐荣衔。康熙帝又亲撰祭文一道，遣礼部大臣至汤若望墓地致祭。称汤若望"鞠躬尽瘁，臣子之芳踪。恤死报勤，国家之盛典"。至此，天主教获得了在中国快速发展的新的良好契机。

在南怀仁神甫的努力下，康熙皇帝对天主教的信仰一直抱有很大的好感，对天主教的教理教义有着深刻的了解。比如康熙皇帝御题宣武门天主堂律诗。又御书匾额曰："万有真原。"并对联曰："无始无终，先作形声真主宰；宣仁宣义、聿昭拯济大权衡。"康熙令善内大臣送至天主堂，谨敬悬挂。从

这些文字中，证明康熙对天主教的要理已具有较深理解。

清朝对天主教会的青睐也可以从教堂的位置上体现出来，现在的"东南西北"四大教堂都紧邻着当时的皇宫，其中南堂和北堂均为皇家敕建。康熙皇帝书写的《万有真原》匾额就悬于北堂祭台之上。

下层百姓对这些长着奇异形象却笑容可掬、说着一口流利的中国话的"先生"们充满好奇和敬仰，而且乐于接受"先生"们传递的"爱的喜讯"，受洗入教者源源不断。

据1700年"礼仪之争"前夕的统计，当时中国天主教教徒已有30万人，教堂183座，教士住院53所。在已经受洗的教徒中，有许多是当时朝廷的要员，甚至封疆大吏。

利玛窦和汤若望等耶稣会的神甫们坚持"适应"与"服务"的原则，履行自己的福传责任，这是他们获得成功的最关键因素。

利玛窦穿儒服，《青石存史》，第27页　　利玛窦与徐光启合作翻译的《几何原本》，《青石存史》，第24页

所谓"适应"原则，就是利玛窦等传教士们努力学习中国文化，学说中国语言，遵守中国的礼俗，与中国人建立感情，将自己变成中国人；所谓"服务"原则，就是谦逊良善待人，通过向皇帝介绍先进科技文化、为朝廷服务、为百姓提供医疗救助、为穷人提供衣食、为不同人提供他们的需求，让中国民众将他们当成"自己人"，当成自己可信赖的人、可以托付的人。

这就是保禄宗徒的话"为一切人而成为一切"的现实应用。

利玛窦、汤若望、南怀仁之后的一部分传教士清楚地洞察到天主教思想与中国文化融合的重要意义，也一直将这样的精神贯彻在他们的传教事业当中。如利类思神甫奏书罗马教廷，要求将拉丁文的宗教礼仪改成中文，成为试图将天主教礼仪中国化的最早尝试。

令人惋惜的是，后来，借助耶稣会开创的优越传教环境而进入中国的其他修会，在不了解中国文化习俗的情况下，轻率地给中国社会上千年的"敬天尊孔祭祖"扣上"异端"帽子，进而否定利玛窦的"适应"原则，最后将教廷拉进纷争，终于招致康、雍、乾时期中国的严厉禁教政策。

礼仪之争，毁于一旦

17世纪下半叶，随着西方社会经济和军事力量的急剧膨胀，其在世界范围内的殖民扩张进入高潮，西方各国的天主教传教组织也借着列强军事力量纷纷跟进，踏上异国他乡的土地。这一时期，早已觊觎泱泱大国的列强尚在积蓄力量，寻找破入中国大门的借口，而天主教的修会组织，却利用耶稣会营造的条件捷足先登地进入华夏大地。然而，也许习惯了在殖民地国家颐指气使，这些后来居上的修会组织对利玛窦等前辈们尊重和适应中华文化的传统不屑一顾，甚至连中国语言文字都没有弄懂几个，就对中国的文化传统和习俗评头品足、横加指责，以致发展到将中国的"尊孔祭祖"视同异端异教，并向罗马投诉，要求教廷直接下旨，"命令"中国皇帝放弃"尊孔祭祖"，处罚耶稣会会士和不愿放弃尊孔祭祖的中国教徒。

当时的教廷在有关中国的"礼仪"问题缺少客观、真实、全面的调查和了解背景下，先是做出中国的尊孔祭祖"无害于信仰"的评断，后来经不住在华多个修会前来施压，教廷最终发布禁止中国尊孔祭祖的指令，并派一位特使来华，向康熙皇帝直接宣布"禁令"。

接下来的结果不带任何悬念。未等这位特使讲完，康熙皇帝已经龙颜大怒，厉声斥责："览此条约（禁令），只可说得西洋等小人如何言得中国之大理。况西洋等人无一通汉书者，说言议论，令人可笑者多。今见来臣条约，竟与和尚道士异端小教相同。彼此乱言者，莫过如此。以后不必西洋人在中国行教，禁止可也，免得多事。钦此。"但与此同时，康熙仍然给传教士留条出路，他又讲："众西洋人，自今以后，若不遵利玛窦规矩，断不准在中国住，必逐回去。"

然而，高傲自信的修会传教士们，宁可置中国天主教的危亡于不顾，也不愿承认和持守利玛窦所开创的传教道路，而是固执地死守罗马教廷的"禁令"。结果，连同多罗主教特使在内的大批神职人员被押解到澳门，几乎所有在华教会人员全被驱逐出境。

自康熙开始，中国天主教历经雍正和乾隆三朝禁教。直到1939年，罗马教廷才发布一道诏书，以"时过境迁"为由，撤销了1704年和1705年罗马教宗发布的关于中国礼仪的禁令，此时已经过去了200多年。这段历史明确告诉我们，无论哪朝哪代、何年何月，如果宗教不能与中国传统文化有机融合，不能适应中国的国情民情，不能走上尊重中国几千年来形成的风俗习惯的本地化的道路，就只能如同无本之木、无水之鱼，断然无法在华夏大地上扎下根来，没有在这片土地上生存下去的可能性。

列强绑架，教案频发

近代百年的半殖民地时期，被西方列强绑架的天主教组织成为中华民族避之唯恐不及的"洋教"。

　　"鸦片战争"爆发后，英、法、意、美、德、荷、西等西方列强用坚船利炮打开了中国的大门。乘着西方列强的军舰涌入中国的传教士们，因有其本国政府及不平等条约的保护、有法国"保教权"的庇护，不再执行利玛窦的"适应"原则了，许多传教士以为可以用强制性的或者"收买"的办法传教，比"适应性"更便捷。然而，令他们不解的是，许多中国人"并不领情"，甚至将他们与那些用洋枪屠杀中国人的洋鬼子混为一体，不仅不踊跃入教，还组织起来，冲击教堂，视教堂为"法国的领地"，视进教的中国同胞为外国公民，视天主教为"洋教"。教案频发，愈演愈烈。

　　这一历史从反面证明，中国天主教只有融入中国社会和文化之中，才能获得成功。

民族意识觉醒的北京天主教

教会民族意识觉醒，自主呼声强烈

20世纪初，由于国家受到外国列强长期的欺凌与压迫，华夏大地上的爱国天主教徒悲愤交加，他们奋起呐喊斗争，在与自己的民族和同胞站在一起，积极采取行动反抗帝国主义侵略的同时，他们陆续筹划开展"中国化"运动，反对外国教会控制中国教会。这一时期，也涌现出一批爱国的仁人志士，为争取中国教会的独立自主奔走呼号。

"将中国教会归还给中国人"

当时最早在教会中发出变革声音的是"北英南马"，即马相伯和英敛之。英敛之，满族旗人，早年入教。英敛之对外国教职人员只讲爱自己的国家，而从不讲让中国基督徒爱中国的做法极为不满。他撰写《劝学罪言》，以"爱国"为题发问："前岁比国被德残毁后，该国枢机主教某公，发出勉励国民书一篇，反复比喻，谆谆以爱国为训，至理名言，无论有识无识，莫不痛感。至于我国宣道者，从未闻有提及爱国者，或有之，我未闻也。岂圣教道理，独于中国教民，当使之爱外国乎？"

1912年9月，在北京，英敛之和天主教著名爱国人士马相伯先生对当时法国保教权控制下的天主教在华发展前景甚为忧虑，他们同感天主教内人才缺乏、国学不振，希望中国能够培养自己的教职人员，独立自主自办教会，摆脱外国势力的控制。为了达成这个目标，他们联名上书罗马教廷，提出在北京建立一所天主教大学，以此弘扬中国固有的文化并介绍世界新知识，同时希望继续推行利玛窦等倡导的学术传教法。

随着在华传教时间的深入，来自比利时的雷鸣远神甫深切地意识到，除非西方政府退出中国，除非将教会交还给中国人办，否则永远改变不了殖民教会的性质和"洋教"的形象。为此，他向西方人和教会上层发出了"中国归中国人，中国人归基督"的呼吁。在天津发生的"老西开事件"中，雷鸣远目睹了法国领事企图强占中国土地的全过程，他对法国人的霸道行径十分愤慨，他请来天津警察局在老西开设岗，阻止法国人进入。为此惹怒了法国当局和教会上层，他遭到严厉斥责，被迫离开天津。他离开不久，法国兵悍然开进老西开，同时法国政府照会中国政府，将老西开30余亩土地强行划归法租界。天津教区的一些教职人员竟申明支持法国的行动。雷鸣远获知后愤怒地说："假如我是个老百姓，我会卖掉所有的一切，买炸弹和子弹，而死在老西开。但因为我是神父，宁愿死在罗马，也不愿在罪恶前缄口不言了。"他鼓动天津法租界的中国人全面罢工罢市，抵制法货。使法租界一度陷入瘫痪。在强大的社会压力下，法公使被召回国，代理公使允诺归还老西开土地。在这场行动中，天津教区的29位教职人员中有19位站在了雷鸣远一边。而雷鸣远神甫也因此受到教会的"处罚"，被调往嘉兴一个偏远贫困的小教堂。

1917年9月，雷鸣远神甫给宁波主教写了一封长信，系统陈述了他对中国教会事务的看法：（1）"关于教徒爱国"。"爱国对于欧洲教友是一种德行，对中国教友也应是一种德行；为什么在欧洲神职界是光荣的事，在中国神职界就成了缺点呢？"（2）"关于提升中国籍教职人员"。他认为天主教的普世原则是建立本地教会，外籍传教士不应等待罗马的命令；相反，要带头推动本地化。（3）"关于保教权"。雷鸣远神甫认为，无论为了中国的利益，或是教会的利益，都应该废止。最后，他恳请主教"不要用法官的眼，而要用慈父的心"来省察他的立场。

雷鸣远神甫常说："我为爱中国而生，我为爱中国而死。"在重重压力下，他坚守"中国教会归还给中国人"的意志始终不变，最后他放弃了自己的国籍而改入了中国国籍。

刚恒毅主教对教会"中国化"的贡献

1922 年 8 月 11 日，教宗颁布委任令，命刚恒毅担任中华民国宗座代表。刚恒毅即赴中国行程，但为排除法国等"保教权"国家干扰，其使命秘而不宣。直到 1922 年抵达香港后才公开自己的真实身份。动身前，教廷国务卿向刚恒毅主教阐明了当任教宗给他行使使命的几条原则：第一，宗座代表职务不得有任何政治联系和色彩；第二，尊重中国政府，也尊重在华的外国权利，但不得为任何外国的政治利益服务；第三，宗座不干涉政治，有时政治走进了宗教的范围，宗座偶尔也办政治；第四，宗座对于中国没有帝国主义式的野心。中国应该是属于中国人的；第五，要为建立中国人办的教会而努力工作。

刚恒毅主教对自己的使命怀有神圣感。他同教宗一样，对发生在中国的反对西方列强压迫、抵制包括"洋教"在内的殖民特权的民族独立运动深感不安。他强烈意识到，要使天主教不致被当成西方殖民势力而遭驱逐，就要将天主教与西方的殖民势力分离开，而首要做的就是彻底结束法国的"保教权"，将中国天主教的传教责任和治理权交给中国人，变成"中国化"的地方教会，最终实现罗马教廷对中国天主教的直接支配和领导。

为了避免误解，刚恒毅主教尽量回避在华的西方各国政客，更不与法国政府发生关系。他宁愿居住在北京教友给他提供的简陋住房，谢绝了法国公使为他提供舒适住宅的美意。他对法国"保教权"提出严厉批评，指责"保教权"的结果是在北京建立一个法国国家教会，而非中国人的教会，"北平教区享有法国保教权。中国人的眼睛是雪亮的，他们闭口不语，可是并不比欧洲人笨，他们视北堂为法租界，把天主教称为法国教，政府官员把主教看作法国官员。"

为了将教会交给中国人办，刚恒毅主教与法国政府和各国在华传教组织进行艰苦谈判，在他们的手中"挤出"了两个小教区，准备让中国的神职来主持。1926 年 10 月 28 日，在刚恒毅主教的直接努力下，终于从数百位中国司铎中选出 6 位佼佼者，经教宗比约十一世亲自祝圣为主教。自 1679 年罗文藻受任中国主教一职过去了 250 年，中国又有了自己的主教，在"中国化"教会的路途上迈出了重要的一步。

反抗日本帝国主义侵略活动

抗日战争时期，很多爱国的天主教神职和信徒坚决维护中国共产党提出的全民族抗战的正义主张，积极支持抗日救亡运动，参加到抗日的斗争中来，为民族解放和打败日本侵略者做出了贡献。

爱国老人马相伯

天主教著名爱国老人马相伯在 93 岁高龄还多次发表演说来激励全体国民团结起来参加抗日。1931 年 10 月 23 日，他发表了《日祸敬告国人书》，揭露了国民党的不抵抗政策。1932 年 9 月 18 日为"九·一八"事变一周年，马相伯思念铁蹄下的人民，写下了"还我河山"四个大字，自题"去年九月十八日日本暴力发动强占我东北，今年三月又一手演成满洲伪国傀儡一剧，一周年间，河山变色。如此奇耻大辱，国人应奋起自救，不还我河山不止"。他积极为抗战的实施出谋划策，同年，与宋庆龄、蔡元培等共同组织了"中国民权保障同盟"，呼吁国民党当局停止内战一致抗日。不顾年迈力衰发表演讲、文章，还发起组织了"中国民治促进会""江苏国难会"和"中国国难救济会"等抗日组织。1935 年，同沈钧儒、邹韬奋等一同联合发表了《上海文化界救国运动宣言》，鼓励中国人共赴国难。1936 年，马相伯和何香凝一起当选为全国各界救国联合会执行委员。他亲自筹款资助抗日的军队，在抗日民族统一战线中发挥了重要的作用，中共中央给予他很高的评价和荣誉。1939 年 4 月 7 日，马相伯百岁大寿时，中共中央致电表示祝贺，给予"国家之光，人类之瑞"的光荣称号。在他逝世时，毛泽东等给其家属发去唁电。

平西地区的抗日救亡活动

在日寇肆虐、民族存亡的紧急关头，中华民族的英雄儿女们不畏强暴，奋勇抵抗侵略者，用血肉之躯维护民族的尊严，用生命保护领土主权，广大天主教徒以同样的热血和生命投身于抗日救亡运动。在北京平西抗日战场上，活跃着一支由天主教徒任营长、连长的八路军游击队。这支队伍在共产党的领导下转战群山中，给侵略者以沉重的打击。北京西南门头沟天主教聚居村——后桑峪堂区的神职和信徒为这支抗日队伍提供了物资支援，有几十名天主教徒为民族大义献出了宝贵的生命。

坐落在京西古道深处的门头沟区后桑峪村，是个仅有百户人家的小山村，几乎全村信奉天主教。抗日战争时期，这里处于平西抗日游击区，当时的教堂成了八路军首长开会的处所，本堂赵义堂神甫鼓励和动员信徒参加八路军，抗击日寇侵略者。赵神甫还亲自带领信徒参加兵工厂的工作，帮助运送军用物资。这里的信徒家庭几乎家家都有子弟参与八路军领导的抗日活动。今天，在平西抗日纪念碑上，可以找到英勇牺牲的后桑峪村教友连长和排长的名字。

日寇到这里进行多次"扫荡"，教堂被日寇彻底焚毁，以后一直未能复建。当时，后桑峪堂区的赵维寅神甫带领全村教友，在政府的带领下参加抗日救亡运动，人人为抗日出力，为巩固平西抗日根据地做出了贡献。村里有不少人参加了游击队、八路军，有一些神职人员掩护过八路军的领导干部。1938年年初，八路军邓支队来到了斋堂村，不久宋支队的部队也开进来了。在平西山区开展了轰轰烈烈的抗日宣传活动，在各村建立救国会、自卫队和农会。

1938年年初，中共中央决定，在平西组建冀、热、察挺进军。肖克为司令员，以邓、宋、白3个支队为基础，向群众宣传参军扩编。为了便于领导，晋察冀边区总部将昌平和宛平合组成昌宛公署，公署由议长和议员组成，赵义堂神甫任副议长。赵神甫配合抗日政府，动员青年参军参战。当时有10人参加了正规部队。1938年，宛平老八区建立抗日民主政权后，赵神甫被中国共产党和人民群众选任宛平县抗日政府的县议员，兼任救济总会的负责人，在党和人民政府的领导下，他和人民同生死共患难地战斗在抗日工作中。宛平县第一任县长魏国元及其他县干部、军队的领导干部，都曾经到过教堂，杨成武、焦若愚、邓华、萧克等将军也都来过这里。

1938 年 10 月，后桑峪堂区的信徒为了抗日，在晋察冀边区办了一个军工厂。当时前线急需武器，萧克司令员来到后桑峪村，动员凡会铸犁铧的人都参加到芦子水村新建的兵工厂去铸地雷、手榴弹，以打击日本鬼子的侵略。

当时，信徒们把堂里所用之物全部搬了出来，军队将指挥器材搬进了堂里，天主堂成为八路军临时作战指挥部。

1940 年冬，日寇纠集了 1 万多人，对平西进行了一次大规模的扫荡。日寇近千人包围了后桑峪，进村后重点目标是天主堂。十几个鬼子进了堂院，搜出了八路军的军服和文件，在圣母像的夹层里搜到了八路军的抗日文件，在堂里的墙上、柱子上、内房顶、窗户上，泼了大量的汽油。然后扔进一颗手榴弹，使教堂燃烧起来。又点燃了全村的民房，不到两个小时，后桑峪变成了一片瓦砾灰烬。

赵神甫在最艰苦、最危急的时刻，没有离开平西地区，而是追随共产党的抗日政府，到各村为前线八路军将士筹粮筹物，运送物资，救助伤员，组织村民保卫村庄，用鞭炮加水桶阻击侵略者。在抗日战争时期，有很多青年信徒参了军，在战场上为祖国壮烈捐躯。在斋堂中学的抗日烈士纪念牌上，第一个名字是信徒杨广禄，他牺牲时任营长。第二个名字是杨巨恩连长。还有杨广林教友，他为了祖国及民族的尊严英勇不屈地死在日寇的刺刀下。后桑峪的信徒们用生命展现了中华民族不屈不挠的英雄气概和中国天主教徒爱国爱教的精神气节。

二站村位于北京市房山区，是天主教教友村，在抗日战争时期，由于张庆桐神甫支持抗战的英勇行为，日本人进行了残酷的报复。为保护信徒和村民，张神甫英勇就义。1937 年 9 月的一天，日军窜入二站村，将在教堂避难的村民们包围，对手无寸铁的百姓实施野蛮大屠杀。本堂神甫张庆桐痛斥日寇，试图保护自己的同胞，被敌人用刺刀扎死，并悬挂在十字架上。

教会创办的社会福利事业

从 19 世纪 60 年代起，一些传教士在北京开办了诊所等社会事业。北京天主教会兴办的社会事业包括学校、工厂、医院和慈善机构等，到 1949 年，北京教区的社会福利事业有：1 所孤儿院、2 座医院、30 座诊所、13 所中学、23 所小学和 23 所幼儿园。

20 世纪 20 年代以后，天主教会在北京地区创办了一系列学校，有幼儿园、小学、中学、大学的系统教育；又分师范、医学和其他专业专门教育，形成了一套教会教育体系。这些教会学校，尤其是教会大学，一方面为中国培养了一批具有新型知识的天主教人才；另一方面在客观上促进了中国教育事业的发展。

高等院校

天主教会在 20 世纪初创办了 3 所大学，即上海的震旦大学、天津的塘沽大学和北京的辅仁大学。

辅仁大学的前身是英敛之在香山创办的"辅仁社"。为了培养出色的天主教传教人才并能适用中国社会发展的需要，1912 年，我国著名的天主教爱国人士马相伯和英敛之曾上书教宗提出要在中国建立大学，特别强烈要求要在北京创办一所能够兼收教内外子弟的天主教性质的大学，以改变福音传播与中国文化完全脱节、中国基督徒不爱中国的状况。但是，教宗迟迟未给他们答复。马相伯和英敛之最终决定与其坐等不如采取行动，1913 年，他们在北京香山静宜园别墅开创了"辅仁学社"。这是一所中等性质的天主教学校，办学目标在于培养天主教青年，使他们能和其他各界人士一样受到良好的教育和修养，以有助于发扬光大天主教的精神并有益于国家。收有学生

20 余人，课程以国学为主。到 1917 年，辅仁社停办，但它的名字却在之后被辅仁大学沿用。

1919 年，罗马教廷对英敛之和马相伯的请求予以回应，派代表来到中国，考察教会教育情形，在其报告书中也认为中国的高等公教教育不足。之后，罗马教宗邀请美国本笃会士，神学、哲学博士奥图尔来华调查教育，并与英敛之商量建立天主教大学的事宜。1922 年，罗马教宗比约十世以私人名义捐款 10 万里拉作为学校的开办费，由美国天主教本笃会负责，并以美国大资本家麦克玛纳斯捐得的 10 万美元作为开办基金。

1924 年 6 月，教廷与本笃会协商同意在北京设立教会大学，分设五院，即神哲学院、中西文学院、自然科学院、社会及历史学院、矿业及工程学院。罗马教宗派人来华帮助筹办北京公教大学，1925 年正式更名为辅仁大学。马相伯由于年迈未能直接参加辅仁大学的具体创建工作，但作为发起人之一，他与英敛之一起设计了辅仁大学的前身——公教大学的理念和蓝图，从而有力地推动和促进辅仁大学的建设。辅仁大学为直属于罗马教廷教育部的天主教大学，是天主教会在中国建立的第一所全国性综合性大学，它也是在北京地区建立的第一所天主教大学。辅仁大学初期沿用"辅仁社"的名称。至 1927 年，学校才正式定名为"私立北平辅仁大学"。1926 年，英敛之因为劳碌过度去世，校长一职由陈垣接任，他是辅仁大学在大陆创办、发展 27 年的校长。

1933 年，辅仁大学被委托给美国圣言会办理，并委托该会总会长康代为辅仁大学荣誉校长。此后，辅仁大学积极地开展了对中国传统文化的研究，出版了 3 种汉学杂志：《辅仁学志》《文物》和《民俗学》。

1952 年，因院系调整，辅仁大学并入北京师范大学。

中等学校

辅仁大学附属中学为罗马天主教会在中国创办的学校，由圣言会管理。

1929 年，辅仁大学为培养自己的生源基础，停办预科，改办设高、初中的附属男子中学。由辅仁大学校长陈垣兼任附中校长。校址在什刹海畔辅仁大学的后院，原来是一座清代的贝勒府。1951 年，由北京市政府接管，改为北京市第十三中学。1932 年，辅仁大学又建立了辅仁女中，由圣神会主办创立，1951 年停办。

华语学校

方济堂华语学校地址在西城区李广桥大街 18 号，1936 年成立。德籍神甫舒乃伯担任校长，专供外籍传教士学习华语。1949 年停办。

德胜院华语学校地址在德胜门内石虎胡同 1 号，1937 年成立，1948 年停办。

怀仁学会地址在西城区太平仓 2 号，1928 年由圣母圣心会成立，曾称华语学校，1947 年迁至东城区牛排子胡同 2 号，1949 年停办。

教会医院

教会在北京开办的医院有万生医院、怀仁医院、圣心医院、海星医院和安康医院等。

北京万生医院是法国天主教会于 1912 年在北京平安里前毛家湾建立的医疗机构，原名叫万森医院。医院规模较小，设内科、外科和五官科等，人员配备和资金来源主要靠教会。1952 年，由人民政府接管，改为北京第七医院，1958 年，迁到西什库后院，改名为平安医院，归属北京医学院。

慈善机构

天主教在北京设立的慈善机构有育幼院、孤儿院，均由仁爱会主办。仁慈堂孤儿院位于西什库东夹道 26 号，1862 年成立，最多的时候收容了近900 名儿童。

文化传媒

北堂印书馆地址在西什库 2 号北堂院内，原名遣使会印书馆，1846 年由遣使会创办，专门印刷天主教会的书籍、经文等，设有印刷部、装订、中文版部、西文版部和铸字部，有 30 余名职工。1951 年由北京教区接管，1956 年公私合营，改名为西四印刷厂。

1916 年，雷鸣远神甫将《广义报》改为《益世主日报》，还在北京开办了《益世报》分馆，他的出版事业受到北洋政府的表彰，授予五等嘉禾奖。

北京教区李君武副主教创办了《北京月刊》，北京东交民巷教堂神甫柯来孟创办了《司铎月刊》，又名《铎声》。

工厂

北京天主教建有 5 座工厂，涉及面粉、酿酒、肥皂等多个产业。

近代天主教的社会福利事业为北京社会的发展、经济的复兴、人才的培养等做出了积极的贡献。

走上独立自主自办教会道路

　　新中国成立后，中国天主教进入了一个崭新的历史时期。党的宗教信仰自由政策，使很多教会内的有识之士相信天主教在新中国会有光明的前景，对走爱国爱教道路充满信心。他们对教会内的殖民主义倾向和外国神职人员操纵中国天主教的状况极为不满，纷纷要求摆脱帝国主义势力的控制，在中国天主教内掀起了反帝爱国运动。

　　1950年11月30日，四川省广元县天主教神甫王良佐和500余名信徒签名发表《广元天主教自立革新运动宣言》，号召"基于爱祖国、爱人民的立场，坚决与帝国主义割断各方面的联系"，这一宣言得到了全国各地天主教人士的积极响应，大家表示：反对教廷干涉中国内政，清除教会内帝国主义势力，摆脱帝国主义势力的控制，独立自主自办教会。

　　在这样的历史背景下，北京市天主教也加入到轰轰烈烈的反帝爱国运动当中。为了帮助更多的信徒看清真相、打消顾虑，北京各堂区的25个爱国革新组织进行了艰苦细致的思想工作，为北京市天主教革新委员会的成立打下了牢固的基础。

　　这其中，北堂成为当时全国天主教爱国运动的策源地之一。

　　新中国成立之初，作为北京教区的主教府所在地，西什库北堂经受了重大的历史考验。1951年，以北堂为中心，北京市天主教界自发组织起来，开展了轰轰烈烈的反帝爱国运动，召开了北京市天主教代表大会，成立了北京市天主教革新委员会。

　　1951年9月16日至17日，北京天主教革新委员会第一届代表会议在辅仁大学举行。中央人民政府国务院宗教局局长何成湘、北京市副市长吴晗到会做了重要讲话。这次会议通过成立北京市天主教革新委员会领导北京市开展三自革新运动的决议。这是中国天主教有史以来第一次真正的神长教友参加的代表会议。北京市天主教革新委员会后来改称为北京市天主教爱国会。

1956年年底，全国已经先后形成200多个地方性爱国组织，通过反帝爱国运动和肃反运动，中国天主教界对新中国的认识逐步提高，爱国人士特别是高层神职人员解除了思想上的种种束缚，提高了爱国觉悟，拥护中国共产党的领导，成立一个统一的全国性的爱国组织——中国天主教爱国会的条件已经成熟。

在经过周密的筹备以后，1957年7月15日，中国天主教第一次代表会议在北京教区北堂主教府隆重举行，会议成立了中国天主教友爱国会（后改称中国天主教爱国会），确立了"在保持与罗马教宗信仰上一致性的同时，坚持政治、经济、宗教事务上独立自主的原则"。

随着反帝爱国运动在天主教内的持续开展，中国天主教会终于从外国势力的掌控下获得了完全自由，教会的领导权掌握在爱国的中国神长教友手中。中国天主教爱国会的成立，是中国天主教历史上一个里程碑式的事件，从此，中国天主教走上了独立自主、自办教会的爱国爱教道路。

改革开放之后的北京天主教

党的十一届三中全会胜利召开，北京市天主教也由此步入恢复、重建和发展的时期。1978年12月，中共中央统战部在北京召开了宗教工作座谈会，会议决定，统一认识，全面正确地贯彻执行党的宗教政策。1979年，党和国家的宗教工作全面恢复，宗教信仰自由政策恢复贯彻和落实，修缮、开放教堂，恢复宗教活动，请回神职人员、修女，广大信教群众开始陆续回归到正常的宗教生活中去。

宗教工作的拨乱反正，其目的就在于将包括广大信教群众在内的所有人民重新动员起来，与党和政府一道，走上国家经济社会发展的正轨，共同建设现代化，使民族复兴、国家富强、百姓生活富裕起来。

"火车跑得快，全靠车头带"，面对百废待兴的教会，北京市天主教亟需领导者统筹规划教会的恢复与发展。1979年7月25日，北京市天主教爱国会召开委员会扩大会议，全体神职人员和修女、教友代表一致选举傅铁山神甫为北京教区第31任正权主教，并于12月21日按宗教传统举行正式祝圣仪式，傅铁山成为中国改革开放后第一位自选自圣的主教。

在傅铁山主教的带领下，北京市天主教站稳爱国爱教立场，多次在面对大是大非的关键时刻力挺党和政府，维护中华民族的主权与尊严；利用教会自身优势，大力协助党和国家开展对外交往，作为改革开放以来迅速崛起的中国与西方交流、展现自身发展变化的重要窗口，让世界了解更加真实的中国；建立了一支政治站位高、综合素质过硬的人才队伍，为教会牧灵福传事业特别是"中国化"的发展奠定了良好基础；积极投身社会服务，促进慈善、文化等社会事业的蓬勃发展，为社会和谐做出了教会应有的贡献，树立了良好形象。

坚定高举爱国爱教旗帜，走独立自主自办教会道路不动摇

傅铁山主教作为在国际上享有盛誉的一位主教，在面对西方社会时从不吝惜表达他对中华民族的热爱、对中国共产党的拥护，以及对中国天主教走爱国爱教、独立自主自办道路的坚定决心。他本人和在他带领下的北京市天主教会，也一次次以实际行动践行了这样的信念，在全世界面前有力维护了中国的主权尊严与和谐稳定。他的善表为中国天主教界乃至全国宗教界坚定高举爱国爱教旗帜做出了非常好的表率。

20世纪末，随着神职人员培养工作的成熟发展与实际工作的迫切需要，一些仍然空缺主教的教区"选圣"工作被提上日程。在中国天主教"一会一团"的支持和直接监督下，经过严格的民主选举程序，长治、唐山、南京、闽东、保定等5个教区完成了候任主教的选举工作，又经严格审查并听取多方意见，"一会一团"最终批准了5位候任主教的当选，并决定于2000年1月6日在北京教区主教府南堂举行5位新主教的祝圣大典。

5位新主教同台祝圣，这在中国天主教史上十分少见，其隆重和意义可想而知。傅铁山主教代表北京教会接受了这项光荣而神圣的任务，他亲自主持北京市天主教专题会议，周密部署各项准备工作，保障这次祝圣大典圆满成功。

祝圣工作圆满成功后，多家中外媒体从不同角度报道了这次祝圣活动，介绍了祝圣大典的情况，阐述了这次祝圣活动对中国天主教牧灵福传事业发展的重要意义。称赞这次祝圣活动"成功举行""意义重大"。

傅铁山主教不仅是中国天主教界爱国爱教坚持独立自主自办原则的带头人，他也将坚持国家与民族的大义、坚持中国天主教的尊严作为根本的政治底线。

1989年，傅铁山主教应邀到一个西方国家访问，一位当地教会领导人与傅主教交谈，不经意间向傅主教提问："大主教，现在苏联已经解体了，东欧的共产党垮台了，中国共产党何时会出现这样的结局？"傅主教听之一

笑："据我所知，在中国共产党和中国人民的政治生活里，没有这个选项，也不会有这个选项。阁下不必挂虑。"

傅铁山主教和北京市天主教会无时无刻不在展现的坚定爱国意志，不仅为国家和民族所称道，也获得了诸多国际友人的理解、认可与支持。

2000年10月1日国庆节，傅铁山主教带领北京市天主教界代表150人前往天安门广场参加升旗仪式，表达北京市天主教会与祖国和人民站在一起的感情。

利用自身优势积极对外交往，频繁出访接待助力民间交流

傅铁山主教作为在中国和西方宗教界都享有较高声望的一位宗教领袖，以他个人的影响力和天主教会在与西方世界交往过程当中的特殊优势，为中国在国际社会争取更多话语权和平等权利，为全世界了解中国真实的人权和宗教状况做出了自己的努力。

2008年，北京举办了一届令世人瞩目的、精彩绝伦的奥运盛会。这场盛会令全球对中华文化的博大精深有了一次全方位的认识，更向全世界展示了在改革开放的国策指引下，中国经济的飞速发展、国家面貌的巨大变化、人民生活的显著改善。可以说，这次奥运会的成功举办，成为中国向世界展示数十年改革开放发展所取得的巨大成果的一个绝佳平台。在奥运会申办阶段，傅铁山主教和他所在的北京天主教会，热情接待作为基督徒的国际奥委会官员萨马兰奇、维尔布鲁根等，与他们建立友谊，有助于他们能够更加理性客观地评估中国为申奥所付出的努力和工作成果。

改革开放以来，北京市天主教积极、广泛地开展国际友好交流活动。外国政要人物以普通信徒的身份来到教堂参与弥撒，拜访教区主教，深切感受到中国人民的好客精神和宗教信仰的自由气氛。北京市天主教宣传了我国宗教信仰自由政策和宗教健康发展的状况。此外，北京市天主教也派团出访亚洲其他国家及欧洲、美洲、非洲等地区，进行友好访问，本着宣传政策、互

相尊重、互不隶属、互不干涉、平等友好、相互了解、广交朋友的原则，相互沟通，建立友谊，开辟了民间交流交往的新途径。

建设合格人才队伍，培养爱国情操

20 世纪 80 年代，面对全面恢复的宗教事业，尽快培养青年神职接班人，成为所有教会成员的高度共识。开办修道院是傅铁山主教和当时的北京市天主教领导班子全体成员面对教会事业发展的需要而实施的一项重大举措。

从 1981 年秋到 1989 年夏，北京天主教神哲学院青年修生由最初的 6 人逐步发展到 60 人。其间培养出了李山主教等一批至今仍然在首都教会起到重要作用的优秀教职人员，为首都教会圣善事业的恢复和快速发展奠定了重要的人才基础。

值得一提的是，自北京天主教神哲学院开始恢复，傅铁山主教就做出了一项决定：开设国情教育课程。目的是让修生们在掌握宗教学识的同时，对自己的国家与社会有较全面的了解，对本国人民共同选择的社会建设与发展目标给予理解和认同。这样培养出来的青年神职人员，才能适应社会，更好地传播福音，并增强公民意识，善尽基督徒的公民责任。

在实践中，国情课程通过讲利玛窦适应民族民情开展福传的故事；讲马相伯老人践行基督之爱，为国家存亡奔走呼号的故事；讲耶稣基督关切民族命运，往训万民的行实……鼓励修生们为了教会的发展，为了"往训万民"，要睁眼看世界，要打开固守封闭的心灵，张开胸怀，拥抱自己的国家和民族，如耶稣爱他的民族那样，热爱自己的民族同胞，将基督之爱传递给他们，让广大中国人不再将天主教看成是"洋教"。

努力履行社会责任，关爱社会弱势群体

天主教提倡"荣主益人，服务人群"，主张仁爱与奉献，兴办社会服务

事业历来是教会的重要主题与特征。北京天主教会开办的社会服务、文化事业包括天爱诊所、上智编译馆、《天光》编辑部等。

有鉴于《圣经》当中耶稣对麻风病人的重点关爱与屡次医治，傅铁山主教特别关心国内麻风病人的生存状况，并为救助麻风病人两次号召举办首都宗教界的大型慈善义演，建立麻风病救护慈善基金，为帮助麻风病人这一社会中最需要人们关爱的弱势群体付出了巨大的努力。

2002年10月，北京市天主教在王府井东堂举行一场别开生面的募捐义演活动，主题为"关爱弱势群体，为麻风病患者献爱心募捐义演"。时任国家卫生部副部长马晓伟以及白求恩好友、马海德夫人苏菲女士，以及北京市其他四个宗教团体的领袖们都来参加了活动。在演出前，傅主教在致辞中说："麻风病患者是我们最弱小的弟兄，他们是社会中最需要我们关爱的弱势群体。我们应该像印度德肋撒修女那样，像韩国申东旼神甫那样去救助我们这些最弱小最困难的弟兄，使他们因我们的帮助而建立起生活的信心，感受到祖国大家庭的温暖。"接着，傅铁山主教与来宾们一起捐出善款，建立了救助麻风病人的第一笔基金。

2004年11月，傅铁山主教因病住院治疗，在病床上他仍然挂念着麻风救助事业，当得知还有不少地方的"麻风村"生活环境没有根本改善的时候，他无法再安心治病。不久，傅主教亲自向首都其他宗教团体的领袖们发出邀请，倡议组织第二次为麻风病人的募捐义演。

这次义演活动远大于上次的规模，活动场地设在民族宫礼堂。除北京五个宗教团体代表参加并演出，还邀请了专业文艺工作者参加。活动中请来了已经治愈的麻风患者代表，和一直致力于改善中国麻风病人生活现状、将毕生的精力都扑在照料麻风病人身上的韩国神甫申东旼等。傅主教带病出席活动并发表了讲话，他对麻风病人这个弱势群体所表现的关切之情深深打动了在场的所有人。

这次义演活动共获捐款117万元。当时接受这笔捐款的中国麻风防治协会负责同志说："这不是一笔简单的捐款，这代表了北京宗教界对数十万生活在社会边缘的麻风病人的深厚关爱。"

2000年，北京市政府将王府井东堂作为王府井北段建设规划工程的一个重要组成部分。当东堂以修葺一新的亮丽容貌出现，成为金街之上的一大亮点时，她的身份已不单单是一座教堂、一个宗教活动场所，而是王府井步行街上的一个景点、一个意义非凡的文化坐标。修缮后的教堂不设单独的围墙，堂前文化广场作为步行街的一部分向社会开放。

傅铁山主教是北京市天主教两会主席、北京教区主教，也是中国天主教爱国会主席、主教团代主席。在他的积极努力下，北

李山主教在参加人民大会堂举行的中国天主教自选自圣主教50周年大会上说："我不仅从傅铁山主教的手中接过了管理教会的权杖，还同时接过了他爱国爱教的旗帜。"

京成为中国天主教面向全国开展教务，引领全国各地信教群众坚持独立自主自办教会，民主办教，努力适应社会、服务社会，在构建社会主义和谐社会中发挥独特作用的窗口，也是积极开展对外交往的中心。

坚持爱国爱教传统，步履自选自圣道路

2007年，北京市天主教迎来了第32任正权主教李山主教。李山主教接过了傅铁山主教的爱国爱教旗帜，继续走独立自主自办教会道路，在将傅主

教所创造的宝贵财富加以继承和发扬的基础上，结合我国进入中国特色社会主义新时代的大背景，积极响应习近平总书记的号召，坚持"中国化"的方向，大力推进"大福传"理念，落实民主办教体制机制，完善教会人才培养与制度建设，积极开展公益慈善活动。

2008年12月19日，纪念中国天主教自选自圣主教50周年座谈会在人民大会堂举行。作为新一代自选自圣的主教——北京市天主教两会主席、北京教区李山主教走上主席台，以崇敬的心情回顾了傅铁山主教等老一辈天主教代表人士坚持走独立自主、自选自圣主教道路的光辉历程，深情而坚定地说道："我不仅从傅铁山主教的手中接过了管理教会的权杖，还同时接过了他爱国爱教的旗帜。"

事实上，早在担任王府井东堂的本堂神甫时，李山主教就已经把东城区爱国会的工作做得有声有色，他带头宣讲爱国爱教的关系，明确向教友们阐述"中国天主教只有热爱国家、适应社会才能发展；只有与民族和祖国同呼吸、共命运才能最终使民族共沾福音的恩许。"

李山主教自晋牧以来，受中国天主教"一会一团"的委托，多次参加国内教区新主教的祝圣大典。每次接到任务，李山主教均态度积极，欣然前往，对新主教给予兄弟般的支持。参加这些自选自圣主教的祝圣活动之后，李山主教受到来自海内外巨大的压力，但他无怨无悔，因他深信：这是对中国天主教福传事业发展最有力的支持。

落实民主办教制度，不断加强教会自身建设

2010年12月，在中国天主教第九届代表会议的大会发言中，李山主教明确说："民主办教的关键在主教。"他说："圣教会的事业是天主的事业，天主的事业是大家的事业，不是一个人的事业。民主办教是对宗徒时代'往训万民'精神的回归，这个回归的重点标志应该是从主教到所有参与教会事务的成员树立为民服务、大家协商共事的思想和作风。民主办教能否坚持，

主教是关键。北京天主教民主办教制度的执行，关键因素是傅铁山主教率先垂范，积极推动。我在这个和谐融洽的领导集体里近10年时间，我没有理由否定这个被实践证明非常好的制度，没有理由不带头坚持这个制度。"

在李山主教的全力支持下，北京市天主教长期坚持民主办教，制定完善各项民主议事规则，将民主办教真正落实到团体和场所管理之中。教会秉承"分工不分心，分工不分家"的管理模式，进一步团结协作、明确分工、理顺职能，教会重大事务实行集体领导、民主管理、相互协商、共同决策，努力建设"政治上可信、作风上民主、工作上高效"的领导班子。定期召开秘书长例会、两会主席会、全委会，加强重点工作研究推进，民主决策意识不断增强，民主议事水平不断提高。

如今，民主办教的管理理念在各团体、各场所深入人心。神哲学院进一步完善内部机构设置，坚持定期组织召开理事会、院务培育团会议及修生的"家庭会议"，研商修院各项大事；通过明确培育团职务分配和修订学生会管理守则等，保障修院教学工作和其他各项工作有序进行。修女会按照程序完成换届选举工作，选举产生新一届会长和咨议会成员；咨议会定期召开会议，协商解决各种问题，为修女会健康发展打下了坚实基础。区天主教爱国会已发展到10个，扩大了爱国会在基层职能的延伸，发挥在基层民主管理中的积极作用。各堂区进一步规范堂务会建设，鼓励平信徒积极参与堂区事务；以财务管理为重点，定期公开收支账目，自觉接受政府监管、社会监督；落实安全主体责任，通过开展学习培训、安全演练、检查值守、化解矛盾等措施，保障了堂区宗教活动的平稳有序开展。

倡导"大福传"理念，广泛开展公益慈善活动

李山主教对牧灵福传事业非常重视，在傅铁山主教"民族福传"理念的基础上，又提出了面向社会的"大福传"理念。继续耶稣基督"天主之爱"和"往训万民"的福传使命，以服务首都人民为大目标，通过向社会和他人奉献自己，

使众人获享福音的恩宠。在他的倡导下，神职人员牧灵服务更加到位，福传工作形式更加多样，教会鼓励堂区加强教友队伍建设，通过开展避静、讲座和各类培训活动，引导其对信仰的理解符合正信道理，发挥"光和盐"的作用。

在 22 座教堂以外，教会还建立了 15 个弥撒点，进一步满足了信教群众的信仰需求。近年来，各堂区每年为近万名驻京和旅游观光的外国友人提供宗教服务，主日举行包括英语、法语、意大利语、韩语等多台外语弥撒。为外国友人举行告解、终傅、洗礼、婚配、坚振等圣事服务，满足他们的圣事需求。

北京市天主教会着力打造"天慈公益"品牌项目，旨在整合慈善资源，鼓励带动整体慈善活动的深入开展。品牌启动以来，开展了助学助残、养老济困等各方面的系列帮扶，组织了环保志愿服务等微公益活动，不断提升服务社会水平；围绕京津冀协同发展战略，开展精准扶贫和定点扶贫，先后向河北贫困地区提供了近 200 万元的资金捐助，实施了"贫困助学、特困家庭援助、农业灌溉助脱贫"三个帮扶项目，扶助力度明显加大。

开展神学思想研究和"四进"活动，稳步推进天主教中国化

北京市天主教坚持我国宗教中国化方向，努力探索实践路径，不断夯实理论和思想基础，推动天主教与社会主义社会相适应。

注重加强神学思想建设。北京市天主教会把神学思想研究作为坚持天主教"中国化"的重要平台，连续 6 年以"天主教中国化"为主题开展神学思想研究，举办神学思想研讨会，形成研究论文百余篇。特别是从圣经依据、教义教规出发，对社会主义核心价值观 12 个主题词逐一解读，进行神学诠释。在编著《天主教人类学》《慕道者手册》《北京四大教堂》等书目中融入社会主义核心价值观、中华优秀传统文化和宪法及法律法规等内容。不断推动研究成果的转化运用，用喜闻乐见的形式，加强引领，凝聚信教群众的思想共识。

全面开展"四进"活动。2018年以来，北京五大宗教共同倡议开展国旗、宪法和法律法规、社会主义核心价值观、中华优秀传统文化进宗教活动场所活动。北京市天主教积极响应，全面参与，实现了全市天主教堂全部悬挂国旗，重大节日、重要节点举行升国旗和唱国歌仪式，开展了"宗教法规进场所"巡讲活动，设立政策法规宣传栏，举办爱国主义、社会主义核心价值观、中华优秀传统文化系列讲座等，在弥撒讲道中融入法律法规、社会主义核心价值观内容，引导信徒既做好信徒，又做好公民。各区爱国会、各堂区结合自身实际，积极开展"四进"活动，让坚持我国宗教中国化方向在全市天主教界深入人心，取得良好成效。

加强人才队伍建设，培养神职接班人

晋牧伊始，在北京天主教神哲学院，李山主教向全体修生重申了傅铁山主教提出的"五个素质"的要求。在李山主教的重点关注下，北京天主教神哲学院的办学水平和成果一直保持着高水准。北京天主教神哲学院坚持"荣主益人，服务人群，爱国爱教，全面发展"的办学宗旨，落实我国宗教院校建设规划和《宗教院校管理办法》要求，坚持中国化办学方向，完善教学大纲和课程设置，强化政治思想引导和灵修陶成，推进思想政治理论课和中国文化与社会系列公共课程体系建设。组织参观爱国主义教育基地、开展军训和志愿者服务活动、国庆日举办征文比赛、参加全国天主教院校演讲比赛等活动，增强修生爱国主义觉悟，提高维护独立自主自办原则的自觉性，培养了一批又一批爱国爱教的后备人才。

北京市天主教注重强基固本、加强人才队伍建设，着力提升综合素质，为教会健康发展做好重要的人才储备。通过坚持开展爱国主义、政策法规、国情市情、传统文化等教育培训，每年组织神职人员年度述职，定期轮岗交流，努力培育中青年教职人员和信徒骨干；努力创造条件，先后有40余位中青年神职人员选送到国外进修学习，并全部回国服务。目前北京教区有硕士、博士学位的神职人员近30位，建立起了一支爱国爱教、信德坚固、事主爱人、素质优良的人才队伍。

服务首都社会发展，彰显基督之爱

"荣主益人、服务人群"，是北京天主教一贯坚持的办教宗旨。通过积极发挥天主教界开展公益慈善和社会服务的优势，建立长效机制，打造"天慈公益"慈善品牌，整合教会慈善资源，用基督的大爱去关爱社会，积极传播正能量。

"天慈公益"品牌启动以来，开展了抗灾救灾、助学助残、扶贫济困等各方面的系列帮扶，组织了环保志愿服务等微公益活动，不断提升适应社会、服务社会的水平。围绕京津冀协同发展战略，开展精准扶贫和定点扶贫，先后向河北贫困地区提供了近200万元的资金捐助，实施了"贫困助学、特困家庭援助、农业灌溉助脱贫"三个帮扶项目，帮扶效果明显提升。

2020年，在疫情突发的特殊时期里，北京天主教克服一切困难，与国家和人民一道投入抗击疫情的阻击战中，短时间内募集善款140万元，用于支援武汉十堰防疫一线，深切表达了教会的抗疫信心和爱国情怀。

随着社会的发展、国家的繁荣昌盛，教会也迎来了前所未有的发展良机。北京天主教将以更加团结自信的精神状态，团结带领广大信教群众，忠实履行保禄宗徒"为一切人而成为一切人"的圣训，与时俱进，开拓创新，荣主益人，服务人群，热爱公益慈善，为社会和谐稳定，贡献北京天主教界的力量。

北京基督教中国化历程

　　北京基督教的历史已有 160 年，其中不乏中国化的故事，认真梳理和总结这些故事，有助于坚持与推进基督教中国化，有助于基督教自身的持续健康发展，更好服务于全面建设社会主义现代化国家。

努力本色化的近代基督教

1861 年英国传教士雒魏林（William lockhart，1811—1896）最先将基督教传入北京。随后各国基督教、各宗派先后来到北京，建教堂、兴办学校、开办医院、开展文字宣传。显然，这些工作都是为传教而服务的，但也间接推动了中国社会的一些进步和改良，惠及了许多劳苦大众。例如，开设西式学校。北京城郊建有多所教会兴办的小学、中学、大学以及神学院校等，分别开设传统中式教育中没有的"地理、历史、生理、天文、体操"①"英语、数学、物理、化学、植物学、动物学等自然科学以及西方社会科学"②。开设西式医院。包括医院和诊所，最为著名者当数"1886 年，美国美以美会在崇文门内孝顺胡同创办美以美会医院，1903 年扩建后取名同仁医院，以眼科见长"③。开展西式体育活动。教会学校格外重视体育活动，潞河中学有 2 个大的足球场和 8 个篮球场，汇文中学除有足球场、篮球场以外，还有十几个网球场和两个"强球"场。潞河中学，"每天下午四点一刻，为课外体育锻炼时间，教室和图书馆停止开放，同学们都涌进运动场，各就所好，各展所长。田径场上跑、跳、投、跨，足球场上有足、篮、棒、网。锻炼场面十分活跃……群众性的体育运动，成了潞河中学的校风和传统"④。开展文字宣传。"从 1810 年到 1875 年，传教士在中国编写了 1036 种书刊，几

---

① 左芙蓉：《基督教与近现代北京社会》，成都：巴蜀书社，2009 年，第 56 页。

② 左芙蓉：《基督教与近现代北京社会》，成都：巴蜀书社，2009 年，第 60 页。

③ 左芙蓉：《基督教与近现代北京社会》，成都：巴蜀书社，2009 年，第 73 页。

④ 北京市体育文史工作委员会：《北京体育史》（内部发行）（一），1984 年，第 95 页。

乎全部属于圣经、圣咏、教义之类"①。"各差会和宗派在北京多建有出版机构或设有发行所,出版刊物,推动了基督教在北京迅速而广泛的传播"②,间接发展了中国的文字出版事业。又如,开办孤儿院、聋哑学校、开展赈灾救济等慈善活动,以及反对女性缠足、禁烟禁毒、兴办女校、乡村服务等社会公益活动。

然而,1900年和1922年先后爆发了声势浩大、影响广泛的反基督教运动,即"义和团运动"③和"非基运动"④。"义和团运动"可谓平民百姓反基督教的最高峰,"非基运动"可谓知识分子反基督教的最高潮,为何没有文化的人和有文化的人都反对基督教呢?这两次运动沉重的打击,引发了进步爱国基督教人士的思考,激发了中国基督徒的爱国情怀和民族气节,促使基督教走上了中国化的道路。

本色化运动

中国人反对基督教的实质是反对西方列强,痛恨他们自鸦片战争以来对

① 中国人民政治协商会议全国委员会文史资料研究委员会:《文史资料选辑》第43辑,北京:中华书局,1963年,第3—10页。

② 左芙蓉:《基督教与近现代北京社会》,成都:巴蜀书社,2009年,第82页。

③ 1900年主要以农民、手工业者和运输工人为主体的中国人民反帝爱国运动。中日甲午战争后,帝国主义列强加紧侵略中国,妄图瓜分中国,激起中国人民的愤慨。接着,中国人民掀起了反对帝国主义的义和团运动。由于帝国主义教会侵略势力在中国欺压人民、无恶不作,又由于清政府"护教抑民"、甘心媚外,因而中国人民不断进行反教会侵略势力的斗争。1899年,山东朱红灯率领义和团在德州一带进行反洋教斗争,并提出"扶清灭洋"口号。在他们的影响下,斗争烈火很快从山东蔓延到华北、东北各省,北京和天津一带声势尤为浩大。接着这一斗争波及全国,进一步鼓舞了全国人民。义和团烧了教堂,驱逐和杀死了不法传教士和教徒,严惩官吏和恶霸,多次击败了前来镇压的清军。1900年八国联军发动了疯狂侵略中国的战争,以镇压中国人民的反帝爱国运动。义和团在保卫北京、天津的战斗中英勇奋战,多次击退侵略军。最后在帝国主义及清政府的联合进攻下,义和团运动终遭失败。

④ 即非基督教同盟运动。1922年在五四运动新思潮影响和巴黎和会中国外交失败的刺激下,由北京学生发起的反对基督教的运动。后来由于上海"五卅"事件和广州"六二三"事件相继发生,非基督教运动愈益发展。闽、浙、湘、苏、赣、鄂等省时有捕捉传教士反缚戴纸帽游行的事发生,许多教会机构被占,有的教会学校停办。

中华民族的欺辱；痛恨传教士甘心充当帝国主义的工具；痛恨传教士假意爱中国，实为依靠不平等条约对中国文化侵略；痛恨传教士居高临下的优越感。基督教中的中国人，他们同样热爱自己的祖国，热爱中华民族，他们率先发起基督教的本色化和自立运动。所谓本色化和自立运动就是基督教中国化运动的表现，正如诚静怡所说："当今举国皆闻的'本色教会'四字，也是'协进会'所提倡。一方面求使中国信徒担负责任，一方面发扬东方固有的文明，使基督教消除洋教的丑号。"①具体来说，中国基督教会要在经济上、行政上、教务上自立，摆脱对西方差会的依靠。事实上以当时中国籍信徒和牧师的实际能力和条件，做到这一点并不容易。首先，基督教自传入中国那一天起，建造教堂的费用，中外籍神职人员、工作人员的薪资，日常机构的运营经费，包括兴办各类文、体、卫、慈善机构等经费几乎全部来自于西方差会。中国籍的信徒不但人数稀少而且贫穷，吃饱饭尚且困难，何谈供养教会和牧师。其次，中国籍牧师在教会及其各类组织中并无话语权，外籍传教士是实际领导人。最后，当时的中国籍信徒普遍没有文化，中国籍牧师不仅数量极少，神学素养和文化素养也没有办法与外籍传教士比较，很难独立开展讲道、牧会工作。尽管事实上当时中国籍信徒和牧师并不具备独立自主自办教会的条件和能力，还是有一些知名基督徒和牧师凭借拳拳爱国心和民族大义不畏艰难踏上了独立自主的道路。

在教会体制方面做出改革的以诚静怡牧师为代表。早在1921年9月13日，诚静怡在北京米市大街中华基督教会就召集了一次非正式的聚会，到会的人有吴雷川、司徒雷登、王克私等，并由大会通过"教会宣言"，其中有言："我们宣告时期已到。吾中华信徒，应用谨慎的研究，放胆的尝试，自己商定教会的礼节和仪式，教会的组织和系统，以及教会布道及推广的方法，务求一切都能辅导现在的教会，成为中国本色的教会。"②在教会自养方面

① 王治心：《中国基督教史纲》，上海世纪出版集团、上海古籍出版社，2004年，第236页。

② 左芙蓉：《基督教与近现代北京社会》，成都：巴蜀书社，2009年，第108—109页。

走在前列的是宝广林牧师。1921年，中国牧师宝广林（又名宝乐山）开始筹备缸瓦市教堂的自立自养，1922年在此教堂接受洗礼。[①] 在自办教会方面起推动作用的是张钦士等人。1927年，北京基督教张钦士、张道成、李宗豪、徐宝和、何志新等人继续进行中国教徒自办教会运动，将北京安内二条美国人所办之长老会收回，改为北城中华基督教会，并于当年4月11日召开成立大会，组成评议会，共分教务委员会、教员委员会等五股办事。[②] 自立教会的目标是发扬东方固有文明，"那就是要使教会与中国文化结婚，洗刷去西洋色彩"[③]。赵紫宸认为要把基督教和中华古文化所蕴涵的一切真理化合为一，使中国基督徒的宗教生活和经验合中国风土，不至于发生不自然的反应。王治心认为，"所谓本色教会者就是改造西洋化的教会成功适合中华民族性的中国教会；这种改造，并不是动摇基督教的原理，不过使中国古文化与基督教真理融合为一，使中国基督徒的宗教生活，适合乎中国民情，而不致发生什么隔阂。"[④] 可见，这一时期的中国教会已经主动认识到从神学思想中去除西方文化、吸收中华传统优秀文化的必要性。

抗战服务

"九·一八"事变以后，抗日救亡运动高涨，在民族主义的号召下，基督教各派从"唯爱派""中间派"高度统一到坚决抗日的立场上，中国基督徒和教会机构通过个人言论、行动以及成建制规模性的行动声援抗战，支持抗战。正如一些基督徒所言："我们之所以同情本国、爱护本国，不只是因为我们生在本国，也是为着公理，为着善义，为着我们是一个被侵略的国家、

① 左芙蓉：《基督教与近现代北京社会》，成都：巴蜀书社，2009年，第109页。

② 左芙蓉：《基督教与近现代北京社会》，成都：巴蜀书社，2009年，110页。

③ 王治心：《中国基督教史纲》，上海世纪出版集团、上海古籍出版社，2004年，第236页。

④ 张西平等：《本色之探——20世纪中国基督教文化学术论集》，北京：中国广播电视出版社，1999年，第223、238页。

被压迫的国家、被屈辱的国家。我们这样爱国，是理直气壮的，是振振有词的。""我们中国基督徒在国难当中，出来捍卫国家，乃是与恶势力抗战，而维护和平，与平素的主张和努力并无二致。"①一些基督徒通过实际行动支援前线、救护伤员和收容难民，表达自己的爱国情怀和支持抗日的态度。基督教救世军、基督教青年会、基督教女青年会等教会组织通过军人服务、抗战宣传、救护活动、开展国外宣传与联络工作等参与抗战。

　　1936年11月，傅作义将军进行收复百灵庙之战。北京基督教青年会总干事萧洄千奉青年会全国协会之命，与各地派遣的青年会干事组成了全国基督教青年会战区服务部，到前线为官兵服务。他们演出街头话剧，如"放下你的鞭子"，举行篮球比赛，教唱《义勇军进行曲》等抗战歌曲，筹设伤兵俱乐部，鼓舞士气，让伤兵得到帮助和安慰。②"七·七"事变掀开了中国全面抗战的帷幕。1937年8月中旬，基督教青年会全国协会电召当时在济南的北京青年会总干事萧洄千（化名肖奉元），到上海商讨开展战地服务事宜，决定由青年会全国协会募集经费，组建"青年会军人服务部"，由萧洄千任总干事。萧洄千联合北京、天津、保定、济南、郑州、太原等地青年会干事，在济南正式成立了"全国基督教青年会军人服务部"。以这批骨干干事为基础，招收了大批战区青年和学生，迅速扩大组织，组成卫生列车服务工作队和随军服务工作队，即行派驻津浦铁路沿线开展服务工作。抗日战争的主阵地之一北平战斗打响后，29军官兵英勇奋战的事迹震撼了全国，得到所有爱国人士的声援和支持。华北地区的抗日救亡团体积极行动起来，以各种形式援助和慰问前线军人，募捐、看护、服务和宣传等活动轰轰烈烈地展开。北京基督教青年会也参加了为爱国将士服务的活动，积极组织人力与红十字会的人士合作，在城门口设立招待处，接待过往伤兵，持续10多天之久。伤

　　① 《真光》第36卷第9期，1937年8月5日，第1—2页。

　　② 陈培桢：《百灵庙抗日后青年会战区服务部在绥远省的活动情况》，全国基督教青年会军人服务部同工编：《抗日救亡时日的历史回顾》，中华基督教青年会全国协会内部刊物1994年10月版，第16页。

兵住进医院之后，基督教青年会又组织人员到医院慰问并且为他们提供文化娱乐等服务。[①]

为适应抗日战争的需要，青年会扩大了基层组织，在全国各地增设许多支部，并将华北区和华东区的两个本部合为一个总部，继续由北京基督教青年会萧泗千任总干事。在长达14年的抗日战争中，基督教青年会的服务随着中国军人南征北战，军人服务部的工作内容丰富，形式多样，主要包括：（1）医护服务：接送伤兵，输送医药，协助医生，野外救护，为士兵裹伤换药。（2）体育及娱乐：主办球赛、径赛和棋赛，组织野外游戏。教士兵高唱抗战歌曲，组织战地歌唱团。为士兵放映电影，播放留声机音乐，上演新旧戏剧和京剧。为士兵讲述故事。（3）文化教育：设立图书室，提供多种出版物。开设露天课堂，教学知识。为抗战军士子女创造读书机会（开办荣军子弟学校等）。（4）生活照顾：设立军民俱乐部，开办理发室，供应茶水和洗浴，为士兵缝补衣物和代写家书，招待返乡士兵。这些活动既保留了青年会以往的战时服务内容，又在以前的基础上有所更新，例如，为抗战军士子女开办学校就是一项新的服务。而且，此一时期服务的区域和人数都大大超过以前。[②]

基督教青年会军人服务部是这其中历时最长、范围最广的活动，它没有波澜壮阔的气势，没有歼敌千万的喜讯，但细声润物，温暖着官兵。从最早的百灵庙慰劳到最后的为印缅分部的军人服务，它始终与中华民族的全民抗战在一起，与战争紧密接合，随战争的转移而转移，随战争的需要而服务，鼓舞士气，安慰民心，服务官兵。[③]

抗日战争是一场保家卫国的正义之争，中华各族人民理当共同抗战，全国各地的基督徒也当树立国家存亡超越一切神学说教的意识，只有全民团结

---

① 左芙蓉：《社会福音·社会服务与社会改造》，北京：宗教文化出版社，2005年，第274页。

② 左芙蓉：《社会福音·社会服务与社会改造》，北京：宗教文化出版社，2005年，第275页。

③ 赵晓阳："抗日战争时期中国基督教青年会军人服务部研究"，《抗日战争研究》2011年第2期，第38页。

一致，才能取得战争的最后胜利。青年会主动担负起抗日宣传的重任，通过演讲、歌咏会、宣传单、电影、戏剧等形式团结广大人民。"青年会军人服务部的同工深入部队基层，发表演讲，大力宣传抗日战争的意义和重要性，鼓励士兵保家卫国，英勇作战。为了增强军人的士气，服务部同工还到营房内与士兵联欢，教士兵高唱抗日救亡歌曲，组织群众歌咏大会，使《大路歌》《毕业歌》《救国军歌》《义勇军进行曲》《打回老家去》等歌曲随抗日部队和军人服务队四处传唱。有同工回忆说，军人服务总部的杨绳武还汇集编辑了抗日歌曲、故事游戏、笑话、谜语等多种专辑小册子，分发到各支部，对同工们开展抗日救亡的宣传工作帮助很大。"① 电影和戏剧是军人服务部进行抗日宣传的另一种形式，主要放映抗击侵略者题材的影片，例如《保卫我们的土地》《八百壮士》等。工作队的同工们还排练一些活报剧和话剧等为士兵表演，宣传抗日战果，歌颂将士杀敌的英雄事迹等，增强了将士战胜敌军的信心。在军人服务部的队伍中，还活跃着一些少年儿童。例如，第四工作队就是1940年在桂林组建的一支主要由少年组成的队伍，参加服务的少年同工大约为11至16岁，他们多是从日占区逃难出来的儿童，也有桂林当地的难童。他们满怀对侵略者的仇恨，自愿报名参加军人服务活动。经过一个月左右的培训之后，他们在成人同工的带领下，也参加了抗日宣传工作，这是军人服务部发动全国人民共同抗战的又一事例。上述宣传活动，极大地鼓舞了抗日将士的士气，成为激发官兵英勇奋战的有力武器。②

学生救济

战火纷飞的年代，本应在校园中读书的学生却被迫流离失所。自1937年秋开始，基督教青年会和女青年会联手开展学生救济工作，发起"非常时

① 苏濯溪："八年抗日救亡工作的点滴回忆"，《抗日救亡时日的历史回顾》（全国基督教青年会军人服务部同工编，非正式出版），1994年，第22页。
② 左芙蓉：《社会福音·社会服务与社会改造》，北京：宗教文化出版社，2005年，第276—277页。

期之学生救济"工作。1938年3月28日男女青年会全国协会在上海组织了"全国学生救济委员会"（以下简称"全国委员会"），全国委员会的成员有基督徒领袖，也有教育家，还有青年会、女青年会全国协会的干事，以及各城市学生救济委员会的主席。原北京青年会干事王同也参加了全国委员会的工作，他主要是对接受救济的学生进行面试。太平洋战争爆发之后，全国委员会办公地点迁往重庆，学生救济工作更加繁重。随着全国委员会的成立，各地也相继成立了地方学生救济委员会（以下简称"地方委员会"），"最多的时候达到28个"。包括北平、上海、福州、西安、武昌、汉口、长沙、广东、成都、重庆、贵阳、桂林等，各地的青年会、女青年会都参与到地方委员会的工作之中。于是，学生救济工作在全国铺开。[①]

北京基督教青年会的一名外籍干事这样描述当时的情况："新的形势将北平从一个教育中心变成了一个只有有限的教育设备的城市，现在是棚屋多于大学。但是，我们的学生部发现，我们在北平仍然还有约1600名大学生，3900名教会中学的学生，此外还有约50所官立中学。这就意味着，学生工作的领域仍是很大的。"[②] 北京基督教青年会和女青会对于北平学生的救济主要表现在两个方面：一是帮助学生解决衣、食、住、行等生活问题，值得强调的是，此时青年会、女青年会在无全国委员会经济支持下，完全依靠自筹资金开展工作。二是帮助学生学习文化课。"为处境困难的大学生开办高级补习班，专门补习英语、数学和科学等课程。1938年，有50多名学生报名参加补习，3位中国教员和3位美国教员分别为学生授课。学期考试之后，补习班还举行师生联欢会，加深了彼此之间的友情。根据统计得知，到1938年4月，北平委员会（青年会、女青年会）以各种形式为80名学生提供了

① 左芙蓉：《社会福音·社会服务与社会改造》，北京：宗教文化出版社，2005年，第286—287页。

② American YMCA National Archives, International Division, *Biographical Records，A Letter to Gene from Todnem*, p.4.

经济和教育等方面的救助，所花去的费用为 651 元。"①

难民救济

除了救济学生，难民和贫民也是当时教会救济的主要对象。几乎全国性各宗派团体都发表了救济难民的倡议，救济内容包括灵性的关怀和生活物资的供给。代表性的倡议有："我国正在遭受空前的浩劫，烽火连天，灾害遍地，我教会在此时机，尤应及时兴起，努力前进，以拯灾黎而挽劫运。因基督的福音不是予人们以失败与退却的心理，乃是要召唤人们与恶势力奋斗。这福音是要人们将上帝的爱在行为上表彰出来，救助颠连困苦的人。我们建议后面的几种救济工作，请各地教会量力而行：（1）救济困苦的和贫穷的难民；（2）凡属社会方面，康乐方面，以及教育方面的需要，皆当应付；（3）应付灵性的需要；（4）借助他人需要的机会，寻求团契；（5）教会医院可负医治病伤之职，其他的救济事工，应尽其可能，得到教会的密切联络和教友的帮助。"②北京基督教各宗派纷纷响应号召，以北京青年会最为突出。北京青年会不仅仅靠一己之力参与难民救助工作，还与其他慈善机构合作。比如，通过北京公益联合会组织救护队分别前往京西、南苑、昌平、通县一带，救护难民和妇女儿童。并且将难民孕妇全部安排在产科医院，提供衣食、医药和手术服务。③

宣传抗战

日伪政府统治时期加紧镇压民众尤其是青年学生的爱国活动，北京青年

---

① American YMCA National Archives, International Division, China, Print, *Emergency student Relief Work in China--June 1938 by Kiang Wen-han to the Far Eastern Student Emergency Fund*, p.6.

② 谢扶雅：《被压迫者的福音》，上海：青年协会书局，1938 年，第 41—42 页。

③ 吴廷燮：《北京市志稿·民政志》，北京：燕山出版社，1998 年，第 204 页。

会作为国际性的宗教团体，一度为青年进步人士的爱国活动提供场所，在这里爱国青年和进步人士自由谈论国家命运，秘密从事爱国活动。北京青年会曾经组织了一些兴趣小组，例如合唱团、晨光社、白雪社、银光社（摄影组）、话剧组等，抗日战争时期，这些小组实际成为爱国思想和爱国活动的掩护。以"白雪社"为例，该社成立于1939年，全名为"白雪美术研究社"，其成员多是大学生，也有少数大专院校的教职员和职业青年，一共几十个人。它名为美术研究社，实际上则成为青年发表爱国言论、关心国家和社会的组织，为青年人提供了一个言论自由和抒发爱国情怀的天地。白雪社设在北京青年会会所内，会员每周都要聚在一起，其活动内容丰富多样，经常请大学老师来社演讲，或去拜访一些名人，也去工厂访问、调查，如去生产五星啤酒的双合盛等，作为了解社会的一个途径。抗战胜利之后，白雪社还开展了一些进步活动。例如1945年底组建了"星海合唱团"，该团由一些中共地下党员和进步人士组织起来，动员了数十人参加，合唱团的成立大会在北京青年会召开，并且经常在此练习革命的和进步的歌曲，后因国民党的干预而将练歌地点改为北大的小礼堂。①

　　基督教各宗、各派虽然在神学、礼仪等存在差异，但是在关乎民族存亡、国家安危等大是大非面前绝不含糊，爱国立场、民族立场分明，如北京青年会虽无力在前方拿起刀枪战斗，但是在后方关怀、照顾军人，救济学生和难民，积极宣传抗日，壮大抗日力量等方面，贡献了一份力量。

---

　　① 左芙蓉：《社会福音·社会服务与社会改造》，北京：宗教文化出版社，2005年，第307—308页。

走上爱国爱教的三自道路

中华人民共和国成立后，爱国基督徒盼望的彻底摆脱殖民主义、帝国主义控制和利用中国教会的时刻终于快到来了，他们在思想上早已做好了准备。"首先，基督教必须把自己从资本主义、帝国主义的系统中挣扎出来，摆脱出来。这不是一件容易的事，然而却是一件必须的事；其次，中国的教会必须实行它早已提倡过的自立自养自传的原则，变成一个地道的中国教会；再其次，基督教必须认识现在的时代，和它自己过去的历史……面对这个历史，它应当忏悔，应当严厉地自我批评。在这个忏悔的心情中，它更应当进而认识现代的时代。基督教必须大彻大悟，让旧的躯壳死去，让新的生命来临；最后，基督教必须投身到时代的洪流里去，与一切爱好和平民主的人士携起手来……共同努力，建设新中国。"[1] 三自爱国运动是中国基督教的政治立场和政治态度，迈出了从体制上实现基督教中国化的关键一步。

拥护中国共产党的领导

新中国成立之初，基督教主流宗派领袖深刻认识到基督教存在与新社会不相适应的问题：比如，中华基督教全国总会总干事崔宪详在 1949 年考察东北、华北后，对共产党人的品德给予高度赞扬，认为基督教要学习共产党员的六项美德：态度诚恳，凡事坦白，建议合理，生活简朴，竭诚合作，立场坚定。他认为，在新时代中，教会应向工农兵学习，向共产党学习；[2]

---

① 1949 年 7 月 16—18 日，转载于《天风》第 8 卷第 1 期（总 173 期），1949 年 7 月 13 日，第 8—10 页。

② 《基督徒当向共产党学习》，《天风》第 8 卷第 20 期（总 192 期），1949 年 12 月 10 日，第 12 页。

又如，基督教中不少领袖和中上层教职人员对共产党执政恐惧，使信徒与革命对立。[①] 基督教在道德操守与政治立场上若不能自我纠错纠偏，那么实现自治、自养、自传的中国教会只能沦为幻想。为解释新中国的宗教政策，争取、团结基督教广大信众拥护共产党的领导，走爱国爱教的三自道路，吴耀宗（1893—1979）[②]、邓裕志（1900—1996）、刘良模（1909—1988）等人发挥了重要作用。

1949 年 10 月，吴耀宗等人在参加全国政协会议和中华人民共和国开国大典后回到上海，在各种场合介绍会议精神和《共同纲领》的宗教信仰自由政策，呼吁基督教要进入时代，走向光明。为了了解各地教会情况和宗教信仰自由的执行情况，向全国各地基督教会传达政协会议精神，宣传《共同纲领》的宗教政策，1949 年底，参加人民政协会议的基督教界代表决定和全国基督教协进会、青年会全国协会、女青年会全国协会组成联合访问团，到各地进行访问。访问团对宗教信仰自由政策的宣传，使各地政府对教会反映教产因土改和没收帝国主义财产被占的情况给予重视并及时处理，大大消除了各地教会人士的误解，增加了拥护共产党领导的信心，为三自爱国运动的发起奠定了基础。

① 罗伟虹:《中国基督教(新教)史》,上海世纪出版集团、上海人民出版社,2016年,第 642 页。

② 吴耀宗,字叔海,广东顺德人,少年时入英国教会在华办的育才书舍读书。后考入北京税务学堂。1913 年毕业后,在广州、牛庄两处海关做事。1917 年到北京政府总税务司署任职。1918 年受洗礼加入基督教。1920 年起在北京基督教青年会任干事、主任。1924 年赴美国留学,先后入协和神学院、德鲁神学院和哥伦比亚大学,研习神学和哲学,获神学和哲学硕士学位。1949 年初,正在香港的吴耀宗和邓裕志相继接到中共中央邀请参加新政协筹备会。期间与中共中央领导毛泽东、周恩来、李维汉、邓颖超等都有接触,并清楚中共主张宗教信仰自由政策。而后领导中国基督教三自爱国运动,并于 1954 年当选中国基督教三自爱国运动委员会第一届主席。

发起三自爱国运动

1950 年 5 月 2 日、5 月 3 日以及 5 月 6 日，周恩来在政务院先后三次接见了访问团的吴耀宗等人，在听取汇报后，指出基督教自身存在的几个问题："一是基督教最大的问题，是它同帝国主义的关系问题；二是中国不是政教合一的国家；三是根据《共同纲领》的要求，必须在宗教界肃清帝国主义的影响，依照三自（自治、自养、自传）的精神，提高民族自觉，恢复宗教团体的本来面目，使自己健全起来；四是宗教界要完成自己的历史任务，各宗教之间和各宗派之间就应该加强团结，研究怎样服务于中国人民，使宗教活动有益于新民主主义社会；五是唯物论者同唯心论者，在政治上可以合作，可以共存，应该相互尊重。我们要团结和照顾到各种社会力量，使大家各得其所，同心协力，建设新中国；六是宗教的存在是长期的，谁要企图人为地把宗教消灭，那是不可能的、不符合客观实际的。"[①] 以吴耀宗为代表的基督教爱国人士深受启发，从专注于教会内部利益，转变到反思基督教自身存在的问题，开始思考如何通过自身的努力摆脱困境，政治觉悟有了极大的提高。

1950 年 7 月 28 日吴耀宗等基督教代表人士发表《中国基督教在新中国建设中努力的途径》（简称《三自宣言》）。宣言的总任务是：中国基督教会和团体彻底拥护《共同纲领》，在政府的领导下，反对帝国主义、封建主义和官僚资本主义，为建设一个独立、民主、和平、统一、富强的新中国而奋斗。提出基本方针：1. 中国基督教教会及团体应以最大的努力及有效的方法，使教会群众清楚地认识帝国主义在中国所造成的罪恶，认识过去帝国主义利用基督教的事实，肃清基督教内部的帝国主义影响，警惕帝国主义，尤其是美帝国主义，利用宗教以培养反动力量的阴谋，同时号召他们参加反对战争、拥护和平的运动，并教育他们彻底了解及拥护政府的土地改革政策。

---

① 罗广武：《新中国宗教工作大事概览（1949—1999）》，北京：华文出版社，2001 年，第 4—7 页。

2. 中国基督教教会及团体应用有效的办法，培养一般信徒爱国民主的精神，和自尊自信的心理。中国基督教过去所倡导的自治、自养、自传的运动，已有相当成就，今后应在最短期内完成此项目任务，同时提倡自我批评，在各种工作上实行检讨整理，精简节约，以达到基督教革新的目标。并指出具体办法：1. 中国基督教教会及团体，凡仍仰赖外国人才与经济之协助者，应拟定具体计划，在最短期内，实现自力更生的目标。2. 今后基督教教会及团体，在宗教工作方面，应注重基督教本质的深刻认识，宗派间的团结、领导人才的培养和教会制度的改进；在一般工作方面，应注重反帝、反封建、反官僚资本主义的教育，及劳动生产、认识时代、文娱活动、识字教育、医疗卫生、儿童保育等为人民服务的工作。①

这对于中国基督教来说具有重要的历史意义，是反对帝国主义斗争的重要组成部分，中央人民政府充分肯定了基督教界的反帝爱国立场，并给予坚决的支持。9 月 23 日《人民日报》第一版全文刊登了《三自宣言》和 40 位发起人致全国同道的信，并用巨大篇幅刊登了首批在宣言上签名的 1527 位基督徒名单。《人民日报》还特地发表了一篇题为《基督教人士的爱国运动》的社论，指出："这是基督教人士应有的使中国基督教脱离帝国主义影响而走上宗教正规的爱国运动。是一个蓬蓬勃勃的改革运动……这个运动的成功，将使中国基督教获得新生，改变中国人民对于基督教观感，因为他们使自己的宗教活动和帝国主义侵略中国的活动划清了界限，而不互相混淆。"②

成立中国基督教抗美援朝三自革新运动委员会

在 20 世纪 50 年代的抗美援朝战争中，中国基督教界爱国人士与全国人民一道，积极捐款捐物支援中国人民志愿军。在抗美援朝运动的推动下，广

---

① "中国基督教在新中国建设中努力的途径"，《人民日报》，1950 年 9 月 23 日。

② 罗伟虹：《中国基督教（新教）史》，上海世纪出版集团、上海人民出版社，2016 年，第 657 页。

大基督徒的爱国觉悟大大提高，原来徘徊的、观望的、有疑虑的，不管是自觉还是不自觉，都开始转变立场，各地签名拥护三自宣言的信徒激增，到该年12月份，签名者总数已达7万人。①

1950年12月16日，美国政府宣布管制其辖区内中朝两国的财产，冻结了中国在美国的公私财产，因而严重影响了中国境内依赖美国款项来维持的基督教事业和工作人员的生活。中央人民政府政务院针对美这一无理措施，于12月28日发布命令，管制美国在华财产，并冻结美国在华公私存款。12月29日政务院公布《关于处理接受美国津贴的文化、教育、救济机关及宗教团体的决定》和《关于处理接受外国津贴及外资经营之文化、教育、救济机关及宗教团体登记条例》，肃清美国在中国的影响，维护中国人民文化教育及宗教事业的自主权利，彻底制止美帝国主义进行破坏活动。

以吴耀宗为代表的26位基督教人士发表宣言，认为政务院这一决定"完全符合中国人民的利益，并将有力地促进中国基督教革新任务的完成""我们本着爱国的精神和自尊的心理，不但可以完全脱离作为文化侵略工具的经济关系，并且能够用自己的力量，在新中国人民的基础上，建立更健全的，更能为新中国社会服务的基督教事业"②。美国帝国主义原本想以停止津贴来威胁中国教会，使中国教会不要站在中国人民一边，反而激起中国基督教徒强烈的反美情绪，促使各教会领袖下决心加快三自革新的步伐。1951年1月22日，中华基督教会全国总会常务委员会在上海举行会议，全体一致通过决议，自当年1月起，完全拒绝任何外国、任何项目之各种捐款，并号召所属各级教会，立即自动断绝外国津贴，以自己的力量维持本会必要的各种业务。③1951年初至1952年上半年，全国各宗派、各团体、各地教会相继

① 罗伟虹：《中国基督教（新教）史》，上海世纪出版集团、上海人民出版社，2016年，第663页。

② 吴耀宗：《八个月来基督教三自革新运动的总结》，《天风》第11卷第17、18期（总262—263号），1951年5月8日，第15页。

③ 马明忠："新中国成立以来中国基督教发展历程及当代启示"，《民族学研究》2019年4月第2期，第七卷（总第26期），第22页。

按政务院登记条例的规定，在各省、市人民政府专门登记处进行了登记。当时，一些长期依赖外国津贴的教会和教会机构要立即走三自的道路，面临诸多困难，通过各地教会工作人员、信徒的努力以及人民政府免收房地产税等政策，中国教会开始走上了自养之路。1951年4月16日，政务院文教委员会宗教事务处在北京召开"处理接受美国津贴的基督教团体会议"，邀请基督教各宗派、各团体的负责人共154人参加，他们代表了全国31个基督教宗派和26个基督教团体。政务院文教委员会副主任指出会议的主要目的即鼓励基督教的自治、自养、自传运动，帮助接受美国津贴的基督教团体克服困难，使其变为中国教徒完全自办的团体。会议通过了《中国基督教各教会各团体联合宣言》，号召全国基督教徒坚决拥护并执行中央人民政府政务院《处理接受美国津贴的文化、教育、救济机关和宗教团体的方针的决定》《接受外国津贴及外资经营之文化教育救济机关及宗教团体登记条例》以及《对于接受美国津贴的基督教团体的处理办法》，彻底地永远地全部地割断与美国差会及其他差会的一切关系，实现中国基督教的自治、自养、自传。吴耀宗最后提议，建立一个全国性的抗美援朝三自革新运动委员会的意见，得到与会人员一致响应，组建了"中国基督教抗美援朝三自革新运动委员会（筹备会）"，并推举吴耀宗为筹备会主席，领导基督教反帝爱国三自革新运动的开展。

北京市基督教三自爱国运动委员会成立

经过较长时间的筹备，中国基督教全国会议于1954年7月22日至8月13日在北京举行。中国基督教各宗派、各团体的62个教会及团体代表232人参加，北京教会有30位代表出席。吴耀宗在会上作了《中国基督教三自革新运动四年来的工作报告》，总结了四年来中国基督教自治、自养、自传的反帝爱国运动的成就，并将"三自革新运动"改为"三自爱国运动"。会议通过了《谴责美帝国主义侵略中国破坏和平的决议》《中国基督教全国会议告全国同道书》《中国基督教三自爱国运动委员会简章》《中国基督教全国会议四项决议》，并成立了"中国基督教三自爱国运动委员会"。这是中国基督徒在新中国成立后摆脱了外国差会的束缚，为建设自治、自养、自传的教会而召集的中国基督教第一次全国性的会议，也是中国基督教历史上空前广泛的一次大团结的会议。中国基督教从过去帝国主义、殖民主义的侵略工具变为中国基督徒自办的宗教事业，打破宗派界限，互相尊重，走上了联合办教的道路。吴耀宗当选为中国基督教三自爱国运动委员会第一届主席，继续领导全国各地基督教进一步展开三自爱国运动。

1956年，北京市基督教三自爱国运动委员会成立。早在1950年王梓仲（华北基督教联合会总干事）、江长川（华北基督教联合会主席）、高凤山（北京汇文中学校长）、俞秀蔼（北京基督教女青年会会长）、陆志韦（北京燕京大学校长）、陈文润（北京基督教女青年会总干事）、赵紫宸（北京燕京宗教学院院长）、赵复三（北京市基督教联合会总干事）、庞之焜（北京市基督教联合会主席）就已经开始发起"三自爱国运动"。1951年1月，北京抗美援朝保卫世界和平基督教分会（以下简称"基督教抗美援朝分会"）成立，领导和组织北京基督教教职人员开展经常性的政治学习，了解国际国内形势，学习人民政府的政策和法令，动员广大信徒为抗美援朝提供可能的帮助，宣传保卫世界和平、反对侵略战争、基督教三自革新意义。1952年8月、11月和次年3月，基督教抗美援朝分会先后组织了3期北京市三自革新学习班（又称"爱国主义学习班"）。学习内容以爱国主义为核心，包括认识旧中国的苦难和新中国的前景，激发热爱祖国的感情，认识基督教被帝国主义利用的历史和基督教三自革新运动的必要性及其意义，认识政府的宗教政策和基督教会的前途。通过学习，大家的爱国主义觉悟不断提高，对基督教三自革新运动的意义有了更加深入的认识。

1953年5月，北京市基督教三自革新学习委员会成立，1954年7月，中国基督教全国代表会议在北京召开。会议结束之后，北京市基督教三自革新学习委员会改名为北京市基督教三自爱国运动委员会。1956 年 4 月 8 日至 13 日，北京基督教三自爱国运动第一届会议在灯市口公理会教堂举行，66 个教会和团体的代表共 391 人出席会议，王梓仲当选为北京市基督教三自爱国运动委员会第一届主席。

由于开展三自爱国运动，北京基督教肃清了帝国主义的残余影响，结束了百余年来宗派林立的局面，逐步走向联合，树立起爱国爱教的旗帜，表明了基督教的政治立场和政治态度。

迈入新时代的北京基督教

1978 年中国共产党十一届三中全会召开，中国共产党拨乱反正，恢复落实宗教信仰自由政策。北京基督教一方面协助党和政府贯彻落实宗教信仰自由政策，一方面不断反思并调整自身适应社会主义社会。总结历史、展望未来，三自爱国运动让中国基督教彻底摆脱了洋教的"帽子"，中国民众愿意看到这样的中国基督教。中国社会更愿看见一个坚持中国共产党的领导，拥护社会主义制度，以社会主义核心价值为引领、主动融入中华优秀传统文化中，圆融于中国社会中的中国化基督教。坚持基督教中国化方向成为基督教在中国社会生存和健康发展的根本保障。

落实宗教政策与参与社会建设

伴随着全国各地三自爱国运动委员会纷纷恢复工作，1979 年 3 月 28 日，北京市基督教三自爱国运动第二届委员会扩大会议召开，正式恢复三自爱国运动委员会的各项活动，同时开放东单北大街 21 号的基督教米市教堂。1980 年 7 月 16 日，国务院批转宗教事务局、国家建委等单位《关于落实宗教团体房产政策等问题的报告》，指示"将宗教团体房屋的产权全部退给宗教团体，无法退的应折价付款"。"文化大革命"期间各宗教团体被冻结上交财政的存款由当地财政部门予以退还，被其他单位挪用者应当偿还。"同年下半年，北京市民政局开始为北京基督教团体和人员落实政策，改正错划右派并且安置有关人员的工作。"[1]1981 年 1 月 26 日至 31 日，北京市基督教三自爱国运动委员会第三届代表会议和北京基督教第一届代表会议在西苑

---

[1] 左芙蓉：《基督教与近现代北京社会》，成都：巴蜀书社，2009 年，第 183—184 页。

饭店联合召开，正式成立北京市基督教教务委员会，其宗旨是团结全市在父神和基督耶稣里蒙召的信徒，在圣灵的带领下合而为一，同心协力，办好本市自治、自养、自传的教会。1980 年北京市基督教三自爱国运动委员会收回并开放缸瓦市教堂。1982 年春收回亚斯立教堂，经过大规模整修，正式更名为北京基督教会崇文门堂，并于当年圣诞节恢复聚会活动。1984 年，收回海淀礼拜堂及副堂三间，第二年 5 月恢复聚会活动。1985 年，收回宽街教堂并恢复聚会活动。1987 年 12 月，大兴前大营教堂建成，通县教堂、南口教堂也同时开堂。1988 年，珠市口教堂恢复活动。到 20 世纪 80 年代末，全市恢复活动的教堂达 8 所。

1985 年 2 月 16 日，北京市基督教三自爱国运动委员会和北京市基督教教务委员会（以下简称北京市基督教两会）在崇文门堂召开北京市基督徒为四化建设先进事迹表彰大会。这是北京基督教历史上第一次为热爱祖国、参加国家建设作贡献的信徒开表彰大会，场景鼓舞人心，令人振奋。被表彰的主要代表有：全国三八红旗手赵世珍，北京市三八红旗手迟恩丰，东城区人民代表许庆云，劳动模范长阳农场总工程师尹铎和汽车灯厂工人马敬等。10 月 26 日，北京市宗教界为四化服务先进集体先进个人表彰会在中山堂举行。时任北京市副市长封明为指出："这是我们建国以来北京市第一次召开这样的盛会，它一方面检阅宗教团体、宗教界人士和信教群众在国家进入新时期以来为四化服务的工作成果；同时，是进一步动员宗教界的朋友们团结奋斗、再展宏图的一次盛会。它标志着北京市的宗教工作在落实政策所取得显著成绩的基础上，进入了一个新阶段。"[1] 此次大会共 24 人获得先进个人称号，北京基督教青年会和女青年会被评为先进团体。12 月 24 日举办"北京市统战系统为四化服务先进集体先进个人代表表彰大会"，北京基督教青年会、女青年会获先进集体，徐庆云获先进个人。1988 年 2 月 6 日，北京市宗教界第二次为四化服务先进个人先进集体表彰大会在中山堂举办。时任北京市副

---

[1] 王毓华：《北京基督教史》，北京基督教两会（非正式出版），第 386 页。

市长何鲁丽勉励宗教界："认真学习党和国家的重要决策，为实现我们的共同理想、建设有中国特色的社会主义社会作贡献；继续协助党和政府贯彻执行宗教信仰自由的政策，维护首都安定团结的政治局面；办好宗教院校，培养年轻的宗教职业人员；继续坚持独立自主、自办教会的爱国道路，开展对外友好往来，抵制敌对势力的渗透。"① 先进集体共三个：北京基督教青年会、女青年会、崇文门堂。先进个人共 35 人。

积极服务社会

伴随宗教信仰自由政策不断贯彻落实，教堂逐个开放、信徒人数增长，基督徒爱党、爱国、爱社会主义的觉悟不断提高，感恩社会、回报社会的力量逐渐壮大。北京市基督教两会遂将捐资助学、抗震救灾、扶贫助困、救助病患、敬老爱老、倡导公益理念等慈善公益事业作为与社会主义社会相适应的重要途径之一。

捐资助学

捐资助学是北京基督教服务社会的一个主要项目。例如，发动信徒捐款，支援西城区民族小学配置电脑，资助周口店镇修建小学，长期为四川甘孜 10 名藏族儿童来京上学提供经济援助等。2001 年，丰台区基督教堂与丰台培智中心学校建立"手拉手"联系，在每年"六一"儿童节和教师节都要前往学校慰问师生，献上学习用品、劳技用品、食品等，送去了教会对儿童的关爱。2002 年，丰台区基督教堂又与丰台区教委联系，参与到捐资助学的"希望工程"中，每年捐助 5000 元，帮助 10 个品学兼优、家庭困难的学生完成学业，培养他们成为对社会有用的人才。2005 年 1 月 27 日，通州区基督教三自爱国运动委员会为助学对象送去每户 600 元人民币的助学金，还分别赠送了中国传统文化经典系列丛书，并与学生家长交流，鼓励受助学生刻苦学

---

① 王毓华：《北京基督教史》，北京基督教两会（非正式出版），第 387 页。

习。2006 年 8 月 15 日，北京市基督教两会在通州区于家务回族乡举行贫困学生助学金发放仪式，为贫困学生发放助学金 6 万元。2015 年海淀堂参加区民宗侨办组织的爱心慈善捐款仪式，为少数民族贫困学生捐款；丰台堂于"六一"儿童节期间组织教牧同工和义工到丰台培智中心看望师生，不仅带去慰问品，还送上了精彩的演出；南苑堂积极参与街道办事处"春风送暖"活动，并资助社区贫困学生。2017 年，东城区基督教三自爱国运动委员会连续多年开展"凝聚我们的爱心，实现你的微愿望"，为房山打工子弟学校奉献爱心款。2010 年 9 月，崇文门堂正式启动助学帮扶行动，每年资助 20 位大、中、小学生，不论什么阶段的学生一律资助到大学毕业，本着毕业一位补充一位的原则，常年保持资助 20 位学生，此项目持续至今还在进行，截至 2020 年共资助 649000 元。另崇文门堂自 2011 年至 2014 年，还资助延庆少数民族贫困大学生 8 名，助学款共计 171600 元。

灾害救助

救灾是北京基督教主要的一项慈善事工。

1998 年我国长江流域和东北地区遭遇百年不见的洪灾，北京市基督教两会及各堂点通过不同渠道帮助灾区居民，共捐助被服 1 万余件，捐款 28 万余元。2003 年春天，在首都人民共抗"非典"的特殊时期，北京市各堂点暂停了礼拜和各类聚合。据不完全统计，全市各堂点为抗击疫情捐款共计 13 余万元。2004 年 12 月 25 日（当地时间），印尼苏门答腊岛附近海域强烈地震引发的海啸给当地及周边国家和人民的生命财产带来巨大损失，造成 15 万人死亡，数百万人流离失所。面对这一空前的国际灾难，北京基督教两会积极捐款援助，各堂点为海啸受灾国捐款总计 273731.20 元，向灾区人民献上了中国教会的一份爱心。2008 年 5 月 12 日，四川汶川发生 8 级强震，给当地居民带来巨大灾难，为了帮助灾区尽快恢复生产，重建家园，北京市基督教两会呼吁全市信徒为地震灾区的人民和教会献上祷告，并鼓励信徒献出爱心，伸出援助之手为灾区捐款，与灾区的人民一同渡过难关。崇文门堂共为灾区募捐人民币 33 万元。海淀堂奉献 53 万元。2010 年 4 月 4 日，在北京市基督教两会的倡议下，各堂点组织开展了为西南旱灾地区同胞捐款活动，共捐款 397180.70 元。2010 年 4 月 14 日，青海省玉树藏族自治州发生 7.1 级地震，造成重大人员伤亡。北京市基督教两会迅速向全市广大信徒发出倡议，共募集到捐款 518861.64 元。4 月 21 日上午 10 时，北京市基督教两会领导班子及全体同工聚集在一起，肃立三分钟，向在青海玉树地震中遇难同胞表示深切哀悼。2010 年 8 月 7 日夜至 8 日凌晨，甘肃甘南藏族自治州舟曲县突发特大泥石流，造成重大人员伤亡。8 月 22 日，各堂点在北京市基督教两会的号召下组织开展了为舟曲泥石流受灾同胞捐款活动，共捐款 425715.29 元。为了帮助在 2008 年汶川地震中受到严重损失的仪陇县教会重建教堂，2010 年 5 月，北京市基督教两会捐款 20 万元，为仪陇教会的重建提供了支持。2011 年 8 月，云南鲁甸地区发生 6.5 级地震，各堂点积极捐款捐物，为灾区人民重建家园提供了强有力的支持。2013 年 4 月 20 日，四川省雅安市芦山县发生 7.0 级特大地震，在北京市基督教两会的倡导下，各堂点在为灾区受难同胞们献上祈祷的同时，积极开展了"情系雅安献爱心，为地震灾区募捐"的奉献活动，共捐款 30 余万元，用实际行动帮助灾区同胞早日重建家园。各堂点也积极关注社会倡议。如，珠市口堂募集了十大包衣物，帮助甘南和周边受灾群众温暖过冬；海淀堂为青海玉树灾区群众捐助棉衣棉被共计 48 吨，为新疆火灾遇难者家属捐款 1 万元，为云南怒江泸水县捐助 90 箱棉衣、棉被等物品；缸瓦市堂为甘肃地震灾区举行了特别奉献活动。2014 年 8 月，云南鲁甸地区发生 6.5 级地震，各堂点积极捐款捐物，为灾区人民重建家园提供了强有力的支持。2020 年一场突如其来的疫情发生后，北京市基督教两会秉承圣经教导，向广大基督徒发出了爱心募捐倡议。在暂停对外开放和暂停集体宗教活动的情况下，各堂点、燕京神学院、爱德敬老院的弟兄姊妹纷纷利用微信、银行汇款等方式奉献爱心，彰显了基督教"作光作盐，荣神益人"的传统，也涌现出很多感人事迹和突出个人。据不完全统计，通过各种途径奉献的爱心捐款近 280 万元，北京市基督教两会、各堂点还为社区、医院、超市等场所捐赠了大量的防疫物资，为疫情防控取得重大战略成果贡献了力量。有序恢复聚会后，部分堂点结合实际情况，开展了捐资助学、探访敬老院、为打工子弟学校和困难家庭送温暖等活动，树立了良好的社会形象。

开展品牌慈善活动

为了可持续、深入做好北京市基督教慈善公益活动，北京市基督教两会着力打造了两个品牌项目，一是将每年 9 月份的第三周定为"慈善周"；二是成立"光盐行动计划"，储备专项慈善资金。

北京市基督教两会整合各堂点社会服务资源，在各活动场所已开展的公益慈善工作基础上，结合教会实际及社会需要，通过设立慈善基金，成立"光盐行动品牌项目"，因地制宜、因教制宜，依托属地社区，服务社区，服务社会，打造北京市基督教会专业、系统、可持续的公益慈善品牌。2016 年"光盐行动"以关注空巢、失独老人为主题开展系列活动。为使此项公益活动落到实处。2016 年 7 月，北京市基督教两会首先召开了"光盐行动·关注空巢、失独老人"公益慈善研讨会，邀请部分堂点和北京基督教青年会、北京基督教女青年会介绍了各自敬老爱老服务的开展情况，为"光盐行动"事工开展拓宽了思路。9 月 12 日，北京市基督教两会"光盐行动"暨 2016 年关爱空巢失独老人启动仪式在海淀堂广场举行。启动仪式上宣读了"光盐行动"倡议书及"2016 年关爱空巢失独老人"倡议书，将每年九月份第一个主日定为"慈善专款奉献日"，并将"关注失独、空巢老人"作为 2016 年度慈善主题，号召全市各堂点将该日款项奉献到"光盐行动计划资金"。同时倡议广大信徒积极加入到孝敬父母、关注空巢和失独老人的行列。倡议书得到各堂点的积极响应，现场共捐善款 324.9 万元。为发挥堂点资源优势，2017 年 9 月，北京市基督教两会在崇文门堂举办了"光盐行动·关顾空巢"主题活动授旗仪式暨崇文门堂"阳光守护工程"揭牌仪式。将"光盐行动"与堂点慈善事工相结合，进一步整合堂点资源，鼓励堂点依托属地社区，服务社区、服务社会，凸显堂点在建设和谐社区中的价值，树立了良好的社会形象。2018年9月，北京市基督教两会"光盐行动·从身边做起"公益慈善活动在南苑堂举行。活动中，南苑堂介绍了与社区手拉手共同开展的公益慈善活动，北京市基督教两会领导介绍了"光盐行动计划"事工的开展情况及专项资金使用情况，倡议全市基督徒从身边做起，从小事做起，以实际行动服务社会，关注困难人群。北京市基督教两会所属的爱德敬老院通过制度建设、员工培训提升服务水平，改造基础设施为老人营造更好的居住环境，在工作中得到了各堂点及社会各界的关心和支持。

2017年，市基督教两会积极响应"精准扶贫、定点扶贫"的倡议，为贵州省三都县定点扶贫43万元；还为北京市房山区、延庆县少数民族村定点扶贫40万元。2018年，北京市基督教两会积极响应国家关于开展"攻坚扶贫"的号召，为新疆和田地区捐款30万元，为东城区红十字会"博爱在京城"项目捐款3万元。

开办爱德敬老院

为了发扬爱心，分担社会重担，弘扬敬老爱老的中华美德，北京市基督教两会于2004年在北京市海淀区西北旺百望山脚下，建立了一所集养老、休闲、健身、文体娱乐于一体的非盈利性养老服务机构。

敬老院特色之一是为老人们开设内容生动、趣味浓厚的文体活动，实现了"安排周周有、活动月月办"的工作目标。敬老院每周均安排歌曲学习、电影放映、卡拉OK等活动，并于节假日开展元旦联欢会、除夕联欢会、春季运动会、秋季运动会、社区文艺演出等活动。为促进院内老人相互间的交流和了解，敬老院每周召开一次老人养生交流会，老人可以充分将自己对饮食、活动、排忧等方面的经验传递给他人，促进了老人们的身心健康。此外，敬老院还在需要特护的老人门前张贴了颜色悦目并带有卡通人物背景的指示牌，写上老人的姓名、性别、年龄、特护项目等，在避免工作人员漏项服务的同时，也有利于老人对敬老院服务工作的监督。2010 年，敬老院系统全面修订完善了规章制度。2013 年，爱德敬老院完成三星级敬老院申报。为提高敬老院管理水平，爱德敬老院依据 ISO 国际标准组织编写了《质量手册及程序》及《院务制度和职责汇编》，进一步完善了各项规章制度。同年，医务室正式获批，并与垂杨柳医院签订医疗合作协议，老人们的健康得到进一步保障。2017 年，爱德敬老院积极提高养老服务质量，改造消防设施，提升消防技能，完善应急呼叫系统，更换给排水管线，以及楼内装修、锅炉改造，4 月建成老年活动中心。2020 年 8 月，爱德敬老院被评为北京市三星级养老服务机构。

对外友好交流

改革开放之后，北京市基督教两会的国际交往活动很快恢复和开展。

1979 年，以丁光训为团长的中国基督教代表团出席了在美国举行的世界宗教徒和平会议，拉开了改革开放后中国基督教会对外交流活动的序幕。中国教会本着"互相尊重、平等友好"的原则，每年接待来自世界各地的宗教组织和宗教领袖。北京作为中国的首都，这些来访的宗教组织和宗教领袖大都会访问北京市基督教两会，因此北京基督教为对外展现我国的宗教信仰自由政策做出了重要贡献。

据统计，自改革开放以来至 2000 年的 20 余年中，北京基督教会接待过 20 多个国家和地区的 28826 人次的到访。2010 至 2020 年的 10 年间，来自世界各地教会共 196 批，计 1878 人到访北京教会。访问者包括美国前总统乔治·布什、小布什、克林顿，美国前国务卿奥尔布莱特、赖斯，安提瓜和巴布达总督詹姆斯·卡莱尔，美国基督教教会联合访华团，美国布道家葛培

2008 年 8 月奥运会期间，宽街堂接待来访的美国总统小布什

理，美国广播网董事会主席马·格·罗伯逊，基督教世界联盟总干事雷泽尔，
老挝政府和教会代表，美国圣公会主教，马来西亚卫理公会华人会督，澳大
利亚圣公会古掘修大主教，基督教亚洲妇女议会代表团，挪威教会尤约翰牧
师率领的代表团，世界基督教女青年会总干事穆辛比·肯尤露女士，美国贫
城教会青年唱诗班，伊拉克东方教会大主教斯立瓦，菲律宾菲中发展中心维
克多丽雅一行，芬兰大主教一行，加拿大籍华人洪光良牧师，英国坎特伯雷
大主教乔治·凯瑞，津巴布韦大主教诺克，以及我国港澳地区基督教团体和
人士等。与此同时，北京基督教教职人员也到海外出访和学习，他们的足迹
遍及美国、德国、韩国、新加坡、荷兰、英国、澳大利亚、瑞士、加拿大和
我国香港等。北京的教堂成为外国客人了解中国社会和中国教会的重要窗口。

　　立足开启全面建设社会主义现代化国家新征程的起点，新的机遇又一次
摆在基督教的面前。北京基督教始终高举爱国爱教旗帜，拥护党的领导，拥

护社会主义制度，用社会主义核心价值观引领，浸润在中华优秀传统文化的土壤里。在党和政府的领导下，北京基督教一定能够创作出精彩的中国化故事，一定能够演绎好生动的中国化故事，一定能够讲好感人的中国化故事。

【中篇】

文章合为时而著
——扬名京城的人物、事迹、建筑

　　"文章合为时而著，歌诗合为事而作。"所谓"为时""为事"，就是要发时代之先声，在时代发展中有所作为。扎根首善之区的五大宗教，也是坚持与祖国共命运、与时代同步伐，弘扬中华优秀文化传统，同心协力奉献北京社会，共为一部辉煌的北京史增光添彩的。北京宗教扬名京城史的人物事迹建筑，生动展现了北京五大宗教的中国化风采。

楷模人物

修明法师：爱国楷模，四众榜样

修明法师（1906—1996），俗姓贾，名鸿儒，1906年生于北京，北京市佛教协会第三届会长，广化寺方丈。

修明法师的父亲贾绍棠先生，清末民初在王府井大街开了一家名叫"永宝斋"的古董店，收卖文玩字画很有名气。经营文玩字画需要有深厚的历史知识，对于古旧铜器、木石偶像、南北瓷器、各种字画具有较强的鉴赏能力，才能在收购时不走眼，出售时能把物品的价值讲得清清楚楚，才能够吸引顾客赚到钱。修明法师在这样的家庭环境中耳濡目染，受到了良好的艺术熏陶，养成了一种不卑不亢、沉稳审慎的儒雅气质。

学识渊博，佛学造诣深厚

修明法师小学毕业后，父亲便把他送进天主教主办的北京圣母昆仲会所管理的北京中法学校学习。1925年，法师在北京中法大学文学院攻读。陈毅元帅当年也在此校就读，高修明法师两个年级，是学生会的负责人。1926年"三一八惨案"那天，陈毅带领爱国进步学生到段祺瑞执政府请愿，修明法师就在其中。1928年，修明法师公费赴法国考入里昂大学文学院博士班深造。当时，由于首都南迁，北京改称北平，各中央机关搬到南京，居民消费能力减弱，许多店铺被迫关张。修明法师父亲开办的"永宝斋"由于经营有方，不仅成为王府井大街仅存的几家古玩店之一，在同行业处于优势，而且是北平古玩商会会员，档案上登记执事为贾国兴。

修明法师到法国后，学习十分刻苦，但不幸患上了严重的神经衰弱，日夜难眠。1931年，他中途辍学回国疗养。1932年，经友人介绍到京西温泉中学担任法语教师。1935 年，法师在平西栗园庄潭柘寺下院奉福寺依缘庆老和尚为其剃度师出家为僧，法名祥慧，字修明，当年冬天到西城广济寺现明和尚处受具足戒，为佛教禅宗的曹洞宗贾菩萨派第 24 代传人。有人曾经问他，您作为一个家境殷实、学业有成的知识青年，怎么会出家当和尚呢？法师说，当时主要是由于身体原因。

1936 年春，修明法师到门头沟戒台寺挂单参学。他对戒台寺非常有感情，他常对人说，辽代高僧法均驻锡戒台寺期间，受忏向他称弟子的有 500 多万人。他叹息被拆掉的中心建筑万佛阁，站此阁上，可望百里。他念叨五大名松，活动松、自在松、卧龙松、九龙松、抱塔松，可谓是如数家珍。1936 年秋，他到上房山兜率寺住茅棚苦读佛经。这里地处偏远，但风景优美，号称"北京的小泰山"，是北方著名的佛教胜地。法师在这里阅藏三遍，佛学造诣有了很大提高，为以后从事佛学研究打下了深厚的基础。

1937 年卢沟桥事变爆发后，日本侵略者占据了北平，中国共产党领导的抗日军民以西山为根据地不断给侵略者以打击。1938 年秋天，日本侵略军的一架飞机在房山县的山区被击落。日军为了报复，经常上山扫荡，使得当地不少民众家破人亡。兜率寺虽在山区，也难以不受影响。清净的学修生活被迫停止，僧人们纷纷外出避难，修明法师只好回到古都北平。几年的苦读佛经生活，使他领悟到佛学的博大精深，他又来到东城莲寺"华严法界学苑"依慈丹法师学习。为了进一步深造，1940 年春，他又考入了由周叔迦居士任院长的"中国佛教学院"，学习研究佛教教理。经过五六年的研习内典，修明法师完成了预科与本科的学业，成为当时北京佛教界少有的高学识的青年僧人。1946 年，经周叔迦居士的推荐，他担任了中国佛教会北平市分会中负责抄录公函文件等的书记员。1948 年夏，他应广化寺小学董事会之聘，继玉山法师后出任北平广化寺小学校长，帮助劳苦群众失学的子女读书，受到社会的普遍好评。

到 1948 年，东北大学千余名学生蜂拥入关，广化寺内先是住学生，后又进驻国民党杂牌军，他们在寺内大开酒肉荤腥，致使钟鼓寂然。小学停课的时候，老人仍有愤懑之情。1951年，修明法师由于身体原因，辞去了广化寺小学校长职务。1956年夏，修明法师应西安外语学院的邀请受聘到该院任法文讲师。他授课认真，而且学识渊博，很受学生欢迎。但是由于身体的原因，无法继续任教，经学院批准后，他辞职退京，仍住锡广化寺，继续修持佛法，广垂言教。

广化善缘，弘扬人间佛教

1982年，修明法师担任北京市佛教协会副会长，同年，在北京市政协五届五次会议上增补为市政协委员，1983年任第六届北京市政协常委，后连任七届、八届市政协常委。1989年，修明法师升座，任广化寺方丈。正果法师圆寂后，1992年12月，在北京市第三届佛教代表大会上，修明法师当选为北京市佛教协会会长。

北京市佛教协会第一次代表会议上，修明法师致开幕词

佛法住世间，不离世间觉。近一个世纪，修明法师历尽沧桑，他深刻地认识到了爱国爱教的道理。对国家恢复宗教活动场所、落实宗教政策，他积极拥护。他说："国家与宗教有着密不可分的关系。皮之不存，毛将焉附？因此，爱国爱教，实为佛教徒之天职。"他虽身居方外，却十分关心国家大事，积极参政议政，组织僧俗四众学习党和国家的有关政策及法律法规，捐助希望工程，赈济灾区，广结善缘。1985年，在修明法师关心下，广化寺开始全面修葺，同年成立了北京佛教音乐团。1986年，北京佛教音乐团出访瑞士、法国和西德等西欧三国，赢得了很好的声誉。1988年，广化寺修葺工程完毕。1989年农历七月十五日，广化寺举行了开光和修明法师任广化寺方丈升座典礼，时任北京市副市长何鲁丽、市政协副主席甘英及有关领导和信众400余人莅寺祝贺。当天，广化寺内钟鼓齐鸣，香烟缭绕，念佛之声不绝于耳，一片祥和气象。1990年春，应新加坡佛教界的邀请，北京佛教音乐团在修明法师支持下，赴新加坡举行了为期一周的演出，全新倾动，座无虚席，在加强友谊、交流文化方面起了极大作用。同年春，以刘世纶居士为团长的我国台湾地区佛教代表团，由70余位男女居士组成，来广化寺参学访问，鉴赏了佛教文物。修明法师出面接待，并请他们聆听佛教音乐，台湾居士评价说"此乐只应天上有，人间哪得几回闻"。法师在教言教，以北京市佛教协会的实际工作展示了我国改革开放以来宗教工作的大好局面，以及佛教适应社会、服务社会的良好状态。

勤恳负责，积极参政议政

认识修明法师的人都有这样一个印象，他精神矍铄、办事认真。有人问他如何保持自己身体康健、思维敏捷，他说过去自己身体很不好，只不过自己一切量力而行，不求不贪，而且注重锻炼。他每天5点起床，打12套陈氏太极拳。法师说，出家之人对世间一切事务无所执念，不求不贪，随遇而安，顺逆自若，这便是远离苦厄、得到解脱、身体尚好的原因。

修明法师不仅是修行上的楷模，而且关心时事，在政协会上对任何议题都愿发表自己的见解。1984年市政协六届二次会议讨论市政府工作报告的时候，法师对市政府为人民办实事感到高兴，在发言中引用《孟子·离娄上》予以赞扬："得天下有道：得其民，斯得天下矣；得其民有道：得其心，斯得民矣；得其心有道：所欲与之聚之，所恶勿施尔也。"法师高声朗诵后加以阐释，讲出自己的看法。修明法师亲历过旧中国的苦难岁月，新中国诞生后他从心里热爱党，成了中国共产党的真诚朋友。凡遇到他认为不应该、不合理的事，总是直言不讳。对违反党的宗教政策的事情，发起言来往往情绪激动、慷慨激昂。在1984年市政协会议上，修明法师强烈要求恢复天主教的修女院，恢复尼众庙通教寺。在他的呼吁下，市政府做了大量工作，落实了党的宗教政策，使原暂住在广化寺中的修女、尼僧均有了自己的宗教活动和居住的场所。修明法师平日恬静随缘，但在落实宗教政策上，他的态度是十分坚决的，他之所以言辞激烈，正是他对宗教事业的热爱和笃诚，也是出于对党的宗教政策的信任和维护。

修明法师参加政协活动非常认真，每次视察活动都积极参加，发言也非常踊跃。他对涉及国家的事、老百姓的事，总是详加了解，积极参政议政。1995年市政协八届三次会议上，民族宗教界的委员们提出组队出一个小合唱的节目，参加委员联欢会。修明法师不仅主动报名参加，而且坚持和大家一样参加排练。当联欢会表演小合唱时，近90岁高龄的修明法师和王大明主席一起出现在舞台上，全场报以热烈掌声。第一支歌《解放区的天是明朗的天》，第二支歌《没有共产党就没有新中国》。修明法师站在第一排，如同一位专业合唱队员，全神贯注地放声歌唱着。这支演出队由汉、回、满、蒙、朝、土家等民族和五大宗教的政协委员组成，平均年龄在60岁以上，真是同仁同道同歌唱，各族人民一家亲。

修明法师是近一个世纪的历史见证人，他坚信只有社会主义才能救中国。他多次提到，军阀混战时期北京的掌权者如同走马灯一般来去匆匆，只知搜刮北京人民，不知建设北京。日本侵略者占领北平时期，僧俗的生命安全得不到保证，亡国奴的日子是多么惶恐。在国民党统治时期，僧人的信仰得不到尊重，清净禅林不清静。只有在中国共产党的领导下，宗教信仰自由政策才真正得到落实，宗教信仰才真正得到尊重。1995 年 12 月 16 日，在其九十华诞祝贺会上，他深情地说：没有中国共产党的正确政策，没有相对稳定的生活环境，就不可能有正常的宗教信仰和生活，更无从为宗教做出一番事业。

修明法师一生精进学修、广学博闻，他关心国家大事，积极参政议政，是北京佛教界德高望重、爱国爱教的楷模，是佛教四众弟子学习的榜样。

周叔迦：为法为人，赤心片片

周叔迦居士（1899—1970），安徽建德（今东至县）人，出身于阀阅世家，是中国近现代著名佛教学者、佛教教育家、佛教事业家。原名明夑，字志和，1926年研究佛法后，改名叔迦，笔名演济、云音、水月光、杋人、沧衍等，室名最上云音。民国时期周叔迦曾任北平华北居士林理事长、中国佛教学院院长。新中国成立后他担任中国佛教协会副会长兼秘书长及中国佛教学院教务长、副院长等职务，为北京乃至全国佛教事业的传承与发展贡献了毕生心血。他致力于佛教教育与普及，前后两次创办佛教高等学府，任教时间近20年，培养了大批佛教人才。他撰写了大量佛教普及读物，用通俗的语言向大众介绍佛教知识，被誉为近代佛学大师中"独一无二的佛教科普大家"[①]。他创办佛教图书馆、佛画研究会，推广佛教文化艺术。周叔迦是近现代北京佛教的代表性人物，回顾总结他的生平事迹和佛教思想，对研究北京佛教史，对总结近现代中国佛教发展的历史经验，对坚持佛教中国化方向，具有重要意义。

于青岛研究佛学

周叔迦幼时上家塾，后入天津德华中学堂（今海河中学前身）。1915年周叔迦从德华中学堂毕业，入上海同济大学工科机电系学习。由于当时处于第一次世界大战期间，中国政府于1917年8月14日正式对德宣战，周叔迦想在学校学习德国先进机械技术的愿望已无从实现，遂离开学校。1920年

[①] 白化文：《普及佛法的大名家周叔迦先生》，《文史知识》2007年第11期，第118页。

周学熙创办普育铁工厂，周叔迦任技师。普育铁工厂经营三年，无法维持，清理倒闭。周叔迦遂赴汉口六河沟煤矿任办事处副理，一年后辞职。1926年周叔迦在汉口经商失败。

1926至1929年，周叔迦在青岛闭门研究佛法。周叔迦在《读藏次第说》中总结这一时期的阅藏心得说："丙寅之秋，余得屏却世缘，蛰居海隅，因发心阅藏，以期开智眼、了佛心，然法海浩瀚，茫然不知先后所宜，爰卜于佛前，得此次第，因循序渐进。今经律二藏读已将毕，论十才一二，然回思此次第，实有深意，因记于左，倘有根器与鄙人相等者，亦可得此方位焉。"①1929年周叔迦发起青岛佛学研究社。②研究社附设佛经流通处、念佛会。这一时期，青岛信佛的人极少，也没有佛教团体，此研究社发近代青岛佛教之先声。同年，周叔迦奉父命赴北平，从此开始了北平弘法时期。

北平弘法

1929年周叔迦到北平后，先后在辅仁大学、民国大学、北京大学、中法大学、中国大学、清华大学任教职，教授"中国佛教史""佛教文选""因明学""唯识学""成实论"等课程。周叔迦在大学讲授佛法，既不担任专职，也不收取任何费用。白化文在《普及佛法的大名家周叔迦先生》中说："值得注意的是，周先生无论是在图书馆工作，还是在大学授课，均以'布施'为宗旨。既不接受专任聘书，也不要讲课费，纯粹义务劳动。这样，既对学生进行了'法施'，又对学校做了'财施'，'布施'的两面都有了……"③

周叔迦在图书馆的工作主要包括两个方面。一是对北平图书馆（中国国

① 周叔迦：《佛学指南》，青岛佛学研究社，1929年，第15页。

② 1934年，湛山精舍建成，是专为居士学修之场所。青岛佛学研究社和佛经流通处迁至精舍，并改组为青岛佛学会，由王金钰任会长，周叔迦等人任副会长。（见倓虚法师所著《影尘回忆录》）

③ 白华文：《普及佛法的大名家周叔迦先生》，《文史知识》2007年第11期，第116—117页。

家图书馆前身）藏西夏文文献做辨识和著录工作。1930年周叔迦在《辅仁学志》上发表《北平图书馆藏西夏佛经小记》，同年在《北平图书馆馆刊·西夏文专号》上发布《馆藏西夏文经典目录》。这一目录为中外学者研究西夏历史文化提供了非常有价值的参考材料。周叔迦的另一项工作是协助陈垣对北平图书馆馆藏的敦煌遗书进行编目。周叔迦考出86部，后又考出"俟考诸经"中3部，再考全录差误52种。对于此项工作，王重民先生在《敦煌遗书总目索引·后记》中给予了极高的评价："这都是敦煌遗书编目工作中最困难而又是应该逐渐解决的问题，在这方面，叔迦先生的贡献是极其巨大的。"①

同一时期，周叔迦参加了多种佛教活动，当时北京佛教界就给他取了个雅号，叫"散财童子"。1933年周叔迦主管北京刻经处，校刻有《名僧传钞》《性相津要》《信力入印经法门》等。1933年山西赵城县广胜寺发现金代藏经。1935年周叔迦与叶恭绰等共同发起，将经中有关法相的典籍64种，选出来以"三时学会"②的名义影印成书，名曰：《宋藏遗珍》（3册，共46种，255卷）。此部书为朱墨套印，印制极为精美。1936年北京菩提学会成立，周叔迦任常务理事，设立藏文班，培养藏文人才，从事传译藏文佛教典籍工作。

1938年秋，周叔迦担任华北居士林理事长。③他以居士林为根据地，大力开展弘法活动。1939年居士林成立佛教研究部，周叔迦亲授《中论》《中国禅学史》。1941年周叔迦成立居士林图书馆，馆藏内、外典籍近两万册。图书馆对市民开放，提供借阅服务，此举开北平佛教图书馆之先河。同年约集有志于佛学者十余人，成立佛学研究会。研究会拟佛教史志六种，指定专人编纂，包括《佛教金石志》（杨殿珣）《佛教艺文志》（苏晋仁）《佛教

① 王重民：《后记》，《敦煌遗书总目索引》，北京：商务印书馆，1962年，第549页。

② "三时学会"前身为成立于1921年的"法相研究会"，韩清净担任会长兼董事会主席，专门研究唯识学，至1947年会员达到万余人。1949年韩去世，改由饶凤璜任会长。1952年赵朴初居士担任会长后，推法尊法师任董事，正果法师为主任。1965年"三时学会"停办。先生来京后，加入此会。

③ 华北居士林原名北平毓春园居士林，由崔云斋、丁澍秋居士创办于1924年。1930年胡子笏居士受邀担任理事会主席，居士林改名为北平华北居士林。1397年卢沟桥事变之后，胡子笏退隐五台山，潜心修法。由周叔迦接任居士林理事长。

寺塔志》（刘汝霖）《佛教法轮志》（因无人担纲，并未作业）《佛殿辑佚》（王森、韩镜清）《二十四史佛教史资料汇辑》（黄诚一）。1941年，创办佛画研究会，聘请黄宾虹、徐石雪、李志超、王世襄等名家授课。1943年研究会在北京中央公园水榭（今北京中山公园）举办第二届佛画展览，除展出学员作品外，另有金、明、清代诸多古画，以及当代画家之画作一并陈列。开展这些佛教事业耗资颇巨，大部分是先生自掏腰包，拿自己的家底补贴进去的。[1]

北京佛教居士林

成立中国佛教学院

1940年周叔迦从卖房所得10万元中取6万元，成立中国佛教学院，院址在北京德胜门外甘水桥瑞应寺。第二年又在德胜门弘善寺成立尼众分院。对于学院成立之宗旨，他在给太虚大师的信中这样写："溯自华北沦陷以来，

————————
[1]　程恭让、苏晋仁：《纪念一代佛教文史大学周叔迦新生诞辰100周年——苏晋仁先生访谈录》，《清代佛教史料辑稿》，台北：新文丰出版股份有限公司，2000年，第712页。

北平缁素鉴于民众之痛苦，深感世界之和平非先建设佛法不可，而此责任唯我国足以当之。但近来僧侣知识弘远者殊不多觏，难负昌闻圣教之任，故创办中国佛教学院……"[1] 学院设董事会，周叔迦任院长，下设教务、训育、事务三科。为开展与现代教育模式相适应的佛学教育，该院招收预科、本科和研究生，及选读生和藏主专修科，前后共招生五期，学生以出家人为主。有应脱、性明、大力、应月、修明、满谦、性圆、德清等人，亦有少量在家人，如徐瑞庭、赵保阶等。预科本科毕业生约百余人，后分赴各寺院，成为弘法利生之骨干。

民国时期的中国佛教学院自成立到终止，延续近十年时间。其课程设置、师资培养和学术成果，在新中国成立后由周叔迦担任副院长和教务长的中国佛学院的教学体系中，得到了一定程度的承续，发挥了重要作用。

新中国时期对北京佛教做出的贡献

1950 年 12 月北平佛教界成立大雄麻袋厂，周叔迦任经理。中国佛教协会原会长传印长老回忆说：其时，云居山真如寺有云水禅和来自京中者，谈及周居士为响应新中国政府号召，努力倡导由旧社会递传下来的北京市僧众尽快地适应新的现实社会，走上自食其力的道路，办起了大雄麻袋厂。为办此厂、安顿僧众，周叔迦想尽了办法，拿出个人资金。据曾在该厂劳动过的工人们说，为维护此厂，周叔迦甚至变卖了自己一部分房产和汽车。为了安僧保厂，达到了"痴迷"的状态。因此，一些人送与他一个绰号，叫"周迷糊"。[2]

1953 年，中国佛教协会成立，圆瑛法师为会长，喜饶嘉措、赵朴初等为副会长，周叔迦任副秘书长。1955 年斯里兰卡发起编纂英文版佛教百科全书，周恩来总理委托中国佛教协会负责编写和翻译有关中国佛教的内容。周叔迦拟定条目，审阅稿件。同年，组织全国石窟调查工作。1956 年中国——

---

① 周叔迦：《致太虚老法师书》，《海潮音》1945 年第 12 期，第 18 页。

② 释传印：《为法为人 赤心片片》，《佛教文化》1996 年第 4 期，第 8 页。

尼泊尔友好协会成立，先生任副会长。同年成为印度摩诃菩提会终身会员。1957 年先生当选中国佛教协会副会长兼副秘书长。1958 年北京西山灵光寺修建佛牙舍利塔，先生邀各方专家研讨设计，历经六载，始告竣工，建成后的佛牙舍利塔成为享誉中外的佛教圣地。1964 年先生当选为第三届全国人民代表大会代表。

1956 年中国佛学院在北京法源寺成立，周叔迦任副院长兼教务长，重登讲坛，为学僧讲授《八宗概要》《中国佛学史》等主要课程。初创时期的佛学院，各科讲义多由任课老师选定或自行编写。传印长老回忆说："他（周叔迦）的佛学讲义，率皆为其多年以来修学研究的结晶，颇多独到孤诣之义趣，不唯资料的编纂而已。例如，其《八宗概要》讲义，迄今鲜闻有能担当讲授之者。"①1956 年至 1966 年周叔迦担任中国佛学院副院长兼教务长期间，他所秉持的建设"完备的佛教大学"的办校理念和教学思想，对佛学院的教育观念和课程设置影响甚深。周叔迦前后两次创办佛学院，近 20 年时间，为振兴佛教教育、培养佛教人才，呕心沥血，做出了重大贡献。

1950 年，周叔迦发表《房山石刻大藏经记略》，综合前人研究成果，按时间顺序，考察房山石经的历史源流和发展脉络。此文被誉为房山石经研究的开山之作。1956 年中国佛教协会组织人员对北京房山石经进行大规模挖掘整理，4 月 21 日周叔迦同北京图书馆金石部曾毅公先生到石经山主持开洞。经板经过挖掘、清理、编号、拓印（每片七份）等程序，再放回原洞，以石门封固。山上山下全部拓印整理工作于 1960 年完成，共计 15000 余石，拓片 30000 余张。这些珍贵的拓片现存于中国国家图书馆。由中国佛教协会整理编辑的《房山石经》（全 30 册），已由华夏出版社出版发行，为研究我国历史文化、佛教史和佛教典籍，提供了非常珍贵的历史材料，具有极高的学术和文化价值。

---

① 释传印：《为法为人 赤心片片》，《佛教文化》1996 年第 4 期，第 9 页。

虔诚报国的京城老道长刘之维

刘之维道长，俗名刘纯璋，1914年出生于北京，1989年羽化，世寿75载。作为一名出身道教世家的道教徒，他爱党爱国爱社会主义的人生经历，既有时代特点，也有个人抉择。

出身乐舞生道士世家

前门瓮城内，东西曾各有一座小庙，东为观音庙，建于明崇祯年间；西为关帝庙，建于明万历年间。这两庙宇规模不大，都只有庙房13间，名气却很不小。尤其其中的关帝庙，一般称前门（正阳门）关帝庙或前门（正阳门）瓮城关帝庙，是老北京众多关帝庙中规格最高、名气最大、香火最旺者，在民间尤以"灵签"闻名遐迩。

1942年4月，一位叫刘之维的道士向北平社会局呈请接充前门瓮城关帝庙和观音庙住持备案，称自己29岁，幼年入道，一贯"恪守清规，经理庙务"，师父刘佑昌上月病逝，遗嘱由他接法继承。当月社会局准其接充住持备案。事实上，刘佑昌不仅是刘之维的师父，还是他的父亲。刘之维是乐舞生后裔，他们家在民国以前是世代相传的乐舞生道士，笃信道教。他的先祖刘培裕，曾买下下斜街土地庙作为家庙；他的祖父刘锡佩是庚子兵乱后迅速修复前门关帝庙和观音庙的住持，直到宣统二年（1910）还在参与宫廷道场。①

刘之维家族所传派谱与北京白云观藏《诸真宗派总簿》第二九清微派相

---

① 刘锡佩宣统二年（1910）参加宫廷道场的资料，参见陶金：《大高玄殿的道士与道场——管窥明清北京宫廷的道教活动》，《故宫学刊》第十二辑，北京：故宫出版社，2014年，第200页。

符，① 他也一直被认为是正一清微派。这一道派可能还传有经典，名为《乐正经》，但不知具体所指为何，也不清楚是否与《大明御制玄教乐章》有关。当时北京由这一道派道士管理的庙宇，除前门关帝庙、观音庙以及下斜街土地庙外，还有前门外精忠庙、玄帝庙、玄帝观，东晓市大街药王庙，玄帝庙街白衣庵、东打磨厂关帝庙、崇真观等等。刘之维呈请接充住持时，向社会局提供具结的三人中有两人是上述庙宇住持。1947 年 8 月，刘之维出面，为精忠庙、玄帝庙、玄帝观的住持更替提供具结。

在新中国新社会成长进步

虽然刘之维 1942 年就已成为前门关帝庙和观音庙住持，但他在民国北京道教界的存在感并不强。无论日伪时期还是抗战胜利后，他的名字都少见于当时的各类庙宇档案。这或许与他当时年纪不大有关，但更重要的原因应该是他坚持爱国爱教，不愿与日伪时期的伪道教组织同流合污。

新中国成立后，刘之维政治上积极追求进步，热情拥护中国共产党领导和社会主义制度，支持新中国成立后的各项社会主义改造和建设事业。他很快成长起来，成为北京道教界的主要代表人物之一。

1950 年，为拥护支持抗美援朝，北京佛道教界爱国人士组织成立北京市抗美援朝委员会佛道教分会，捐款捐物，发表《反帝爱国宣言》，订立《爱国公约》。1953 年，该分会改组为北京市佛道教学习委员会。各寺观负责人分地区定期集中学习，以提高爱国主义和社会主义觉悟。刘之维担任委员会副主任。1954 年，北京市佛道教寺庙管理组成立。作为民间宗教事业组织，管理组主要负责庙务管理和组织劳动自养，清点全市佛道教寺庙宫观财产并

---

① 《诸真宗派总簿》，李养正：《新编北京白云观志》，北京：宗教文化出版社，2003 年，第 445 页。此外，有研究者根据刘之维道长徒弟陈雄群的回忆，认为刘之维所传清微派派谱为《诸真宗派总簿》第二七。但这与笔者通过民国北京庙宇档案梳理出的刘之维家族所传派谱不符。见陶金：《大高玄殿的道士与道场——管窥明清北京宫廷的道教活动》，《故宫学刊》第十二辑，北京：故宫出版社，2014 年，第 188 页。

造册登记，统一收管房租，实行生产生活统一安排。按城区成立互助组，对危旧庙房进行修缮，还以互助形式安排教职人员生活。这种管理方式类似于集体制的互助合作社。当时参加管理组的道教界人士有100多人，其中乾道70多人、坤道20多人，刘之维担任副组长。1956年，北京佛道教界人士联合成立学习班，自教自学、共同提高，刘之维担任副主任。1959年前后，他还在与佛教界合办的北京嘉兴寺塑料厂中担任副厂长兼统计员。

这一时期的刘之维，既组织全市道教界人士学习，还负责宫观修缮管理以及劳动自养。在熟识的人的记忆中，他识大局、政治觉悟高，同时也为人机敏、办事干练。当时有的人对集中管理庙产有抵触情绪，他就反复做工作，还带头将前门关帝庙交给管理组管理。北京市档案馆藏民政局档案中保存着一份20世纪50年代的《北京市佛道教重要寺庙人员房屋统计表》[①]，记录了31座寺观的情况。其中"住持或负责人"一栏填写"小组"或"管理小组"的，佛道教各有两座，道教的便是前门关帝庙和后门桥火神庙。当时他还经常前往其他宫观了解情况。有的小庙破败不堪，他就动员经济较为富裕的宫观出钱维修。有的道长生了病，他前往探望，安排治疗，还为羽化的道长料理后事。看到这些情景，道长们很感动，称他是道教界的"大孝子"。

发起成立中国道教协会

刘之维是中国道教协会的最早发起人之一。

1956年11月26日，来自全国各地的道教各宗派著名人士岳崇岱、孟明慧、刘之维、相祥福、尚士廉及著名道教学者陈撄宁等23人在北京倡议成立中国道教协会，组成筹备委员会展开筹备工作。

1957年4月12日，中国道教协会正式成立。在拍摄于当年4月15日的朱德副主席接见中国道教协会成立会议代表合影上，刘之维就坐于第一排

---

① 《北京市佛道教重要寺庙人员房屋统计表》，《北平市各区寺庙统计表》，起止时间：约1928—1954年以后，J003-001-00058，北京市档案馆藏，第6、7页。

右一。这次大会上，他当选为中国道教协会第一届理事会常务理事。后来又在中国道协第二届、第三届、第四届理事会中，分别担任了常务理事、副秘书长和副会长。

1957年，中国道教协会成立

担任中国道教协会副会长以后，刘之维参与了中国道协的很多重要工作。1987年5月，他带领白云观道教访问团赴我国香港交流，增进了内地和香港道教界的联系，对于香港道教界的团结也起到了积极促进作用。

修缮白云观和保护道教文物

新中国成立后白云观进行过两次全面修缮，刘之维都是负责人或重要参与者。1957年，政府决定拨款修复开放白云观。同年，刘之维当选中国道教协会常务理事后，主要就负责白云观的修复工作。1967年前门关帝庙和观音庙拆除，刘之维移居白云观。1979年拨乱反正后，他与中国道协有关工作人员一起，参与了白云观落实政策以及第二次全面修缮。在20世纪80年代参与过这些工作的老同志们的回忆中，他非常支持政府工作，态度明确，易于沟通，对于白云观的腾退修缮出了很多力。

刘之维对于道教有着虔诚坚定的信仰，很多人都记得他对白云观以及北京其他宫观文物的保护。在白云观第一次修缮以及北京寺庙合并过程中，他根据当时的实际情况，把其他宫观的法器、文物等集中到白云观，充实了白云观的宗教设施，客观上也让很多道教文物得以保存，比如神特、鎏金雕龙香炉等等。"文化大革命"时期，刘之维和陈旅清、孙心正等老道长一起，秘密将白云观珍贵文物保护起来，包括石刻老子坐像、大量古代字画以及明清皇家所赐锦绣羽衣等等。到白云观第二次修缮，刘之维再次发挥了他熟悉了解北京宫观情况的优势。20世纪80年代初，正是依据刘之维道长提供的线索，白云观搜集到很多散落各处的珍贵道教文物，包括现在观里的一些明代铜造像。

1983年白云观修缮结束，恢复正常宗教活动，实行十方丛林管理制度。这一时期刘之维作为白云观民主管理委员会主任，将白云观管理得井井有条。在他和其他道众的共同努力下，白云观这座千年古观逐渐焕发出新的光彩。

时代特色的仙学倡导者陈撄宁

百年之前的旧中国风雨飘摇，无数爱国志士为了挽救国家民族危亡奔走呼号。这也是一个思想与学术空前活跃的时代，思想界百家争鸣，巨擘频出，他们都有着一个共同的目标：挽救国家，挽救民族，挽救文化。陈撄宁道长就是这样一位来自玄门的杰出代表，他紧跟时代步伐，创办道教杂志，大力倡导"仙学"，是风起云涌的近代中国思想界中一面鲜亮的旗帜。他以"仙学"智慧济国民、救文化，是近代道教界爱国爱教的典型代表，也是玄门弟子的光辉榜样。

陈撄宁生于清光绪六年（1880），原籍安徽怀宁，世居安庆苏家巷。原名元善、志祥，后改名撄宁，"撄宁者，撄而后成者也"，语出道教经典《庄子》，其道号圆顿，为全真道龙门派第十九代大居士。先生幼承家学，熟读儒典，精通诸子百家，学贯三教。10岁读《神仙传》时即萌生学仙之念。稍长，考中秀才。但命运似乎与陈撄宁开了个玩笑，15岁时，他患了"童子痨"，这令他改从叔祖父学习中医，同时尝试仙道功法，逐渐恢复了健康。25岁时，陈撄宁考入安徽高等政法学堂，但不久就因旧疾复发而辍学。然而"祸兮福之所倚"，这也再次拉近了他与仙道的距离，使他走上了立志求道、访求明师的道路。

1912至1914年，陈撄宁日往上海白云观阅读《道藏》，历时三载通读道教经典，并探得道教丹术底蕴。金丹奥妙历来为玄门中人视作珍宝，但陈撄宁并不满足于此。秉持严谨的科学精神与实践精神，陈撄宁又辗转杭州海潮寺华严大学阅读佛经，以印证比较，后又远赴北京，寻访高道。1922年至1932年，陈撄宁与同志数人在家中进行数百次外丹试验，终因军阀混战和日寇侵沪受到破坏，未获最后成功。

1933年，张竹铭医师在沪创办《扬善半月刊》，特辟"答读者问专栏"，请陈撄宁主笔。陈撄宁利用这个阵地，大力提倡"仙学"，团结众多好道之士，使之成为当时全国研究仙道的中心，为发展道教学术和弘传道教文化摇旗呐喊。1937年8月，日寇进攻上海，《扬善半月刊》被迫停办。1938年5月，陈撄宁受张竹铭等人邀请，在"仙学院"主讲仙学理论。这期间，他公开讲授《周易参同契》《悟真篇》《黄庭经》《灵源大道歌》《孙不二女功内丹次第诗》等丹经，大开玄门。1939年，张竹铭医师又创办《仙道月报》，陈撄宁仍为主笔之一。1941年夏，该刊因上海局势险恶而停办。

陈撄宁先生倡导"仙学"，而他倡导"仙学"的出发点，是振奋中华民族的精神和强化国民的体魄，以抵御帝国主义的文化侵略和军事侵略的爱国情怀和济世精神。在近代中国面临被列强瓜分的危机时，他做出这样的分析："武力侵略，不过裂人土地、毁人肉体，其害浅；文化宗教侵略，直可以夺人思想、劫人灵魂，其害深。……若不利用本国固有之文化宗教以相抵抗，将见数千年传统之思想，一朝丧其根基，四百兆民族之中心，终至失其信仰，祸患岂可胜言哉！"

有感于此，陈撄宁力倡本位文化，以图救国，把道教看成"今日团结民族精神之工具"。他说："吾人今日谈及道教，必须远溯黄老，兼综百家，确认道教为中华民族精神之所寄托，切不可妄自菲薄，毁我珠玉，而夸人瓦砾。须知信仰道教，即所以保身；弘扬道教，即所以救国。勿抱消极态度以苟活，宜用积极手段以图存，庶几民族尚有复兴之望。"

玄道尚水，水性至柔，历百折而不挠。尽管条件十分艰难，挫折重重，陈撄宁仍然坚持仙学研究并传授弟子。终于，随着新中国的成立，这份坚守的道心迎来了曙光。1956年，陈撄宁与各地道教界人士在北京发起筹备全国道教组织，并在1957年中国道教协会成立后当选为副会长兼秘书长。1961年，陈撄宁在中国道教协会第二届会议上当选为会长，并任中国人民政治协商会议第二、三届全国委员会委员。他在中国道教协会工作期间，立场坚定，旗帜鲜明，团结带领全国道教徒爱国爱教，积极参与社会主义建设，道教界的精气神为之一振。

有鉴于近代以来道教之发展逐渐式微，陈撄宁深刻认识到培养人才的重要性，草拟了"中国道教协会研究工作及培养道教知识分子计划大纲"，积极筹划开办道教徒进修班并亲自授课。他精心制订《道教研究计划》和《培养道教人才计划》，提出了"在教言教，按道教本来面目研究道教"的方针。他亲自指导研究人员收集、整理、分析、综合道教文献资料，编辑《历代道教历史资料》，编写《中国道教史提纲》。此外，还创办《道协会刊》（《中国道教》杂志前身）并撰写文稿，为道文化的传承发展真可谓鞠躬尽瘁、厥功甚伟！

陈撄宁情怀高尚、治学严谨，他开阔的胸襟气度、与时俱进的革新精神，都令人敬仰。弘扬道教文化并非简单地继承传统，在近代，刊物是一种新事物、新形式、新媒体，而他欣然接受，敢于大胆尝试。陈撄宁提出有别于传统道教的"仙学"，汲取新思想、引入近代科学精神诠释道教的养生之学，同时还打破丹法秘传的规则，开堂讲述丹经隐含深意……这一系列的作为，都是彼时的道教界在顺应时代潮流做出的"最前沿"的努力之一，在思想与学术上为道教文化辟下的宝贵的一席之地。

爱国爱教典范安士伟大阿訇

　　安士伟（1919—1998）阿訇是我国著名爱国宗教人士，历任全国政协常委、中国伊斯兰教协会会长、中国伊斯兰教经学院院长、北京市伊斯兰教协会会长、北京市伊斯兰教经学院院长等职。新中国成立以后，他积极研究、探索伊斯兰教与社会主义社会相适应的道路，逐步成为在国内外有较大影响的宗教界人士。从 1956 年起，他先后当选为中国伊斯兰教协会委员、常委、副主任、副会长、会长。几十年来，他积极协助党和政府贯彻宗教信仰自由政策，维护穆斯林群众的合法权益，团结广大穆斯林群众积极参加社会主义建设事业，为民族团结和社会稳定做出了很大的贡献。

1983 年 9 月，安士伟大阿訇在东四清真寺

安士伟阿訇出生在河北保定，自幼家境贫寒，虽有小本生意，但也仅能糊口。6 岁进入当地阿訇开设的私塾学习，接受伊斯兰教经学启蒙教育。9 岁正式学习经学、语文、历史等知识。他过目不忘，被启蒙经师李汉文称赞智力超群。之后辗转各地开始长达 20 余年的求学生涯。在这期间，他的家庭屡遭不幸，不仅小本生意因为恶霸势力而不存在，而且由于侵华日军攻占保定，父亲为了护送一位孤儿回村惨被日军刺死，安士伟阿訇得到消息后冒着生命危险回家含泪掩埋父亲，但是这些家仇国恨只能暂时埋在心底，他发奋努力学习，几乎不知疲倦，几度花开花落，多少寒来暑往，年轻的安士伟终于读破万卷经书，为他以后从事伊斯兰教文化研究和教职工作打下了坚实基础。1942 年，他在沈阳北清真寺学习时候引经据典妥善解决乡老之间关于斋月的分歧问题，在东北三省穆斯林中传为佳话。随着年龄的增长，年轻的安士伟受时代潮流影响，对共产党的宗旨和政策也有着强烈的思想共鸣，盼望自己能够做些力所能及之事，在没有正式任职阿訇之前就曾经和同学一起冒着生命危险将 10 斤胡琴弦（制作手榴弹拉线用）送往解放区，为此险些丢了性命，后来自己又从东北购得 10 斤水银送往解放区。怀着对革命的热爱，他在学经之余还会哼上几首解放区广为传唱的革命歌曲。安士伟经过刻苦学习终于学有所成。1948 年，他在北京西单手帕胡同清真寺毕业，并接受该寺聘请正式荣任阿訇，开始了他的长达 50 余年的宗教教职人员生涯。

荣辱与共，风雨同舟

安士伟任阿訇那年，正好是北京解放的前夕。国民党溃走时的疯狂行动让地下党的处境十分危险，已经正式就任阿訇的安士伟目睹这些情况立即行动起来，他利用清真寺为越来越多前来寻求保护的地下党提供帮助，因为他保护的地下党人数众多，一时之间，寺里犹如小旅馆一样，但他丝毫没有感到害怕，早将生死置之度外。从这时起，安士伟阿訇就跟共产党保持着联系。1949 年北平解放时候，安士伟阿訇和许多穆斯林群众一起手举红旗走上街头，喜悦之情无以言表。在工作上，他紧紧依靠党和政府，兢兢业业、言传身教，密切联系群众。1954年起，他先后任北京市区人大代表、常委和市区政协委员、常委，直至后来担任全国政协常委等，他积极为地区发展、民族团结与宗教和睦贡献力量。

"爱国是信仰的一部分"这段圣训是安士伟阿訇一生的践行。1952年为了支援首都建设，北京三里河回民墓地需要迁走3万多座坟墓，他作为北京市回民迁坟委员会副主任耐心做群众工作，积极协助党和政府顺利完成此项工作。1996年十世班禅大师转世灵童寻访工作的关键时刻，他作为中国伊斯兰教协会会长，代表伊斯兰教界明确表示："我国任何宗教，都应当维护法律尊严，维护民族团结，维护人民利益，维护祖国统一和中央的权威；都应当尊重历史的定制与宗教的仪轨；都应当以维护团结稳定大局为重，任何人、任何宗教都不能违反国家法律、损害人民利益，制造民族分裂，破坏祖国统一。"[1]

经汉双修，培育人才

新中国成立不久，安士伟阿訇同杨明远阿訇等发起成立北京市阿訇学习班，定期组织阿訇、海里发[2]300余人学习时事政策、研讨伊斯兰教知识，并邀请马松亭、张秉铎、庞士谦等知名阿訇、学者任教，培养人才。1959年，他同马树田、陈广元、杨品三等八位阿訇本着"通俗易懂，不失原意"的原则翻译《古兰经》，这是新中国成立后北京阿訇继承"以儒释经"精神、积极践行宗教中国化方向的历史见证。1985年，他发起创建北京市伊斯兰教经学院，培养了一批骨干阿訇，有效缓解北京市伊斯兰教教职人员"青黄不接"的困境，北京市伊斯兰教经学院随后培育出的100多位阿訇如今都在各个清

---

① 杨发明主编：《和平其行——安士伟大阿訇纪念文集》，北京：宗教文化出版社，2020年，第3页。

② 处于学习期间、尚未毕业的伊斯兰教教职人员。

真寺为首都伊斯兰教领域的和谐稳定发挥着重要作用。

1993 年 12 月，安士伟阿訇在中国伊斯兰教第六次全国代表会议上当选为中国伊斯兰教协会会长，他更加积极探索伊斯兰教与社会主义社会相适应的道路。在安老的领导下，中国伊协六届领导班子在任期内，做了大量卓有成效的工作，尤其是在开展教务活动方面取得了显著的成效。在他的领导下，中国伊斯兰教协会开创性地在全国范围内定期举行"卧尔兹"演讲比赛与《古兰经》诵读比赛。已故陈广元阿訇评价道："可以说，今天的解经工作是'全国卧尔兹演讲比赛'的延伸。"定期举行《古兰经》诵读比赛不仅规范诵读，而且使国际伊斯兰社会对中国伊斯兰教的看法与认识有了很大提高，既增进了双方之间文化的交流，又为他们了解中国、了解中国伊斯兰教提供了更好的平台。如今这两项工作的常态举办已经为全国伊斯兰教选拔培养了大批高端解经人才，他们也在积极地为促进伊斯兰教与社会主义社会相适应做着贡献。

为了推动全国各地清真寺自身建设和规范管理，在安士伟阿訇的领导下，中国伊斯兰教协会向全国各地伊斯兰教协会、清真寺发出《关于开展创建模范清真寺评比活动的倡议》，这项活动得到了全国各地伊斯兰教协会、清真寺的积极响应与广泛支持，该活动提出"民主管理好、宗教教职人员素质好、正常开展宗教活动好、兴办自养事业好和环境卫生好"的"五好"模范清真寺标准，有力地促进了各地清真寺加强自身的管理和建设，使清真寺的管理逐步走向制度化、规范化。

友好交往，增进了解

随着党的宗教政策贯彻落实和改革开放的深入，中国同伊斯兰教国家和地区之间的友好往来越来越多，安士伟阿訇的工作日益繁忙。会见外宾时，他常以个人工作经历与亲身体会向大家讲述着自己亲历的中国共产党宗教信仰自由与民族平等政策，讲述我国改革开放的伟大成就，有效化解了个别国家对我国宗教信仰自由政策存在的误解与质疑。几十年来，他分别接待多达100多个国家和地区的外宾来访，还先后访问过30多个国家和地区，他在与大家增进交流交往的同时，还将伟大祖国翻天覆地的变化与光辉成就，以及中国穆斯林在祖国大家庭中享受的幸福生活，由衷地与各国友人分享。现任中国伊斯兰教协会会长杨发明在追忆安士伟阿訇的文章中讲道："他经常说：'没有共产党就没有新中国，没有新中国就没有新中国的伊斯兰教和穆斯林，我们应当珍惜来之不易的新生活，珍惜来之不易的社会安定、民族团结的大好局面。'"①

安士伟阿訇长期以来积极参政议政，作为人大代表、政协委员，他把参政议政看作一种荣誉和责任，十分珍惜人民群众赋予他的权力。他利用每次会议、座谈、视察、访问等机会将党和政府的民族、宗教政策传达给后辈阿訇和广大穆斯林群众，同时也向党和政府反映各族穆斯林群众的呼声与意见建议，表达人们的合理诉求与愿望，几十年如一日，始终为这座搭在政府与群众之间的"桥梁"不遗余力。他非常认真履行代表和委员的职责，不仅为25名阿訇与海里发平反了冤假错案、为70位阿訇补发了20余万元生活补助，还协助有关部门落实宗教政策。

安士伟阿訇生前最大心愿之一是恢复东四清真寺福德图书馆，该馆当年享有"东方回教唯一的图书馆"美名，但一度被改造成食堂。后经安士伟阿訇多方呼吁，并积极争取包括时任全国政协副主席赵朴初等人的支持，最终将其收回。"文革"期间，他努力将广大穆斯林群众赠与清真寺的诸多珍贵经典与文物保护起来，其中包括现存于东四清真寺福德图书馆的元延祐五年手抄本《古兰经》，该书为国家一级文物，是福德图书馆的镇馆之宝。

回顾安老走过的路，正如他在一篇文章中所说："新中国诞生以后，我们在中国共产党的领导下，挣脱了'三座大山'捆绑在我们身上的民族压迫和阶级压迫的锁链，开天辟地以来第一次以主人翁的身份登上政治舞台……

① 杨发明主编：《和平其行——安士伟大阿訇纪念文集》，北京：宗教文化出版社，2020年，第9页。

1987 年开斋节，习仲勋向安士伟阿訇致以节日的问候

宗教界的地位大大提高。"他还说："党越关心我们，我们越要自尊、自爱、自重，越要更加自觉地严格要求自己，我们要更努力工作，为首都的改革开放、经济建设，为民族团结、繁荣发展多做贡献。"

伊斯兰教中国化践行者陈广元大阿訇

陈广元阿訇（1932—2020）是新中国成立后在党和政府的关怀、培养下成长起来的知名爱国宗教人士。他自幼接受经堂教育，之后进入北京回民学院、中国伊斯兰教经学院继续深造，毕业之后先后任职北京昌平清真寺、牛街礼拜寺、东四清真寺阿訇。1979年起历任北京市伊斯兰教协会副会长、常务副会长、会长、名誉会长，中国伊斯兰教协会会长、顾问，中国伊斯兰教经学院院长，中国宗教界和平委员会副主席等职，历任第九届、十届、十一届、十二届全国政协常委、全国政协民族和宗教委员会副主任。

1932年8月8日，陈广元出生在河北文安一个回族穆斯林家庭，父亲希望他人生路上多做善事、有好人缘，给他起名"陈广缘"，后来简化笔画，成了现在的"陈广元"。

1937年"七·七"事变爆发，现大围河清真寺成为村民抗日中心，时隔多年陈广元还能背诵当时的抗战儿歌：

麻雀叫，麻雀叫，日本鬼子真凶暴。

抢我土地和财富，杀我亲人与同胞。

小朋友，小朋友！大家起来同他闹。

日本糖果我不吃，东洋玩具我不要……

而将日本人称为"送上门来的点心，说啥也不能让他从嘴边溜掉"的马本斋的抗日事迹也对儿时的陈广元产生重要影响，他有一位当八路军的堂哥叫陈福生，他的经历让陈广元对新生活有了更新的认识与提高。陈广元在沈阳跟随杨子光阿訇学习，他虚心向其求教，知识结构更为完善。1945年8月15日，陈广元听到日本无条件宣布投降的消息，高兴地与大家含泪拥抱，此时他想起了堂哥的壮烈牺牲等，遂向杨阿訇提议在"盖德尔之夜"为抗战中牺牲的穆斯林举办"开经"活动，此时正在沈阳的王静斋大阿訇也应邀参加，当他听完陈广元背诵《古兰经》之后对杨阿訇说："这孩子不同凡响，应该让他外出游学，多见世面！"

1947年，国民党故意蛊惑成立由满蒙回等民族组成的"宗教军"，被杨子光阿訇等人识破，年仅15岁的陈广元担负起草撰写"和平"主题"卧尔兹"的任务，他结合伊斯兰教教义教规告诫穆斯林群众可以拿起武器保卫祖国，但将矛头对准倡导和平的中国共产党是万万不行的！在这次抵制国民党所谓"宗教军"的和平斗争中，陈广元也认识了马恩溥阿訇，这位经汉两通的知名阿訇与杨子光阿訇交流之后说："孟子也主张得天下英才而教育之，放手让广元跟我一段吧！"之后陈广元就随着马恩溥阿訇奔赴锦州。锦州清真古寺的任少明阿訇与师兄弟马恩溥阿訇"教门只有不偏不倚才能与其他宗教和谐共处"的思想让陈广元对伊斯兰教的中正性、宽容性与合理性又有了更深刻的认识。1949年初，陈广元跟随马恩溥阿訇奔赴天津，尽管直到王静斋阿訇归真他也未有机会随其学习，但是怀着对王静斋阿訇的尊敬与怀念，陈广元开始认真研究王静斋阿訇的生平和学术思想，他总结王静斋阿訇的学术贡献主要是三个方面：《古兰经》译解，伊斯兰典籍译注与穆斯林文化研究。回想自己多年经历，他觉得自己与王静斋阿訇所走之路有很多相似之处，遂开始亲手抄写王静斋阿訇翻译的《真境花园》……可以说王静斋钻研学问的精神影响了陈广元一生，正是在这种精神的激励下他不断学习，为他成为一代大阿訇奠定了重要基础。

在陈广元的记忆中，最让他怀念的是1949年10月1日中华人民共和国成立。他参加了第二天在天津举行的30万人庆祝集会，那天活动结束回到寺里，他的内心久久不能平静，怀着强烈的期待写下了一篇新的感想——《同舟共济，光明战胜了黑暗》。

为了继续深入学习，陈广元选择离开天津前往北京回民学院继续深造，他时刻铭记杨子光阿訇讲的"悬梁刺股"的故事，因为品学兼优于1955年又被推选进入中国伊斯兰教经学院继续深造。毕业之后作为学生代表赴叙利亚、埃及出访并与埃及爱资哈尔清真寺大伊玛目赛义德·坦塔威博士成为朋友，2008 年在西班牙举行的"世界对话大会"上，他们两位还就倡导宗教对话和文明交流分别发言，一时成为佳话。

陈广元学习路上笔耕不辍，多年所学终有成，就任阿訇后在繁忙的工作中与安士伟等八位阿訇集体翻译了白话全译本《古兰经》，编印了《伊斯兰教基本知识》，与他人合著了《古兰经知识百问》，而且根据形势变化，重新整理、校对了《古兰经分类选译》。另外他还积极参加了《伊斯兰简明词典》的编撰工作。为了大力弘扬伊斯兰教文化，陈广元阿訇呕心沥血四个寒暑，将《古兰经》全文手书于宣纸之上，该手书后经河北穆斯林王凤桐刻于石板之上，并无偿捐赠给北京市东四清真寺，堪称我国伊斯兰教史上一大壮举。

从 1958 年开始，陈广元先后任职昌平清真寺、牛街礼拜寺与东四清真寺阿訇，担任北京市伊斯兰教协会会长，2000 年 1 月开始连任三届中国伊斯兰教协会会长。这种人生经历，使他成为中国共产党带领各族人民为实现中华民族伟大复兴而奋斗的历史见证人。陈广元会长认为：解经工作是中国伊斯兰教界根据自身发展的需要和时代进步的要求，对伊斯兰教经典教义进行的深入研究和阐释。解经目标就是发扬中国穆斯林优良传统，抵制极端主义的思想主张，正本清源，切实保障中国伊斯兰教健康传承。2001 年，他主持成立中国伊斯兰教教务指导委员会，并先后担任委员会第一、二、三届主任。教务指导委员会的成立是中国伊斯兰教界的一件大事，这对组织全国知名伊斯兰教人士开展解经工作和建设中国伊斯兰教经学思想体系有着深远的历史意义和现实作用。也为坚持伊斯兰教中国化方向，大力弘扬伊斯兰教爱国、和平、宽容、中道、团结等思想，正确引导中国伊斯兰教界增进对伟大祖国、中华民族、中华文化、中国共产党和中国特色社会主义的认同，积极引导广大穆斯林群众正信正行，不断促进中国伊斯兰教与社会主义社会相适应做出了积极贡献。

陈广元阿訇继承和发扬中国伊斯兰教爱国爱教优良传统，始终牢记"爱国是信仰的一部分"，积极带领全国各族穆斯林为民族团结、宗教和睦、社会和谐做出了积极贡献。新疆"7·5"事件发生后，陈广元阿訇第一时间积极呼吁广大穆斯林群众不要听信谣言、不要上分裂分子的当，坚定支持党和政府打击暴力恐怖活动的措施，并申明伊斯兰教是和平的宗教，穆斯林是崇尚和平、追求团结、热爱祖国的群众。暴力犯罪的组织者、参与者不能代表伊斯兰教，犯罪违法更不是真正的穆斯林所为。他们挑起事端、制造混乱、搞分裂、破坏国家的稳定和发展，他们的所作所为与民族、宗教问题无关。杀害无辜、践踏法律，完全违背了穆斯林精神。7月7日，他接受媒体采访时又引用《古兰经》说："凡枉杀一人者，如杀众人，凡救活一人的，如救活众人。"7月10日和11日，陈广元阿訇在《人民日报》上连续发表两篇卧尔兹：一篇名为《绝不轻信恶言 维护民族团结》；一篇名为《穆斯林坚决反对暴力 维护和平》。陈广元阿訇还代表中国伊斯兰教协会号召新疆各族群众和全体穆斯林不要听信谣言、不上分裂分子的当、不参加违法犯罪活动，要像"鸟儿眷恋自己巢穴那样热爱祖国"，维护祖国统一，维护民族团结，维护社会稳定。他还向全国穆斯林群众发出呼吁，一定要高举爱国爱教旗帜，发扬伊斯兰教优良传统，在大是大非面前坚定立场，以实际行动维护新疆及全国的社会稳定和民族团结，做爱国爱教、遵纪守法的穆斯林。在新疆"7·5"事件中，很多新疆宗教界人士关键时刻挺身而出，不顾个人安全，带领广大穆斯林群众为了新疆的民族团结与社会和谐稳定发挥了重要作用。

　　不仅在国内，在国际舞台上和与各国民间交往中，陈广元阿訇也展现出中国伊斯兰教界代表人士和领袖的爱国风范和正义精神。

　　2010年，美国"国际宗教自由委员会"曾在"国际宗教自由报告"中对中国宗教政策和宗教状况肆意攻击和歪曲，把中国政府依法处理新疆暴力恐怖犯罪活动和"法轮功"邪教组织非法活动恶意污蔑为"宗教迫害"。对此，陈广元阿訇代表中国伊斯兰教界提出强烈抗议，指出报告歪曲事实、颠倒是非、搞"双重标准"、罔顾事实、无耻纵容极端主义和恐怖主义罪行。无论是暴力恐怖活动，还是"法轮功"邪教组织破坏活动，他们挑起民族与宗教仇恨，破坏正常的社会秩序，破坏了各族群众在改革开放下越来越美好的稳定生活，这根本不是宗教问题。我国政府的做法，完全出于保护各族群众的生命财产安全和根本利益，并告诫美国政府应该多关心自己国内的宗教问题和社会矛盾，不要总是别有用心地指责诽谤别人。

陈广元阿訇的一生是爱国爱教的一生，是拥护中国共产党的领导、为国家和人民事业奋斗不息的一生，是全心全意为穆斯林群众服务的一生。他识大体、顾大局，严于律己、宽以待人，他的爱国情操和高尚品德将永远为人们所尊敬和怀念。

天主教革新工作先驱英敛之

英敛之（1867—1926），名华，字敛之，号安蹇斋主、万松野人，满洲正红旗人，著名教育家、慈善家、爱国天主教徒。著有《也是集》《万松野人言善录》《安蹇斋丛残稿》等。

1902年，英敛之在天津创办《大公报》，兼任总理和编撰工作。1913年迁居北京香山静宜园，创办香山慈幼院和辅仁社等慈善教育事业，从事天主教革新工作。1926年1月10日病逝，享年59岁。

维新派英敛之

英敛之原名赫舍里·英华，满族人。汉姓为"玉"，又名"玉英华"。近代以来，中国面临种种内忧外患，英敛之思想受到很大冲击，撰写文章《论兴利必先除弊》，评论国事，成为一名维新派人士。1898年戊戌变法失败后，英敛之流亡海外。后来，慈禧太后为讨好洋人，大赦了一批戊戌变法的重要人物，其中就有英敛之。不过名单中没写姓氏，只写了他的名"英华"。据说当时慈禧太后特意说了句："把那个满人英华也赦免了吧。"从此，全家族都随英敛之从"玉"改姓为"英"。

"原本我祖父的名字，应该是赫舍里·英华。后来参加了改良派，他就改名为英华，敛之是他的字……意思是'不张扬，要收敛'。取意'光华内敛'，是谦虚、低调的意思。"这是英敛之孙子英若诚在回忆祖父时说的。

1867年11月23日，英敛之出生于北京西郊。他虽是满洲正红旗人，但家世并不显赫，幼年家贫，喜欢习武。后来，他认识到习武只能强己体魄，并不能挽救众人。作为热血青年，英敛之弃武从文，立志通过文字救国于危

难，从一介武夫成为文人。

英敛之天资聪慧，又勤学苦读，从诸子百家到稗官小说，无不广泛涉猎，在古今群书的熏陶之下，在中国传统文化的滋养之下，他的文章和书法很快小有所成。据英若诚所述："祖父家里买不起纸。家的附近有条河，河上有座青龙桥，桥头有个很大的茶馆。祖父会去茶馆捡顾客扔下的包茶叶的纸。他把这些纸收集起来，带回家，在家练书法。他还自制墨水。"

1888 年，受当时来华的外国传教士影响，英敛之成为一名天主教徒。英敛之当初领洗加入天主教，在很大程度上受到明末清初来华耶稣会传教士汤若望所著《主制群征》一书的影响。有儒学背景的英敛之，目睹当时国家衰败、政治黑暗、吏治腐败，不由得愤世嫉俗。在传统儒释道中没有找到拯世救国的良方后，他遂将目光转向了西方文化，在阅读了大量的西方传教士所著的文章后，他加入天主教会，希望通过学习西方的经济、文化和政治制度，达到变革求新，使中国由贫弱转为富强。

傲骨为大公，敢言为文风

1902 年 6 月 17 日，英敛之在天津创办《大公报》，兼任总理和编撰工作，每日亲自写一篇社论。《大公报》以"开风气，牖民智，挹彼欧西学术，启我同胞聪明"为办报宗旨，倡导用西方资本主义的学术文化思想，对"我同胞"进行反封建的思想启蒙工作。提倡变法维新，反对顽固守旧；主张君主立宪，反对封建专制；要求民族独立，反对外来侵略；传播科学知识，反对封建迷信。《大公报》刊登了许多抨击时弊、不避权贵、敢于直言的文章，受到舆论界的高度重视和广大民众的热烈欢迎。《大公报》一时名声大震，英敛之因主持《大公报》而驰名遐迩，隐退后成为天主教在北方的"代言人"，以致当时有"南马（相伯）北英"之说。

从英敛之起，《大公报》便奠定了"敢言"的文风。这份世界上历史最为悠久的中文报纸，至今已发行了 100 多年，在很长的一段时间里，它如实地记录了时代的风云变幻，也为中国新闻界留下了一个个传奇的名字。

1912年清帝退位，袁世凯就任中华民国大总统时，主张立宪改良的英敛之不愿意和袁世凯政权合作，加上身体不佳，于是有意避世。1912年2月23日《大公报》刊登"告白"："本馆总理英敛之外出，凡赐信者俟归时再行答复。"从此，他偕夫人来到北京，隐居香山静宜园，以主要精力创办女学、辅仁社等慈善教育事业，从事天主教革新工作。

英敛之创建《大公报》

1916年，英敛之将《大公报》售予王郅隆。其著作《也是集》是他在报刊上发表文章的汇编。

振兴国学，弘扬文化

1912年9月，在北京，英敛之和天主教著名爱国人士马相伯先生对当时法国保教权控制下的天主教在华发展前景甚为忧虑，他们同感天主教内人才缺乏、国学不振，于是联名上书罗马教廷，提出在北京建立一所天主教大学，以此弘扬中国固有的文化并介绍世界新知识，同时希望继续推行利玛窦等倡导的学术传教法。

1913年，英敛之在香山创办了辅仁社。"辅仁"意指培养仁德，语出《论语·颜渊》："曾子曰：君子以文会友，以友辅仁"，它反映了英敛之弘扬中国传统文化的决心和意志。他在辅仁社特别准备了很多古今书籍，与学生们早晚研读讨论，分期作文演说，并教授一些社会必需的常识，以为将来酬世之用。还在辅仁社准备了百十种名人法帖，敦促学生们临摹书写。学生离开辅仁社时，英敛之均会赠予每位同学一封纪念信，作为临别赠言，勉励学生要继续研习国学、不忘传统文化，饱含了对学生们的殷殷期望。

针对当时教会中盛行的"读中国书无用"等怪论，1917年，英敛之抱病作《劝学罪言》和《覆友人驳劝学罪言书》，倡导学习中国语言文字的重要性，他抗议道："本国人不通本国文字，何以接人，何以应事？"言语中，透出了英敛之爱国爱教的真性情。他在《大公报》上还倡导白话文以开通民智，移风易俗。开设《附件》栏，专门以白话文来探讨各种问题，向民众灌输科学知识，达到文化教育的初衷。

在英敛之等人的反复呼吁下，1926年，教宗庇护十一世派美国本笃会在北京创办了天主教辅仁大学，后改称辅仁大学，英敛之任首任校长。1927年，辅仁大学在北京正式立案。

1952年，辅仁大学经院系调整后并入北京师范大学。辅仁大学旧址现为北京师范大学继续教育学院。

爱国爱民，热衷慈善

作为一名爱国天主教徒，英敛之的目光始终关注着国情民生，特别致力于教育和慈善事业，热衷于社会公益活动。借着《大公报》，英敛之针砭时弊，伸张正义，鼓励兴办实业、富国强民，并积极募集善款，赈灾救急。1907年，《大公报》发起募捐赈济江南水灾，得银11469两，此笔巨款全部用于灾区。以后十多年中，英敛之多次做过这类社会公益工作。

"英敛之还主持为一年前遭受水灾的孤儿们建了一座孤儿院。孤儿院叫香山慈幼园。那个孤儿院里出了好几个党的早期领导人。这些孩子是孤儿，没有亲人。他们当中很多人开始读一些进步的书籍，后来成了革命人士。"

1917年，北京和河北发生大水灾，殃及103个县600多万百姓，英敛之在《大公报》主办的游艺大会上天天登台募捐。水灾平息后，200名孤儿无人认领，总统徐世昌便与前清皇室内务府商量，将皇家静宜园拨给熊希龄和英敛之，营建慈善学校。1920年，英敛之在香山设立静宜女学，教学生"学文"，宣传天主教。再后来，英敛之在北京设立了公教大学，后改为辅仁大学，并出任第一任校长。此外，英敛之每年冬天都要募集赈款，在香山开粥厂，赈济贫苦百姓，赢得了广泛的社会好评。

水流云在，名垂千古

英敛之生前亲手书写的"水流云在"四个大字，被人刻于香山顶峰，至今仍在，供后人缅怀。

纵观英敛之的一生，他忠于国家，忠于信仰，忠于教会，思想维新，智勇双全，不辱使命，成为天主教革新工作的先驱。他以满腔热血办报、办学，厉行仁爱，为国家的发展和民族的振兴鞠躬尽瘁，给我们树立了爱国爱教的基督徒典范。

天主教中国化力行者傅铁山

新中国成立后，特别是改革开放以来，中国天主教内涌现一批具有坚定爱国立场并深孚众望的代表人士，为坚持天主教中国化方向勇于探索，开拓进取，积累了难能可贵的成功经验。

傅铁山主教就是这样一位为坚持天主教中国化方向而不懈努力的代表人物。

走出一条适应时代的天主教中国化新路

傅铁山 1931 年出生于河北省清苑县一个贫困家庭，8 岁随父母逃难到北京密云一个天主教徒聚集的小山村，在此接受天主教洗礼。不久，经本堂神甫保荐进入天主教北京教区修道院读书修道，1956 年 7 月 1 日祝圣为神甫。青少年时期的傅铁山经历了日本投降和新中国成立的大事件，耳闻目睹，感同身受，培养了爱国情怀。他同其他爱国基督徒一起，积极参加北京天主教反帝爱国运动，成为青年爱国神职中的优秀代表。1978 年，傅铁山当选为天主教北京教区主教。1979 年，傅铁山被祝圣成为北京教区正权主教。

作为全国改革开放后第一位自选自圣的主教，傅铁山以他丰富的学识和强烈的政治意识，依靠同仁的团结努力与党和政府的全力支持，带领北京天主教高举爱国爱教的旗帜，勇敢探索新时代天主教中国化的新路径，提出了富有建设性的思想理念，为整个中国天主教新时期坚持"中国化方向"提供了"北京经验"。

20 世纪 80 年代末，北京市天主教培养出了第一批爱国爱教的青年神甫和修女，宗教活动场所基本满足了信教群众的宗教生活需求，北京市天主教爱国爱教事业进入健康发展的新阶段。傅铁山主教此时开始关注教会自身发展与国家和社会的关系问题，提出了"中国天主教仍处于'开教阶段'"的主张。他为此做了具体阐述。

第一，要敢于正视旧中国天主教历史。百年殖民教会留给我们的沉痛教训，就是将一个西化的天主教会强加给中国人民。在中国人民完成民族独立解放的斗争、建立新中国之后，天主教上层采取了敌视中国共产党和新中国的政策，再次将天主教置于中国人民的对立面。这个教训我们一定要深刻记取。他多次讲：过去西方殖民主义强加给中国天主教的，我们今天不能当成历史包袱背在身上，更不能当成"法宝"继续唯我独尊。中国教会要洗心革面，"脱去旧我，穿上新我"①，甩掉包袱，轻装前进。

第二，今天中国天主教仍然处于开教阶段。在2001年一次北京神职人员读书班上，傅铁山主教讲到利玛窦在华的传教经验时，再次讲道"今天我们仍然处于开教阶段"。他说，利玛窦来北京的时候，天主教在华已经消失了300多年，当时人们对天主教一无所知，不敢轻易相信它。利玛窦却靠自己的艰苦努力，在北京落脚扎根，建立了北京第一所教堂（南堂）。他的成功之处就在于他坚持天主教与中国文化相融合，与中国社会民情相适应，创立了与中国文化和社会相适应的传教经验。今天，中国天主教仍然处于"开教"阶段，这是因为旧中国百余年的天主教因其被西方政治势力所控制，那种高高在上、脱离国情和社会的"洋教"形象始终难以被国人接纳，与利玛窦坚持的适应中国民情和文化的道路背道而驰。今天的天主教要在国土上立足扎根，就必须重新开始，走一条适应时代的办教新路。

第三，在多次讲话中，傅铁山主教都谈到天主教在新时代"为一切人成为一切"即"中国化"问题，"首先要在政治上坚持爱国爱教，独立自主自办教会不动摇；要树立为全体中国人民服务的大福传思想；要挖掘和发扬信仰中有利于社会发展进步的道德精神，为社会主义社会服务。"

---

① "脱去旧我，穿上新我。"（弗4:24；罗13:14；哥3:10）

傅铁山主教用"新的时空观"阐释自己提出的"大福传"思想。他说，我们中国基督徒要树立新的"时空观"，比如我们身在北京，天主赋予我们在面向 21 世纪的中国首都为国家和社会服务的责任。对于一个首都北京的神职人员，不要眼睛仅盯那点教友，你要知道你也是一名社会公务人员，同样承担着为首都人民服务的神圣责任。我们今天的福传，不是以让人们领洗入教为标准，而是以我们更加爱自己的国家和民族、为那些因受生活挫折和病痛折磨的同胞提供积极有效的帮助为标准。北京天主教的神职人员就是要在爱国爱教事业上，建首善、创一流。

长期以来，傅铁山主教将天主教的中国化建设作为办好教会的重要责任而不遗余力。

与党同心同行

傅铁山主教以深厚的国家和民族情怀、坚定的政治立场，领导和把握着北京市天主教的方向，使北京市天主教成为全国天主教界的一面爱国爱教旗帜。

傅铁山主教不厌其烦地对中青年神职人员和修道生们讲：我们今天要办好教会，最关键的问题是适应社会主义社会，这个适应不是仅仅在文化上，在政治上更要旗帜鲜明地爱国家爱党爱民族爱社会，这个政治立场每个基督徒都不能含糊。他告诫北京的基督徒特别是神职人员，爱国是基督徒的首要责任和义务，只有在政治上同广大同胞一样，与党同心同德，天主教才能得到人民的理解和社会的接纳。傅铁山主教将此作为天主教中国化的政治基石。"天主教徒不爱国，不维护国家利益，甚至要站在人民的对立面，就是自毁长城，就是对天主的犯罪。"

在中国天主教纪念自选自圣主教 40 周年纪念会上的主旨讲话中，他阐述了天主教对国家和社会的政治立场，要求广大基督徒要从旧中国西方殖民者束缚和禁锢的思想观念中解放出来，坚定不移地维护独立自主的政治立场。

他指出："爱祖国，爱人民，是教会神圣的世间使命。我们生活在社会主义制度下，热爱中华人民共和国，热爱中国共产党，热爱社会主义制度，维护中华民族的根本利益，就是中国教会和广大基督徒对'基督之爱'的具体实践。如果说，信仰不分国界，但是信仰者是有祖国的，是属于某个民族的。我们中国教会和广大基督徒是有自己的政治利益的，这个利益相对于其他国家的教会来说，是独立的，而相对于自己的民族来说，又同属于一个整体。作为中华民族的一部分，中国天主教会和信教群众没有自己特殊的政治利益。我们深知，如果我们丧失了本民族的整体利益，那么，中国教会和中国基督徒的利益也不复存在了。近代百年沉痛的教训和 50 年来的成功经验，从正反两方面都有力地证实了这一点。中国天主教会和他的基督徒，'爱国'应首先有爱国之情，有报国之志，有护国之心，有建国之行。'爱国'应表现在'维护国家的统一，维护民族的团结，维护人民的利益，维护法律的尊严'上。'爱国'应表现在真挚而执着的民族情感和强烈的社会责任感上。爱国是无条件的，嫌贫爱富、崇洋媚外不属于基督的品质。将信教与不信教作为爱与不爱的标准，这不是来自天主的，而是与天主的'大爱'背道而驰的。"

20 世纪末苏联解体、东欧剧变，我国天主教界也受到海外一些敌对势力的影响，一些网站出现大量攻击党和政府的言论，再次恶炒"有神无神不可并存"的观点。为了抵御海外敌对势力的干扰和影响，傅铁山主教组织北京神职人员和信教群众集中开展爱国主义教育活动，亲自带领神职人员和爱国会骨干到平西抗战纪念馆参观学习，与参加八路军兵工厂工作的天主教徒抗战老兵亲切交谈，到房山二站村为保护村民被日寇枪杀的赵庆桐神甫墓前敬献花圈。他还将当时几乎全村信仰天主教并参加抗战付出巨大牺牲的门头沟区后桑峪村，批准定为北京市天主教爱国主义教育的"朝圣地"，每年带领神职人员和信教群众前往该村接受爱国主义教育。

"三服务"是天主教融入社会的重要体现

在引导天主教与社会主义社会相适应的进程中，傅铁山主教向神职人员和信教群众提出了"三服务"的要求，即服务大局、服务首都、服务社会。他说，作为北京市天主教的神职人员和基督徒，就是要培养首善意识，首善意识最集中的体现是"三服务"，只有做到了"三服务"，才能真正解决与社会主义社会相适应的问题。"三服务"中的服务大局，就是以高度自觉的政治意识，积极服务国家和首都的政治大局；服务首都就是要按照首都党政要求，围绕首都中心工作，积极发挥天主教优势，为北京经济社会发展做贡献。服务社会就是要以高度的社会责任感，关爱弱势群体，积极参与公益慈善事业，为构建和谐社会做贡献。

多年来，傅铁山主教带领北京市天主教认真承担各种重要政治任务，比如多次协助"一会一团"成功举办自选自圣主教祝圣活动；参与联合国世界妇女大会、亚运会、世界大学生运动会、2008 年北京奥运会等的宗教服务，傅铁山主教还亲自接见"世女会"秘书长、国际奥委会主席，并派神职人员单独给萨马兰奇主席主持弥撒，直接参与推动北京奥运会申办工作，以全国人大常委会副委员长身份参加北京奥运会会徽发布活动等，受到党政领导和国际友人的高度赞扬。

在傅铁山主教的关注和支持下，北京市天主教积极开展社会公益慈善活动，长期参与中国麻风病患者救助事业，关爱弱势群体，赢得社会各界的好评。

在傅铁山主教的影响下，"三服务"意识在北京市天主教的神职人员和信教群众中深入人心，并通过积极的"三服务"，树立了天主教良好的社会形象。

"五个素质"与"五型教会"思想

在推进天主教中国化的进程中，傅铁山主教坚持"培养队伍"和"改造旧教会"两个重要环节，持之以恒。傅铁山主教认为，旧中国天主教会对中国化问题长期坚持消极甚至抵触的态度，而这个教会进入新中国之后，虽然走上独立自主自办教会道路，由过去"洋人"控制变成了中国人自办，但过去已经融入宗教信仰中的大量"西化"的东西仍然在起作用，要完全进行梳理和剔除，非一朝一夕之功。因此，他将重点放在"培养新人新思想"和"改造教会旧观念"上。

20世纪80年代初，北京天主教神哲学院成立。傅铁山主教给神哲学院立下的办院宗旨是：坚持独立自主自办原则，培养爱国爱教、灵修牢固、全面发展的新时代神职接班人。在他的关心支持下，神哲学院将时事政治课、爱国主义教学放在首位。

随着青年神职的增加，傅铁山主教在20世纪90年代提出了"培青工程"，主要针对青年神职修女和信徒骨干，加强整体素质的培养。他要求青年人要具备五个素质：灵修牢固的宗教素质，爱国爱教的政治素质，学识丰富的文化素质，善于处理政教关系的能力素质，身心健全的身心素质。

按照"五个素质"要求，北京市天主教"两会"加大对青年神职和信徒骨干的教育培训力度，创造各种条件，提升他们的整体素质，并鼓励他们在实践上历练提高。

其次，在对教会的宗教礼仪传统和观念的改造方面，以适应新时代国情要求为方向目标，提出了"建设五型教会"的思想理念。傅铁山主教谈到传统天主教的功能作用时指出，过去的天主教会只是一个"圣事型"的教会，只关心信徒的祈祷生活，将主要精力放在教堂举办圣事礼仪上，既不关心教堂之外的社会，也不关心信徒的社会生活。教堂高墙护卫，与世隔绝；信徒与其他同胞格格不入，即使一墙之邻，也老死不相往来。要根本改变这样的状态，就必须打破教会单一"圣事型"的传统，着眼社会的需要，打造社会功能更全面的天主教会。因此，他提出了"五型教会"的主张。"五型教会"包括：在完善适应国情文化的"圣事型教会"基础上，建设利于社会的"道德型教会"、提升理论修养的"文化型教会"、面向社会的"服务型教会"、适应首善之区的"民间外交型教会"。

建设"五型教会"的理念，对中国天主教新形势下坚持中国化方向产生了积极重要的影响。它使众多神职人员受到思想的触动，增强了主动接触社会、服务社会的自觉性，使广大信教群众改变了过去对社会的消极态度，将信仰与建设美好生活有机结合起来。

北京天主教的"五型教会"建设很快收到了成效，在道德建设、社会服务和文化建设上，都取得了明显的成绩。由傅铁山主教直接参与的面向世界的外事友好往来，成就显著，每年有十余万人的外宾接待和大量出访工作，积极宣传国家改革开放成果，以民间外交的优势为国家的总体外交战略做出了积极贡献。

傅铁山主教的"五型教会"思想理念，就是将天主教的基本信仰与当代国情相结合，发挥天主教在社会主义建设中积极作用的重要尝试。

着力推进"民主办教"

20世纪90年代，国际形势风云变幻，以傅铁山主教为代表的中国天主教领导人清醒看到：中国天主教要想在这诸多严峻的政治挑战面前，坚定不移地坚持独立自主自办教会道路，根本的问题是要固本强身，增强自身的免疫力。在党和政府的支持下，中国天主教终于找到了新时期固本强身的"药方"——民主办教。

在20世纪50年代反帝爱国运动中，中国天主教就开始走上了独立自主自办教会、自选自圣主教的道路，建立了爱国会这种适应国情的"民主办教"的组织形式。随着改革开放，宗教活动逐渐走向正常化，爱国组织建设也提上日程。

在傅铁山主教的领导下，北京市天主教爱国会和教务委员会的组织制度建设得以进入快车道，到1996年前后，北京市天主教代表大会就提出了加强"民主办教"组织制度建设的任务，很快出台了一批涉及两会"议事规则"、神职管理的"神父守则"、基层堂区民主管理的"堂务会管理办法"及财务、人事、安保等全方位的制度规章，傅铁山主教带头遵守制度，"两会"督察执行落实制度，很快在北京市天主教上下形成了"民主办教"的风尚。在这种良性运行的制度体制中，教会的所有事情都在北京市天主教两会主导之下，按照相应的制度实行民主管理，每个人都在组织体制内各负其责，并受监督和约束。其中，爱国会还突出发挥了"三个作用"，即政治保障作用、团结教育作用、桥梁纽带作用，为教会"保驾护航"。

傅铁山主教总结了北京市天主教民主办教的经验和体会，他将"民主办教"概括为"集体领导，民主管理，相互协商，共同决策"。在中国天主教"六大""七大"会议上，推出了北京市天主教"民主办教经验"，开始着力推进民主办教事业。

李山主教接任北京市天主教两会主席之后，继承了傅铁山主教民主办教的传统，并进一步完善了民主管理制度。

从北京市天主教的实践经验可以证明中国天主教的"民主办教"制度，既是天主教内部事务管理的组织制度形式，也是中国天主教抵御外来渗透和干扰的组织制度保障。

"五教同光，共致和谐"

傅铁山主教于2003年当选为全国人大常委会副委员长，成为全国宗教界重要的代表人物。作为北京教区主教、北京市天主教两会主席、中国天主教爱国会主席，他在带领北京市天主教和中国天主教爱国爱教事业健康发展的同时，也十分注意协同其他宗教界人士，促进我国宗教团结和睦，为使我国宗教更好地推进中国化进程，以适应社会主义社会的需要，做出了积极努力。2006年年底，拖着病体的傅铁山主教在出席国家领导人与全国宗教界代表人士新春座谈会上，代表宗教界提交了"五教同光，共致和谐"的倡议，建议全国宗教界带领广大信教群众团结一心，与党同心同德，发挥自身优势，为社会主义经济社会发展做出积极贡献。倡议得到国家领导人的积极肯定和赞扬，并得到全国宗教界积极响应。

在傅铁山主教等老一辈爱国宗教领袖的带领下，全国宗教界与广大信教群众团结在党和政府周围，积极参与社会主义建设，营造了爱国爱教的良好局面。

傅铁山主教致力于中国天主教中国化的实践，为中国天主教在新时代坚持中国化方向提供了重要的经验。他之所以以毕生精力致力于中国天主教的中国化，主要是因为他既有坚定的信仰，又有深厚的国家和民族情怀，他将国家和民族利益与天主教的健康发展放在重要位置，他将宗教信仰与国家和民族的需要融为一体。

他将自己对党和国家坚定的信念与对爱国爱教事业的高度责任感结合起来，以党和政府及广大信教群众做后盾，为了国家和民族利益和天主教的健康发展，敢于向海外势力说不，挺直脊梁迎接任何挑战。2000 年，他以团长的身份带领中国宗教领袖代表团参加世界千年和平大会，站在联合国大厦会议厅讲台上，代表中国宗教界发表了《高扬和平的旗帜，维护宗教的纯洁性；提倡宽容与和解，创造和睦共处的环境》的演讲。他早已享誉海外的爱国爱教形象与他铿锵有力的讲话，赢得会场长时间的掌声。

傅铁山主教被誉为杰出的爱国宗教领袖、著名的社会活动家、中国共产党的亲密朋友。傅铁山主教爱国爱教的精神将继续影响中国基督徒，他已成为中国天主教神职人员的典范，激励他们继续为中国天主教坚持新时代中国化方向努力前行。

"本色教会" 倡导者赵紫宸

1888 年 2 月 4 日，赵紫宸出生于浙江省湖州市德清县一个商人家庭，祖父母都是名门子女。但到赵紫宸父母的年代，家道中落，生活拮据。赵紫宸自幼熟读四书五经，在 15 岁时选择入读具有新式教学体制和知识的西式学堂——萃英书院，同年他又转入由美南监理会开办的东吴大学附属中学，几年后考入东吴大学。在东吴读书的初期阶段，赵紫宸一度对基督教很反感。

1907 年，赵紫宸在东吴大学校长孙乐文及外籍人士穆德的影响下受洗成为基督徒，这年他 19 岁。5 年后他带领自己的父母及妻子接受洗礼，加入教会。

1910 年，赵紫宸毕业于上海东吴大学，留校任教，教中学英文、算术、圣经等科目。

1914 年，赵紫宸代表在华的监理会前往美国俄克拉荷马州参加美南监理会总会会议。同年秋季，他进入美国田纳西州梵德贝尔特大学攻读神学，同时研究社会学和哲学。经过三年多的学习，赵紫宸获社会学硕士和神学学士学位，因成绩优异，获创校者奖牌。

1917 年，赵紫宸回国，担任东吴大学教授，1922 年升任教务长，并兼任文学院院长。1926 年他来到北平，担任燕京大学教授，两年后出任宗教学院院长，直至 1952 年，达 26 年之久。

1932 年，赵紫宸到英国牛津大学留学一年。1933 年，出席在爱丁堡举行的国际基督教会议，在会上他以"耶稣与上帝的实际"为题，发表演说。

1941 年，赵紫宸在昆明被按立为中华圣公会牧师。

1941 年 12 月 8 日，赵紫宸和燕京大学多位教授被日本宪兵队逮捕，下狱半年之久。抗战胜利后，燕京大学复校，他也恢复了宗教学院院长的职务，同时兼任燕京大学中国文学教授，主讲中国哲学和陶渊明及杜甫诗篇的研究。

1947 年美国普林斯顿大学纪念建校二百周年，出于对赵紫宸学术成就和学术地位上的肯定，特向他颁授神学博士学位。

1948 年，世界基督教会协进会在荷兰阿姆斯特丹举行第一次大会，赵紫宸当选为六位主席之一。

1949 年 9 月，赵紫宸作为中国基督教界的代表，参加中国人民政治协商会议第一届全国委员会会议。

1950 年之后，在教会的革新酝酿中，赵紫宸作为教会主要领袖之一，提出了一系列教会革新的构想，并积极参加基督教"三自"爱国运动的发起工作，并在 1954 年中国第一届基督教代表大会上当选为中国基督教三自爱国运动委员会常务委员，并任北京燕京协和神学院、南京金陵协和神学院教授。

1979 年 11 月 21 日，赵紫宸在北京逝世，享年 91 岁。

赵紫宸雕像

赵紫宸是一位忠实的爱国爱教者。日寇悍然侵华之后，为支持我官兵抗日，燕京大学的中国教职员抗日会决定自 1932 年 3 月起，按月扣薪慰劳军队，直至战争结束。除募捐外，还想尽一切办法捐献军队所需物资，这些活动赵紫宸都积极参加。1933年春季的长城抗战打响后，燕京大学抗日会发起捐万顶钢盔活动，全校师生积极募捐，到3月中旬，他们将做成的千顶钢盔首先赠与屡战强寇的宋哲元部队，当即收到宋哲元将军的奉谢复电。宋将军表示："杀敌救国，份所应为，所赠钢盔，正应急需，尤足以鼓舞士气。"经过三个月的努力，燕京大学抗日会募集万顶钢盔的活动胜利完成。"七·七"事变之后，燕京大学先后有700多名师生投身抗日斗争。

1941年12月8日，日寇突然将燕京大学20余位师生逮捕入狱。直到1942年6月1日被释放出狱，狱中生活近6个月，赵紫宸坚贞不屈，勇敢面对，出狱后随即写出《系狱记》一书，表现了顽强的民族气节和坚定的信仰心态。

作为燕京大学的知名教授，在新中国成立前夕，有许多人劝他尽快移居海外，但他对新中国、对中国共产党充满信心，当新中国第一面五星红旗升起的时候，他毅然决然留在大陆、留在北京。并且拿起笔来，郑重地给在海外的子女们写信，请他们返回祖国参加建设。同时也陆续给在海外读书的学生写信，告诉他们学业有成之时，回国报效。在赵紫宸的感召之下，女儿赵萝蕤——美国芝加哥大学西方比较文学博士、艾略特著名长诗《荒原》的首位中文翻译者，大儿子赵景心——著名"两航起义"人员，二子三子赵景德、赵景伦是美国大学毕业生，都被他召回祖国的怀抱，参加新中国建设。他的学生们也多有回国任教。在1949年新中国成立庆典后，赵紫宸激动地说："解放，给人民带来好处！"

1950年朝鲜战争爆发后，世界基督教协进会发表文件支持以美国为首的"联合国军"，赵紫宸愤然辞去主席一职，表明了自己的爱国立场与拥护和平的原则。

赵紫宸关心国家大事，对老一辈无产阶级革命家十分敬重，在得到改革开放的信息以后，他表示要以余年为祖国的现代化建设贡献力量。

办"本色教会"

赵紫宸生活在中国社会大变革的时代，经历了清朝晚期的没落，看到过辛亥革命的兴衰，体尝过军阀混战时老百姓的疾苦，也饱受过做亡国奴的无奈。所以在他的神学主张中，特别重视用中国文化来解释基督教，同时也使中国文化通过基督教而发扬光大、达到升华。

20世纪20年代，当社会对基督教众说纷纭时，赵紫宸积极为基督精神价值在中国的贡献作辩护；当社会主义建设高潮掀起时，赵紫宸又号召、动员广大基督徒要积极投入社会，建设自己美丽的家园。赵紫宸认为基督教是主张真理、正义、公平、仁爱的，高尚的人格和品行可以直接或间接改善周围环境。所以，赵紫宸的神学思想和基督教本色化（中国化）的研究是他对社会和教会的重要贡献。

赵紫宸对基督教同工分析说，由于清政府腐败没落，造成中国被瓜分的局面，国家主权受到帝国主义的肆意摆布。基督教在中国的传播与西方国家发动对华战争及一系列不平等条约的签订紧紧地联系在一起，基督教在中国的传播与西方殖民主义的扩张有着千丝万缕的联系。同时大家也看到自1912年以来的"新共和"有名无实，国家和人民大众仍处在生灵涂炭、哀鸿遍野的边缘。没有民族的真正独立，何谈国家和人民的繁荣富强？也不可能有任何宗教的健康发展。

在冷静理智分析之后，赵紫宸和他的同工们一致提出在中国办"本色教会"主张，摆脱帝国主义控制，洗刷"洋教"色彩，走中国教会的独立道路。但新问题也同时出现，即不同人以不同角度提出的具体方法各有模样。对此，赵紫宸指出，当时中国基督教的两重障碍是"基督教组织与思想的不合适"以及"基督教的帝国主义色彩"，而清除障碍的主要途径之一就是收回教权，实现中国教会的独立。他认为，从组织制度方面说，中国的教会必须有独立的建设、自治的主权。从教会自立自主的诉求来看，建立本色教会就是要使教会的领导权转移到华人手中，教会事务也要由中国人自决自理，从而逐渐淡化基督宗教的西方背景。他一直坚持中国的本色教会应脱离宗派主义,并在自养、自治、自传的基础上妥善而又平等地处理中西教会之间的关系。

在赵紫宸看来,中西神学之贯通关键,在于基督教神学精髓与中国思想精华的有机交融、共构一体,这种吸收和结合一定要注意以中国文化的特色和思想为前提。他在《基督教与中国文化》中指出,基督教与中国文化的融合可以表现在四个方面:其一,"天人合一"是中国文化的根本思想,中国哲学从本质上说是关于人生的哲学,在思维方式上与基督教有共通之处。其二,中国文化具有崇尚伦理的倾向,"中国的伦理是孝的伦理;伦理之极致,便成了宗教",而耶稣身为上帝之子为人牺牲的精神与中国的孝理在很大程度上具有一致性,这就要求基督徒应"推广孝义"。其三,中国文化讲求艺术之美,而艺术又是宗教经验的表现形式之一,中国的诗书建筑特别注重传神,特别富有与宗教相类的意义,因而主张基督教"必要在美艺上有贡献"。其四,中国文化的神秘经验实则构成了宗教存在的基础,所以"基督教在中国人心中实在已有精神上的根基"。赵紫宸认为中国文化的以上特征是基督教中国化的基础和前提,它使异质文化具备了对话的可能,由此产生出"中国的基督教"。

赵紫宸这些中国基督徒知识分子在致力为中国寻索富强之路的同时,也试图在基督教信仰与中国文化之间创造出一个能为中国人所理解和接受的方案。

1950 年 5 月,中央政府政务院总理邀请 19 位基督教领袖座谈,赵紫宸位列其中,他为基督教在新中国的发展方向提供了理论依据,他为"三自宣言"提供了极大的思想支持。他坚决拥护中国共产党的领导,热爱祖国,除出席第一届全国政协会议之外,还担任多届北京市政协委员、常委。

以中国传统文化思考基督教神学

赵紫宸深感基督教与中国文化结合的成功在于其"神似",而这种"神似"

则要依靠神学思想来促成。他为此指出，中国基督教最弱的部分是教会本身，教会最弱的部分是教义神学。

在神学研究中，赵紫宸用中国传统文化的实存来思考基督教神学，同时又以基督教的理想来关注中华民族的社会政治和思想文化命运。他广泛吸收外来文化的营养，又以中国传统文化为根。他深受西方各种哲学和神学流派的影响，同时以其独特的思考和整体的把握来做取舍，充分理解并包容这些神学发展的新动向、新思潮。

赵紫宸强调中西神学的沟通与结合不能靠机械的对号入座来实现，而应以"灵明接近"来"求通贯"，达到"心情忽启，神与天游"之境地。他看到西方的教会组织制度不适合中国的处境，就郑重地指出当由中国信徒去改造、去创作。当西方传教士离开之时，他主张革新改造，认为要认清三件事：西方传教士在中国的位置，如何创作中国教会的路径，着重那些重要事工，由此推动基督教界对"三自"的认识、思考、确认和实施。当有些人把传统文化当作保守思想全部加以摈弃的时候，赵紫宸认为至关重要的是精神价值的保存和人心的重建。

赵紫宸在诗歌、戏曲及书法艺术方面都有很深的造诣，多才多艺，是中国基督教不可多得的栋梁之才，400 首赞美诗中有很多篇是他翻译或创作的。他对苏东坡、辛弃疾、陶渊明、杜甫等的古诗词颇有研究，而且擅长写旧体诗。1938 年，他出版了诗集《玻璃声》，其中收录旧体诗 303 首、词 136 首，还收录了 1922 年以后创作的白话诗 21 首。此后他又创作诗歌 3000 余首。他的主要著作有《基督教哲学》《耶稣的人生哲学》《耶稣传》《从中国文化说到基督教》《神学四讲》等。现在，他的大部分作品收入商务印书馆和宗教文化出版社出版的五卷本《赵紫宸文集》和《赵紫宸圣乐专集》中。

赵紫宸从来不拒绝新的事物和思想，勤奋阅读马克思主义经典著作，如《神圣的家族》《社会主义从空想到科学发展》等。他自修俄文，掌握了 7000 余词汇，可以翻译一些文字资料。

赵紫宸是20世纪中国一位具影响力的神学家、神学教育家、作家、诗人，是著名的中国基督教三自爱国运动的发起人和坚定的践行者。

"三自运动"发起人吴耀宗

吴耀宗（1893—1979），广东顺德人，中国基督教三自爱国运动发起人，被称为爱国爱教的典范。历任中国基督教三自爱国运动委员会主席，中国人民救济总会副主席，第一、二、三、四、五届全国人大常委会委员，政协第一、二、三、四届全国委员会常务委员。

吴耀宗出生在广东一个木材商家庭，少年时期被家人送入当地的新式学堂"育才书舍"接受启蒙教育。15岁只身离开家乡广东，来到北平税务专科学校学习，1913年以优异的成绩毕业，随即在海关总税务司署工作8年。这期间他受朋友影响开始阅读《圣经》，常去教堂和北平基督教青年会参加活动，之后他笃信基督教，并于1918年在北平公理会教堂接受洗礼成为基督徒，时年25岁。

1920年，吴耀宗毅然辞去海关的"金饭碗"工作，参加北平基督教青年会工作，担任学校部干事。1924年，受青年会派遣赴美国纽约协和神学院及哥伦比亚大学攻读神学、哲学，获硕士学位。1927年，34岁的他回国，先后担任中华基督教青年会全国协会校会组主任、出版部主任、青年协会书局总编辑等职。这期间他翻译出版了印度《甘地传》，主编《生命》《真理》等杂志，创作、发表或编辑大量文章，如《基督教和新中国》《黑暗与光明》《科学的宗教观》（译著）《社会福音》《北行感想》《青年丛书》《基督教丛刊》《天风周刊》《大时代的宗教信仰》《没有人看见过上帝》《基督教讲话》等500余篇。

在北平基督教青年会工作期间，吴耀宗受基督"大爱"的思想影响，成为"唯爱主义者"，发起成立中国唯爱社，任主席。他赞成和平主义，主张依靠非暴力方法改良社会，反对任何方式的武力，是印度圣雄甘地和托尔斯泰思想的追随者。他自己的体会是：为大众利益，个人的价值可以完全牺牲。

1931年"九·一八"事变和1932年上海"一·二八"事变爆发后，吴耀宗的内心受到极大震动，他说："侵略者的炮声，把我炸醒了。"他亲眼看到了日本帝国主义悍然发动对中华民族的侵略战争，也亲眼目睹了十九路军将士奋起还击的英雄壮举，他说这是"丈夫之气"，称之为"最高尚、最有效的行动"。他以坚毅的品格和精神投入抗日战争中，参加沈钧儒组织的全国各界救国联合会、陶行知组织的国难教育社、宋庆龄组织的保卫中国同盟等，不畏艰难，不怕牺牲，为救处于危难之中的中华民族努力奋斗。

1949年9月，吴耀宗以宗教界代表身份出席中国人民政治协商会议第一次全国会议，被选为全国委员会常务委员。中华人民共和国成立后，担任中央人民政府政务院政治法律委员会委员、中国人民救济总会副主席等职。

1950年，吴耀宗发起中国基督教三自（自治、自养、自传）爱国运动，同年7月发表《革新宣言》，动员基督教教会和团体同帝国主义割断联系，独立自主，自办教会。1954年中国基督教"三自"爱国运动委员会成立，被选为主席。他是一位爱国人士，从第一届全国人民代表大会起，一直担任全国人大常委直到1979年去世。

将学习、探索、救国视为自己的使命

吴耀宗一生经历过近代中国的几次重大社会变革，从清朝封建王朝的最后时代、辛亥革命到军阀混战时期，经历五四运动和新文化运动；从日本帝国主义发动侵华战争到抗日战争的全面胜利，经历国民党统治下的内战和腐败阶段，直到共产党领导人民翻身解放，建立新中国。他始终以基督徒的正直、善良、公义分析看待社会的发展变化，他痛恨邪恶，爱憎分明，拥护中国共产党，做中国共产党的挚友。

1920年，吴耀宗和一些北平青年基督徒组织了一个社团，命名为"生命社"，并定期出版《生命》月刊。1923年，吴耀宗、吴雷川、刘廷芳等人

又成立了"真理社",出版《真理》周刊。两个社团的成员多有交叉,后又合并成一个社团,刊物叫《生命真理》。他们学习古今中外的经典和社会经验,寻找探索富国、强国的真理,意识到没有国家的主权的独立,就不可能有国家的繁荣富强,也不可能有独立的中国基督教会。帝国主义和殖民主义者利用基督教危害中国和中华民族利益,直接影响中国基督教的发展。摆脱外国势力控制,反对不平等条约,走中国教会自立的道路才是必由之路。这是当时吴耀宗等基督徒知识分子的思考,在此后的岁月中吴耀宗先生也一直朝这个方向努力。

吴耀宗在教会服务社会的工作方面也身体力行,他用业余时间到位于北京西四丁字街的缸瓦市教堂担任义务英语教员,免费帮助学生或社会人士提高英语使用能力。有些时候他还参加教堂组织的其他大型服务活动,将"服务于人"的精神表现在实际行动中。

"九·一八"事变之后,日本帝国主义加紧侵略中国。吴耀宗等基督教爱国人士在民族危亡关头表现出强烈的爱国之心,他召集青年会的干事们讨论抗日工作,决定发起不合作运动,并亲自起草了一封公函,提出:"不购日货、不乘日船、不存款于日本银行、不用日本纸币、不登日本人广告、不与日本人发生个人及团体关系。"

1936年,吴耀宗应美国青年会和太平洋宗教学会的邀请,赴美国44所大学演说123次,听众达2.5万人次,向美国青年学生讲述中国问题,揭露日本帝国主义的侵略罪行,呼吁美国人民及国际社会对日本进行制裁。

1937年,"七·七"事变后,北平沦陷,日本基督教教团组织随侵华日军来到华北,企图控制中国基督教会。中华基督教青年会、女青年会发表《告全国基督徒》文告,强烈谴责日本侵略暴行,主张以武力抵抗日本帝国主义的侵略,为中国的抗战赢得国际舆论的支持。号召基督教界应身先士卒,进行抗争,宣传抗战,救护伤兵、收容难民,呼吁国际组织对日军的侵华行径加以干涉。

抗战期间，吴耀宗多次与周恩来等中共领袖会见。1938年5月，周恩来与吴耀宗在汉口首次会晤，彼此交谈一个多小时，涉及的内容和范围也很广，周恩来向他分析了全国抗战的形势，论述了国共合作及中国革命问题，还说到中国共产党对宗教信仰问题的态度。周恩来指出，马克思主义是无神论者，但提倡信仰自由，并愿意与宗教界合作，共同抗日。周恩来的诚挚和细致分析，使吴耀宗对中国宗教界光明前途充满信心。

后来，周恩来分别于1941年12月和1943年5月在重庆等地会见吴耀宗，进一步向他阐释了中国共产党的宗教政策和统战政策。吴耀宗也与董必武、叶剑英等中共其他领导人有过接触和交流。通过与周恩来等共产党人的交往，吴耀宗加深了对中国共产党的了解。因此，吴耀宗选择与共产党真诚相待，成为宗教界爱国爱教、团结抗战的一面旗帜。

14年的抗战中，吴耀宗看到社会各党各派各类人物的各种表现。以蒋介石为首的国民党政府节节退让的行动，让他非常失望。对于抗战，吴耀宗不仅身体力行，而且带动他的家属参加抗战活动，他还积极鼓励好友、同事、青年、一切有能力的人，支援抗战机构，共赴国难。那时全国基督教界先后成立了"非常时期服务委员会""战事服务部""军人服务部""国难救济会"等组织，同时对伤残军人家属尽力抚恤。经过全国人民万众一心、浴血奋战，抗战最终取得胜利。

发起基督教三自爱国运动

1949年1月，北平和平解放，紧接着全国各地陆续传来解放的捷报。同年，受中共中央之邀，吴耀宗参加新中国第一届政治协商会议，在会上他建议把"信仰自由"写入《共同纲领》。他感慨地说："我们宗教徒能够参加新中国建设的伟业，是一件荣幸的事，也是一件愉快的事。我们要用尽我们的力量，把宗教里面的腐恶的传统和它过去与封建力量、帝国主义的联系铲除。我们也要把宗教的积极的作用发扬光大。追求真理，服务人类，是一切高级

吴耀宗在第一届全国政协会议上发言

宗教的共同目标。拥护世界和平，为共同目标的实现而奋斗。"

1949 年 10 月 1 日，中华人民共和国成立，各项建设工作也有条不紊地开展。靠坚船利炮进入中国的基督教等"洋教"如何在新中国社会主义事业中生存与发展，亲美、崇美、恐美、恐共思想和情绪在教会蔓延，这些问题进入吴耀宗的思考中。他与身边的基督教领袖们商讨对策，走访基层群众，写出《关于基督教团体之登记》《关于占领教会房屋之处理办法》《关于信仰自由之各种规定》《关于设立中央宗教机构问题》等调查报告，向中央政府汇报，寻求解决办法。

1950 年 5 月 2 日至 13 日，时任政务院总理的周恩来先后三次组织基督教 19 位代表进行座谈，最后一场座谈会谈了一个通宵。会后吴耀宗说："当我把基督教二十几年来所提倡的自治、自养、自传的理想告诉周总理的时候，他不但表示赞同，也表示赞许，认为这是基督教今后必须遵循的途径。"

座谈会后，基督教领袖筹划并起草了表达中国基督徒政治立场的宣言，经广泛征求各教派领袖的意见后，又进行了八次修改，最后以吴耀宗为首的40位基督教领袖签名作为发起人，于1950年7月28日发给全国1000多位教会负责人，征询他们的意见和态度。到当年8月底，共收到1527位的签名。

1950年9月23日，《中国基督教在新中国建设中努力的途径》及1527个名字正式在《人民日报》头版发表，并为此配发社论《基督教人士的爱国运动》。社论表示"欢迎基督教人士所发起的自治、自养、自传运动"，认为"这是基督教人士应有的使中国基督教脱离帝国主义影响而走上宗教正轨的爱国运动"。

1951年3月5日，中共中央发出《关于积极推进宗教革新运动的指示》，要求各级党和政府积极领导、支持三自运动，明确"任何宗教的管理权应一律确实归中国人掌握，不容任何外人操纵"。4月，政务院文教委员会宗教处召开处理接受美国津贴的基督教团体会议，成立了中国基督教抗美援朝、三自革新运动委员会筹备委员会，吴耀宗任主席。到1953年9月，签名拥护"三自"原则者达40多万，占基督徒总数60%以上。

1954年8月，中国基督教三自爱国运动委员会在北京灯市口教堂成立，吴耀宗为主席。自此，吴耀宗以极大的热忱继续参加新中国的建设，与党和政府同心同德，相向而行，做教会与社会之间的桥梁和纽带。

改革开放以后，教会活动得到恢复，高龄的吴耀宗先生心情激动，在1978年2月的第五次全国人大会议上，就宪法中有关宗教信仰自由的条款提出了进一步完善的修改意见。

三自爱国旗帜在中国基督教会已深深扎根，基督教中国化也成为全体爱国爱教人士的努力方向。如今国旗、宪法和法律法规、社会主义核心价值观、中华优秀传统文化进入宗教活动场所已成为共识。

典型事迹

古代文化长城云居寺再度辉煌

北京房山石经山云居寺所在，原属古幽州白带山。它峰峦秀拔，林木葱茏，俨若天竺，人称小西天。隋朝大业年间，一个布衣粗服的僧人来到山中，他手起锤落石开，铿锵的凿石声在寂静的山谷中回荡。绵亘千余年凿刻石经的历史，从此拉开了序幕。此僧人便是静琬。

云居寺山门

静琬凿刻石经，是师承北齐南岳天台宗的先驱者慧思大师的遗志。中国佛教史上经历了"三武一宗"法难。慧思处在第一次法难刚刚过去的时代。北魏太武帝拓跋焘（408—452）是第一次"灭佛法难"的制造者。他初时敬重僧人，常于佛浴日亲临御门，观散花诸法礼。后转信道教，尊道教为国教，自封"太平真君",逐渐排斥佛教。约于太平真君五年(446),以长安(今西安)寺院内藏兵器、窟室藏匿妇女(实为郡牧富户为防战乱而将家眷避匿佛窟)为由,下令毁寺、灭佛、杀僧。在短短的五六年中,北魏军队四处烧掠佛寺,坑杀僧尼,佛经、图像、雕塑以及土木宫塔莫不毕毁。佛教传入中国后蒙受到第一次暴力摧残。

鉴于这一法难,慧思深恐历史重演、大法湮没、佛经涂炭,乃发愿刻佛经于石,秘封岩壑之中,保存于世。时隔百余年,北周武帝酿成的第二次法难又接踵而至。北周武帝宇文邕(543—578)一度热衷佛教,积极建寺度僧。曾造释迦锦像,高达一丈六尺。又建立官方宗教研究机构"通道观",召集臣僚讨论释、道、儒优劣。后在道士张宾、卫元嵩的煽动下,轻信当时社会上流传"黑衣人"将夺帝位的谣言,乃提出佛教"三不净"说:一是释迦牟尼出家前曾娶妻生子,是为"主不净"(即"佛主不净");二是佛教一些经、律、教义中有允许僧人吃肉之律,是为"教不净";三是佛徒僧众派系如林,互相攻讦,是为"众不净"。宇文邕声称"主、教、众俱不净,故应除之",遂下令禁毁佛教。致使北周境内官私佛寺,统统充作公产,赐给王公为宅居;二百万释子强令还俗,皆复军民;三宝福财,簿录入官;佛经、佛像荡然无存。577年,北周武帝又灭了北齐,没收北齐境内佛寺四万座,强令还俗僧众达300万。佛教在北方遭到第二次毁灭性打击。慧思宏愿未酬,饮憾而寂。

面对两次法难和慧思大师的遗愿,幽州智泉寺僧人静琬发愿以自己毕生精力,刻大藏经于石,以便"永留石宝,劫火不焚"。静琬广募众缘,发起了这项史无前例的刻经事业。离智泉寺不远的白带山盛产石质精美的艾叶青石和汉白玉,静琬决定在此取石刻经。他在峭壁开凿洞窟,凿石为板,终日刻经不辍。刻好的经板置于洞中,洞满之后,再用巨石堵门,以铁水浇铸,牢固异常。山上共有九个藏经洞,分上、下两层,掩映在苍松翠柏之中。最先由静琬开凿的是雷音洞,又称华严洞,洞外有汉白玉石栏杆围护,洞顶有巨石为檐,洞内宽敞如殿堂,四壁嵌有146块隋和唐初刻制的石经板,四根八角形石柱支撑中间，柱上满雕佛像，共 1086 尊，故称"千佛柱"。洞门额楣上有静琬于唐贞观二年和八年两次刻经题记，记载了静琬曾亲手镌刻了《华严经》一部、《大涅槃经》一部。至唐贞观十三年，静琬去世时，他和弟子共刻制了石经 129 部。其后，他的门人玄导、仪公、惠暹、法玄等继续他未竟之事业，"凡五代不绝"。唐开元十八年（731）唐玄宗八妹金仙公主"奏圣上，赐大唐新旧译经四千余卷，充幽府范阳县为石经本"。此后，刻经事业得到皇宫的扶持，以更大的规模发展起来。隋唐两代共刻石经 4000 余片，均封存于石经山上的藏经洞中。

唐末五代，因战乱刻经事业曾一度中断。辽金时代，朝廷积极复兴石经山的刻经事业。在辽代，初始于圣宗（1101—1122），其后兴宗、道宗各代均十分热心于此。金灭辽后，石经山的刻经仍在继续，约刻经数十种。元朝以后刻经事业逐渐衰落，直到明朝末年才最后停止。这一史无前例的刻经事业，开始于隋大业初年，终止于明崇祯四年，前后历经隋、唐、五代、宋、辽、金、元、明共 12 个朝代，僧俗学者和刻石工人前赴后继，付出了艰苦卓绝的劳动，共刻佛经 1000 余种 3000 余卷，为后世留下了一部石刻的佛教大藏经。它的数以万计的石经板，不啻我国佛教典籍的石书库，也是历史留给我国人民的一份珍贵的文化遗产。1954 年印度总理尼赫鲁访华时，曾向周总理提出，

云居寺石经地宫内景　　　　　　　　云居寺石经板

以一两黄金换一两石头的价格，购买部分石经，被周总理婉言谢绝。

当年静琬在刻经的同时，于山峦间的小盆地中（今房山南尚乐乡水头村），修建了云居寺。据史料记载，隋朝大业年间，该处始有西域寺。唐贞观四年（631），一场罕见的山洪将众多古树冲到盆地中。静琬便利用这些现成的木料营建了云居寺。

云居寺分上寺、下寺两处。上寺由九个藏经洞和最初的殿宇僧舍组成，位于海拔450米的石经山上。去往藏经洞没有大道，只能沿着弯曲的羊肠小路，时而跨过沟壑，时而踩着依山开凿的石阶向上攀登。行至一个平台前，可看到两块竖立的明代石碑，分别是明万历二十四年的《石经寺施茶亭碑记》和天启三年的《小西天施茶亭新建记》。此处有施茶亭的基础遗址，是游人登山小憩之处。继续沿石阶上行，便可到达上寺。下寺即是静琬于贞观四年营建的云居寺，背后以朱山为依托，对面以白带山（又称石经山）为屏障。寺院中路的五大院落六进殿宇均依山势而建，层层拔高，雕栏次登，重檐巨刹，钟磬铃铎，十分壮观。有天王殿、毗卢殿、大雄宝殿、文殊殿、释迦殿，最高处是大悲殿。两旁建有配殿、禅房、客舍、仓库等，整座寺院规模宏大，气势不凡。

寺院附近，有唐、辽时期修筑的佛塔十余座。唐塔，有明确纪年的五座，均为石塔，其中四座位于寺院北侧，高3米许，平面为方形，塔身正面有尖拱形塔门，内为佛龛，浮雕佛像，塔身以上有七级石檐，外壁刻有纪年铭文。在寺外石经山五台峰顶，有唐开元二十八年建立的金仙公主塔一座。金仙公主曾对云居寺奏赐经本并施田亩，使云居寺得到唐朝皇室供奉。辽金时期在寺院南侧挖掘地穴，放置石经板一万余块。辽天庆七年，在穴旁修筑压经塔，即云居寺南塔，这是一座八角形11层密檐式砖塔。与南塔对峙的北塔，又名舍利塔，是云居寺现存最完整的一座辽代砖塔，与南塔外形结构迥然不同。塔高约30米，基座各面包砌浮雕，塔身二层，锥形顶，每层回檐下都有砖雕仿木结构斗拱。塔身以上有一层须弥座，座上是圆形覆钵，再上为圆锥形九重相轮，最高处为宝珠塔刹。这种下如楼阁，上加覆钵和相轮的形制，是辽塔中罕见的，故有人推测，此塔上部可能为元明时代所补修。在石经山上，还有辽代通理大师于大安九年为云居寺创始人静琬法师建立的舍利石塔一座。这些佛塔与云居寺交相辉映，更添神趣，是研究唐、辽佛学及建筑艺术的珍贵实物。

云居寺塔院

唐、辽以来，石经山云居寺愈加为世人瞩目，瞻礼者络绎不绝。至佛诞日，远近香客云集，以至进山道路壅塞。每逢上元，燃灯供佛，辽代最盛，民户组织"灯邑"，邑民各捐钱财购买灯烛，环置塔上，昼息夜燃，持续三日，夜幕降临，塔身通明，甚为壮观。清代，乾隆、嘉庆等皇帝都曾来此朝佛。云居寺声名日振，香火更旺。

卢沟桥事变后，云居寺及周围佛塔遭日军洗劫，后又被日军飞机轰炸。凝聚多少代人心血的云居寺，到北京解放时，已是一派残破败落景象，除北塔尚存外，寺院已不复存在。

嘉庆御碑

新中国成立后，政府十分重视石经山云居寺文物古迹的保护和研究。中国佛教协会从20世纪50年代后期开始，对云居寺进行全面的发掘，并陆续对发现的石经进行拓印。1957年夏天，将南塔遗址下的地穴打开，发掘出辽金时代镌刻的各种经板、碑刻万余块。这些经板虽埋藏千年之久，仍保存完整、字迹清晰。到现在，共发现挖掘出石经1.5万多块。中国佛教协会用了3年多的时间，将全部石经进行了拓印，共获得拓片近3万张，保存在西四的广济寺内。1985年4月开始，北京市人民政府和房山县人民政府联合集资修复云居寺。寺内殿宇正按原建筑式样重建，目前已初具规模。同时陆续创建、扩建石经库，改善保存石经的条件，并修建石经展室，陈列部分石经和拓片供中外宾客观赏。

国之重宝云居寺，吸引了无数参观者。人们为静琬发起的千年刻经事业所震撼，如此之巨大的工程和百折不挠的精神，在世界民族史和文化史上，实属罕见。云居寺出土的石经中保存了不少现已失传的佛教经典，因此而弥足珍贵，被认为是继秦始皇兵马俑之后的又一世界奇迹。

20世纪90年代，一部木板大藏经的入藏，为云居寺又添珍宝。这是一部《乾隆版大藏经》，又名《龙藏》，是清世宗胤禛（雍正）发起雕造的。雍正皇帝自幼博览群书，对佛法倾心膜拜，自号"圆明居士"。他因为明永乐年间于京师刊行的《北藏经》"尚未经精密之校订，不足为据"，乃发愿重刻大藏经。于雍正十一年（1733）设"藏经馆"于北京贤良寺，命和硕庄亲王允禄总理其事。开雕不久，雍正皇帝便辞谢人世，继位者乾隆皇帝续举盛业，至乾隆三年（1738）十二月十五日工程告竣。前后费时达4年之久，共雕造经板近8万块，总重约400吨。经板选用上等梨木，近8万块经板无一拼接或有结节，是我国最后一部官刻大藏经。经国家文物鉴定委员会确定为国家一级文物，是货真价实的国宝。然而200多年来，由于人为和自然原因，这套经板有三分之一部分遭到不同程度的损坏和缺失。如乾隆三十年（1765），乾隆皇帝下令撤去明代遗臣钱谦益撰的《大佛顶首楞严经蒙抄》一种，毁板660块，理由是钱谦益在清军南下时，起初扬言要做明之"孤臣"，而清军一到，他却率先出降。乾隆以其"大节有失，实不足齿于人类"，撤其书毁其板。

面对经板损坏、缺失和底本不全等种种困难，中国文物出版社派专人遍访全国名山大寺数十家，历经艰辛，努力配补了一套完本《龙藏》做工作底本。由于经板过去几经搬动，相当数量已散乱无序。文物出版社费时七个月，对几万片经板逐一清点登录，重新排序。重新整理出的经板占了满满一个农家场院。在此基础上，又将糟朽之木板千余块剔除，根据寻找到的底本补板约2.4万块，补刻文字4万余，使几经损毁的724函《龙藏》按原书的内容和册次再成完璧。皇皇巨著，蔚为大观。如今，这部木雕大藏经已由北京市文物局和房山云居寺验收，并放入云居寺保管。继静琬的石刻大藏经之后，云居寺又以木雕大藏经而再度辉煌。今日的云居寺，是首都北京的一处名胜古迹，也是中华文明的骄傲，人们把它誉为古代文化长城。

灵光寺佛牙舍利的保护与新生

　　灵光寺位于京西八大处，始建于唐代大历年间，初名龙泉寺，辽代曾扩建，金代改叫觉山寺，明代成化十五年重修后称为灵光寺，此寺名一直沿用至今，是一座拥有1000多年历史的汉传佛教寺院。

　　辽道宗咸雍七年（1071），丞相耶律仁先之母郑氏为供奉佛牙舍利建造了招仙塔。据清代《日下旧闻考》载："寺后有塔十层八楼，俗称画像千佛塔，绕塔基有铁钉龛十六座。塔西有井泉，深广约五尺余。"清光绪二十六年（1900），灵光古刹毁于八国联军炮火。后经长达23年鼎力重建才得以再生。在重建灵光寺清理辽塔塔基的过程中，从瓦砾中发现一石函，内有沉香木匣，匣上有文：释迦牟尼佛灵牙舍利，天会七年（963）四月廿三日记，善慧书。主持重建工程的圣安和尚当众打开木匣，果然看到一颗佛牙，众僧大喜，遂将佛牙舍利供奉于灵光寺，成为镇寺之宝。

法献西行与佛牙舍利的传入

　　"舍利"本意是坚固子。古代人为了区分，在翻译的时候直接采取了直译方式。广义的舍利包括生身舍利和法身舍利。生身舍利指从佛陀肉身遗留下来的舍利，非一般遗骨。法身舍利指佛经，即大小乘一切经典，为精神所组成。此处"舍利"特指佛祖的灵骨。佛牙舍利指的是释迦牟尼入灭后留下的牙齿舍利。

　　据佛教经典记载，佛陀入灭荼毗以后，其弟子获得舍利八万四千余颗，分由八国国王请去供奉，后来逐渐被请到官方或者民间寺院供奉。南北朝时，建康（今南京）有一位僧人名叫法献，据《高僧传》记载，法献俗姓徐，西海（今内蒙古额济纳旗一带）人，他从小就受到佛教的熏陶，受法显、智猛、宝云等高僧西行求法故事的影响，立志要舍身西行瞻仰佛陀圣迹。《高僧传》评价他："博通经律志业强悍。"元徽三年（475），法献从建康出发，沿长江而上，穿越巴蜀，路出河南，道经芮芮，到达于阗，可谓历尽千辛万苦。于阗地理位置重要，在联系东西方文明、传播佛教文化方面起着重要作用，也算是佛教圣地。法献到达于阗以后，由于道路不通，不能继续前往天竺，却意外获得15枚舍利和佛牙舍利一枚。《法苑珠林》记载：有一僧于密室之中，出铜函一枚，手授先师，曰："此函有佛牙，方一寸、长三寸，可将还南方，广作利益。"先师欢喜顶受，如睹佛身。此僧又云："我于乌缠国取此佛牙，甚为艰难。又获铜印一枚，国王面像，以封此函。"他很快将获得的佛牙带回建康于上定林寺舍利阁，秘密保存起来。法献虽未如愿到达天竺，但回到建康以后，他严守戒律，"律行精纯，德为物范"，被齐武帝封为"僧主"。法献圆寂后，他的学生一代高僧僧祐为他修建了墓碑，名士沈约为他写了碑文。法献作为佛教律学大师，对南北方佛教产生了重要影响，特别是他不畏艰险西行求法对东西文化交流做出了贡献。

灵光寺佛牙舍利在中国佛教史上的传承脉络

中国佛教史上，汉地有关佛牙的记载很多，佛牙的来历有着种种传说，关于灵光寺的佛牙舍利，一般采用法献西行说。法献获得佛牙舍利以后，传给了自己的弟子。梁武帝普通三年（522）正月的一个夜晚，忽有一伙穷凶极恶强人，明火执仗，以搜寻家奴为借口，强行敲开上定林寺门，闯入舍利阁，将舍利抢去，舍利一时下落不明。

陈武帝永定元年（557），陈朝开国皇帝陈霸先宣布找到了这枚佛牙舍利，并隆重举行佛教布施僧俗的无遮大会，陈霸先亲自出来向佛牙舍利朝拜。据传，这颗佛牙后来流转到摄山庆云寺僧人慧兴手中。后来，慧兴交给弟子慧志保存。于是，慧志就把这颗佛牙舍利交给了陈霸先。在隋灭陈后，佛牙又从建康经扬州转到长安（今西安），供奉于禅定寺。到了唐朝，佛教在统治阶级的大力提倡下更加盛行，佛牙受到了空前的尊崇。唐德宗贞元十年（794），特地新修大庄严寺释迦牟尼舍利宝塔，将舍利供奉其中，一时香火隆盛，各地佛徒无不前来顶礼膜拜，佛牙更加声名大振。大中七年（853），唐宣宗李忱亲自到庄严寺朝拜佛牙舍利，成为轰动一时的盛事。黄巢起义爆发以后，唐僖宗从长安仓皇逃出时，仍然不舍丢掉这枚佛舍利，又将它带到了四川。后唐时落入成都，成都尹孟知祥也就是后来的后蜀创建者，特派 5 位僧人，将这枚佛牙舍利作为生日礼物献给了后唐明宗李亶。佛牙舍利又从四川成都转到河南洛阳。后晋天福三年（938），洛阳左右街僧录可肇等人又将舍利带到当时的汴京（今河南开封）。后晋开运三年（946），契丹攻入汴京，将舍利抢到真定（今河北正定），后落入北汉僧人善慧手中。当时北汉和辽关系很好，而与后周、北宋为敌。北汉天会七年（963），在北宋多次讨伐北汉的情况下，僧人善慧将此舍利又携至辽京城燕京（今北京）。辽道宗咸雍七年（1071），辽宰相耶律仁先的母亲燕国太夫人郑氏特地在北京翠微寺建造了一座 13 层高的八棱塔——招仙塔，将这粒舍利供奉其中。这枚舍利在招仙塔里安然度过了 830 多年。

佛牙舍利塔的重修

1900 年，八国联军入侵北京，炮火将这座古塔轰毁。邻近的灵光寺僧人在整理宝塔瓦砾时，从塔基下挖出一石函，函中有沉香木盒子，盒子上有善慧手题的"释迦佛灵牙舍利""天会七年四月廿三日"等字样和梵文经咒，匣内有舍利一枚。原来当初建塔时，是将舍利深藏于塔基之下，故得以安然无恙。这颗舍利自传入中国后，历经十余朝，辗转了大半个中国，历遭厄运，度尽劫波。新中国成立后，佛牙舍利受到了政府的保护和妥善安放。1955 年，中国佛教协会将佛牙舍利迎请到广济寺舍利阁供养，1957 年在西山原招仙塔旧址重新建起灵光寺 13 层舍利塔，将舍利供奉其中。

佛牙舍利塔在厅堂正中有赵朴初所题"佛牙舍利塔"五个金字匾额，塔内设七层殿堂，底层有一暗室，四周墙嵌石刻题记和经文，并有1960年佛诞日赵朴初所写的《重建佛牙舍利塔记》：

　　北京西山灵光寺之西，故有辽塔名招仙，俗名画像千佛塔。清季庚子之岁，帝国主义八国联军入犯，塔毁于炮火后，寺僧扫除瓦砾得石露盘，有文云：大辽国公尚父令公丞相大王燕国太夫人郑氏造，咸雍七年八月日工毕。旋于塔基获一石函，启视有沉香匣，内贮佛牙舍利一颗，匣上题曰释迦佛灵牙舍利，天会七年四月二十三日记，善慧书。遂奉而藏诸寺案。辽史《道宗本记》咸雍七年八月置佛骨于招仙浮图，其时日与露盘刻文正合，造塔之燕国太夫人郑氏，盖辽相耶律仁先之母，辽史《耶律仁先传》可考题匣之善慧乃北汉僧人，宋初受宣秘大师赠号名，见《补续高僧传》。至于天会七年，则北汉刘氏年号，相当于公元九六三年，盖佛牙舍利初在北汉，后至辽京，咸雍入塔，上距善慧题匣之岁，殆百有余年，既闭迹于支提，遂潜光于忉利，八百三十年后，乃重于人间，复以遭世多难，深藏密护于诸寺之中而罕为世知者，又五十年矣。解放以还剥极而复，在中国共产党宗教政策光辉照耀下，名山古刹、佛窟法藏，昔之任其湮没倾颓，盗窃破坏者，今皆出榛莽而复旧观，盛庄严而增美奂，中国佛教协会成立，遂于一九五五年具礼恭迎佛牙供奉于广济寺舍利阁，自是香华日继，遐迩踵至，尘镜衣珠复得曜显其光彩。是年十月缅甸联邦专使来华，请奉佛牙舍利周莅缅土，至则举国倾动，奔走顶礼，唯恐弗及，缅甸总统致辞于毛主席、周总理，以及中国人民之深情，厚谊备至，其感谢之忱。翌年夏，礼迓归国，复徇边疆人民之请，奉以巡行云南傣族地区，至则信士追攀无闲，童耆膜拜瞻依，欢喜赞叹，咸称殊胜者也。一九五七年中国佛教协会复请之政府，于旧塔之北相地鸠工重建，新塔用以奉置佛牙舍利，俾垂久远。塔凡十三级，高一百五十三尺，经营三载，至一九六零年春始观厥成，是年岁复次庚子，距旧塔之圮适一周甲，雄杰庄严，超轶前代，于以见祖国建设之昌荣，与夫宗教政策之伟大，不独为人民首都增益壮丽已也。

爱为颂曰：宝相辉金，飞檐焕碧，庄严国土，天壤今昔，昔庚子坏，今庚子成，一坏一成，观国之兴，既睦我邻，既敦我族，利乐众生，千灯永续。

1955 年和 1961 年，应缅甸和斯里兰卡佛教界请求，这颗佛牙舍利被中国佛教界护送出国，接受两国信徒朝拜。1957 年中国佛教界发起，依照佛教传统在原塔址西北重建新塔，永久供奉佛牙舍利，得到政府和有关部门大力支持。1958 年至 1964 年，一座庄严雄伟的佛牙舍利塔在西山灵光寺落成，并修建了山门殿和东、北两配殿，形成一个以佛牙塔为中心的佛教寺庙建筑群。

1964 年 6 月 24 日和 25 日，中国佛教界在北京举行隆重盛大的法会，迎请佛牙舍利入塔并为新建的佛牙舍利塔开光。时任中国佛教协会会长喜饶嘉措法师主持法会，副会长赵朴初、阿旺嘉措、噶喇藏、巨赞、周叔迦及首都佛教界参加了这一盛典，柬埔寨、印度尼西亚、日本、老挝、蒙古、尼泊尔、巴基斯坦及越南等亚洲各国佛教界都应邀派遣代表团前来参加这一盛典，使之成为亚洲佛教界共同庆祝的盛事。亚洲各国佛教代表团看到中国的寺院得到政府保护，著名的佛教古迹得到重修，盛赞中国人民的宗教信仰自由得到保障。

佛牙舍利塔的建筑非常精美，底部以汉白玉石做塔基，饰以莲花石座和玉石雕栏。每层镶刻有石门、石柱、石窗。建筑形制为八角十三层密檐，高 51 米，塔顶八角攒尖，盖绿色琉璃瓦，中心立木神柱一根，长 8.5 米。宝顶采用古印度式，通高 6.05 米，由鎏金覆钵、宝珠、相轮和华盖等物件组成，耸拔挺立，金光闪烁。总之，佛牙舍利塔在结构上采用现代建筑的施工技术，在造型上保持了中国古代佛塔的传统。整座宝塔从外观看，雕刻精巧，挺拔秀丽，神圣庄严。佛牙舍利塔塔身内为 7 层殿堂。底层为碑室，周墙遍镶石刻碑记与经文。碑室外缘绕以石梯，盘旋而上就到了供奉佛牙的舍利堂。堂中设置金刚座和彩绘屏风，以七宝金塔供奉佛牙舍利。七宝金塔上镶嵌许多玉石、珠宝，价值连城，精美绝伦。以上 6 层，分别供奉着汉、藏、蒙、傣各族佛教经典、造像和法器。为保护这一佛教圣物，佛牙舍利塔平时不对外开放参观，每年定期向信众开放一段时间，供瞻礼朝拜，偶有一些外国的佛教团体来这里也会被特许进去参拜。

灵光寺佛牙舍利塔

白云观与《道藏》的收藏整理

北京白云观曾收藏有道教的经书总集——《道藏》。历史上，唐代、宋代和元代都曾编纂过《道藏》，但这些《道藏》没有留传下来。我们今天还能看到的完整《道藏》，是明代编纂的。

鉴于《道藏》已在元代被焚毁，永乐四年（1406），明成祖朱棣敕令第四十三代天师张宇初编修道书，刊板进呈。此时，成祖尚未启动《道藏》编纂工作。永乐十七年（1419），成祖决定编纂佛、道二藏。两年后，《道藏》编纂完成，成祖御制《道藏经序》，其中说："朕嗣抚鸿图，心存至道，仰虚玄之妙法，启元始之真文。乃于万几之暇，爰集道流，重加纂辑，以永乐己亥五月二十一日为始，至壬寅冬十月毕工。合《道藏》诸品凡五千一百三十四卷，计四百六十四函。汇编有次，锓梓以传。"

到了正统九年（1444），明英宗又诏令领京师道教事邵以正对《道藏》"重加订正，增所未备"。次年全藏刊竣，共480函，5305卷。以千字文为函目，自天字至英字。因刊行于正统年间，故通称《正统道藏》。

成祖时期，《道藏》初编完成，陆续刊板，但尚未颁赐给道观。正统年间增补后，英宗颁赐给了一些名山道观。其中白云观就是获颁道观之一。观中至今尚存颁赐道藏的圣旨：

皇帝圣旨：朕体天地保民之心，恭成皇曾祖考之志，刊印道藏经典，颁赐天下，用广流传。兹以一藏安奉白云观，永充供养，听所在道官、道士看诵赞扬，上为国家祝厘，下与生民祈福。务须祗奉守护，不许纵容闲杂之人私借观玩、轻慢亵渎，致有损坏遗失，违者必究治之。谕。正统十二年八月初十日。

这套《道藏》成了白云观的珍贵宝藏。为了防止虫蛀，每年农历六月，要将《道藏》全部搬出来，一页一页翻开晾晒。为了防止手上的汗渍污染纸张，翻页时使用特制的工具。

但是，时间一长，这套《道藏》还是有所残缺了。到了清代道光年间，时任白云观方丈郑永祥和监院孟至才决心修补《道藏》。据二人于道光二十五年（1845）合撰之《白云观重修道藏记》，明《道藏》"存于观中者非一日矣，阅藏者不一其人，主事者弗介乎意，遂至三洞真经颇多残缺"。二人在大施主王廷弼（宫内太监）的资助下，"借诸山之经，缮本补入，数月之间，竟成完璧"。二人还重印明道士白云霁撰《道藏目录详注》四卷。

关于修补《道藏》之事，孟至才在同治十一年（1872）所作《咏道诗》十首中，第六首即为《补经》："秘籍刊行正统间，于斯三百有余年。经因检阅多遗帙，手自誊抄补阙篇。廿载功夫全四藏，半生心力此中捐。吾今付嘱全真侣，敬谨尊藏万古传。"并自注说："前于道光乙巳（1845）监院白云观，慨常住藏经多有遗阙，谋欲重修，惜力不逮，蒙护法廷弼王君捐廉助费以成厥功。于是白云观及玉清观两藏道经皆获补全。又戒徒赵圆祥时主沈阳太清宫，亦来信求补。虽照单抄补二百余卷寄往，以副其志，复于同治甲子（1864）春再补仁威观之经，屈指二十年，重修道经四藏云。"关于修补《道藏》的校勘本，孟至才在同治六年（1867）撰《重建吕祖祠记》中说："曾于怡亲王邸恭请《道藏》全部，补其残阙，装成五百十有二函。"

明清王府多有朝廷所赐《道藏》，但如今下落不明，而白云观《道藏》经修补后，于20世纪50年代转交到北京图书馆（今国家图书馆）妥善收藏。

明代《道藏》经板一直保存到清末，存放在京城皇家道观大光明殿里。但该殿被八国联军烧毁，《道藏》经板也付之一炬。从此，无法再用经板刊印《道藏》，存世的《道藏》就成了仅有的孑遗。而在全国各地所有现存《道藏》中，白云观《道藏》是最完整的。

对于一个道观来说，拥有一部《道藏》是无上的荣耀。光绪年间，上海雷祖殿为了能够获朝廷颁赐《道藏》，特申请成为北京白云观的下院。因为

白云观藏明正统《道藏》

其时北京白云观的方丈高仁峒与清廷关系密切。光绪十四年（1888），上海雷祖殿住持徐至成进京，在高仁峒和朝中大臣的帮助下，以"北京白云观下院"的名义，向朝廷请得明版《道藏》一部。徐至成回上海后，即将雷祖殿易名为"海上白云观"。

1910年，学者刘师培（1884—1919）寓居北京白云观，得以通览《道藏》。其所撰《读道藏记》说："予以庚戌孟冬旅居北京白云观，乃假阅全藏，日尽数十册。每毕一书，辄志其序跋，撮其要旨。"若发现与藏外刊本不同者，便命人移录出来，略加考订。

刘师培对《道藏》价值的评价是："经箓符图，半属晚出，然地志传记，旁逮医药占卜之书，采录转众，匪惟诸子家言已也。故乾嘉诸儒，搜集旧籍，恒资彼藏。"这就是说，《道藏》除了其宗教意义外，还有重要的文献价值。

民国时期，北京白云观嘉惠学林的一件大事，就是慨允借出其所藏《道藏》，由上海商务印书馆以"涵芬楼"名义影印出版。卿希泰主编的《中国道教史》第四卷言，明版《道藏》的影印行世，改变了长期以来《道藏》数量既少，而又深藏宫观鲜为人知的状况，从而吸引了学术界的注意和兴趣，此后道教研究成果逐渐丰富起来。

以往学界关于涵芬楼影印本《道藏》的问世过程，主要是依据丁福保的《道藏精华录绪言》，以时任民国临时大总统徐世昌为首倡者。但实际上，著名藏书家傅增湘和商务印书馆主事者张元济才是推动重印《道藏》的核心人物。傅增湘从版本目录学的角度看到了《道藏》所收经籍的重要价值，因而向张元济提出重印《道藏》的倡议。张元济基于爱国情怀，为避免外国人抢先重印《道藏》，于是积极响应。徐世昌支持此事，并以个人入股方式出资襄助。

按照傅增湘和张元济的设想，鉴于商务印书馆在上海，而上海白云观就有一套《道藏》，因此拟就近借上海白云观的《道藏》作为影印底本。但是商务印书馆跟上海白云观的洽谈并未成功。即使北京白云观方丈陈明霖亲自到上海斡旋，也未能促成此事。不得已，商务印书馆只能转而求助北京白云观，陈明霖方丈慨然应允。

傅增湘在教育总长任上，积极争取将影印《道藏》列为政府资助项目。他自述："惟《正统道藏》，玄秘之渊，志在扬阐。余长部日，频议不谐，卒赖东海徐公之力，幸完始愿。"这段话透露出他的提议遇到了很多反对意见，最后在时任民国临时大总统徐世昌的支持下才定下来。现在所见教育部给大总统的呈文记述了傅增湘所做的努力："与各阁员筹议，拟具办法，开摺面陈，蒙大总统批示助款五千元，以资提倡"。他力陈《道藏》的学术价值："其中所收唐以前古书，多世不经见之本，不独宗教专门，尤为后来学术考证家所珍重。"他指出，影印出版《道藏》乃抢救古籍之迫切举措："明代刊板，旧在大光明殿，经庚子乱后尽毁。各省道观间有藏本，率已零残，唯京师白云观独存全部，上海有白云观之分院，所存亦多阙卷。仅此孤帙留遗，倘及今不为设法传布，必致终归湮没。"

1922年，影印《道藏》事进入了实质推进阶段。傅增湘草拟了《重印正统道藏缘起》。《缘起》主要从文献学的角度肯定《道藏》的价值：一是《道藏》所收地志传记及医药占卜之书，"或出晋宋以前，或为唐人所撰，清代

《四库》既未甄收，藏书家亦鲜传录"；二是《道藏》所收先秦诸子书，"半据宋刊、金元专集，尤多秘籍，乾嘉学者研索及斯，只义单辞，珍侔星凤，采辑未竟，有待方来"。因此，该文表明重印目的是"深惧古籍就湮，幽诠终秘，因议重印，用广流传"。

傅、张二人就重印《道藏》的发起人名单进行了多次商议，动用各种关系邀请社会名流加入。最后确定的发起人名单上共有 13 人，分别是赵尔巽（清末任东三省总督，时任清史馆总裁）、康有为、李盛铎（清末出洋考察五大臣之一，民国成立后历任大总统顾问、参政院参政等职）、张謇（清末状元、近代著名实业家）、田文烈（北洋将领，历任农商总长、内务总长等职）、董康（清末进士，民国成立后历任法制编纂馆馆长、司法总长、财政总长等职）、熊希龄（前国务总理）、钱能训（前国务总理）、江朝宗（曾任北京步军统领）、梁启超、黄炎培（发起成立中华职业教育社，创建中华职业学校）、张元济和傅增湘。

商务印书馆在《道藏》预约发售广告中曾言明出版期限是 1923 年 10 月至 1925 年 6 月，分六期出版，总印数为 100 部。到 1924 年 6 月，开始印第三期时，鉴于《道藏》已售去 90 余部，商务印书馆觉得《道藏》供不应求，于是决定加印 50 部。这样前面的两期就要重新制版，随第四、五期一同印出。但第四期《道藏》却因"各种耽搁"，到 1925 年 7 月仍未能出书。至 1926 年 4 月，《道藏》终于全部印完，比原来的预期推迟了将近一年。

1941 年，傅增湘在为金刊本《磻溪集》撰跋时，回顾了重印《道藏》的过程，感谢出力的各方人士。他说自己创议重刻《正统道藏》后，"时时诣长春故宫（即白云观），访观主陈毓坤（即陈明霖），筹商调取藏经，分期影印之策。……其后宗人治芗（即傅岳棻）继掌邦教（指主持教育部工作），东海老人（即徐世昌）慨斥巨赀，森玉（即徐鸿宝）更为奔驰南北，群策群力，奋厉辛勤，迄于丙寅（1926），而全藏经典告成。"

《道藏》影印过程遇到了很多困难，但正式发售后，销售情况良好。

150部《道藏》，在3年时间内即销售一空。鉴于社会上对《道藏》仍有需求，傅增湘提议再印。傅增湘断定再印的销路一定会比初印更好，因为越来越多的人认识到了《道藏》的重要性。为了减轻商务印书馆前期投入的压力，他自告奋勇承担一半的启动经费。但商务印书馆对市场进行预估后未予认同。可以告慰先贤的是，后来海峡两岸均曾重印《道藏》。1977年，我国台湾艺文印书馆和新文丰出版公司先后据涵芬楼本《道藏》进行重印。1988年，文物出版社、上海书店、天津古籍出版社联合重印了涵芬楼本《道藏》，并据上海图书馆所藏原上海白云观《道藏》补足了缺页。中国道教协会从1997年开始，组织专家学者，对明代《道藏》进行整理、点校和少量的增补，于2004年出版了《中华道藏》。

2016年3月十二届全国人大四次会议通过的《中华人民共和国国民经济和社会发展第十三个五年规划纲要》将编纂《中华续道藏》列入了文化重大工程中的"中华典籍整理"项目。道教典籍的收集、保存、整理、出版及其数字化得到了国家的高度重视。

联袂海峡两岸暨香港的罗天大醮盛典

1993 年，全真祖庭北京白云观联合香港青松观、台北指南宫共同发起罗天大醮，这是道教界的一项盛举，也是海峡两岸及全球华人的一件盛事。这次盛典于当年金秋九月举行，为期十天，除三大主坛外，上海白云观、苏州玄妙观、杭州抱朴道院、西安八仙宫、四川青城山、广州三元宫等国内各名山宫观，及美国、加拿大、新加坡、澳大利亚等地青松观高道大德同坛举行大醮，共同祈祷世界和平、祖国繁荣、人民幸福。前来朝拜观礼的有内地各主要宫观的负责道长和香港蓬瀛仙馆、信善玄宫的道友，以及新加坡、马来西亚、日本、韩国、法国等玄门弟子数百人。

1993 年，全真祖庭北京白云观联合香港青松观、台北指南宫共同发起罗天大醮

罗天大醮是道教斋醮科仪中最隆重的大型宗教活动之一。罗天即大罗天，是道教三十六天中最高最广之天。通俗理解，罗天大醮即祭祀诸天神祇的仪式，有"三清至尊、十方上圣、玉京金阙天帝上真、十方师尊圣众、三界官属、一切威灵"等。罗天大醮在封建时代既是道教大典，也是国家盛典，所以常由皇帝或重臣主持，用以祈祷国泰民安。1993 年的罗天大醮供奉 1200 诸神牌位，分设都坛、皇坛、度人坛、三官坛、报恩坛、救苦坛、济幽坛、青玄坛等，诵经拜忏，供奉香灯。各坛由高道大德主持仪式，祝圣朝真。

　　此次罗天大醮在祈福国泰民安的宗教意义之外，更有文化的、标志性的意义，它是改革开放后恢复落实党的宗教政策，密切联结海峡两岸暨香港及海外中华儿女，复兴弘扬中华文化及道教精神的一项盛事。罗天大醮的功德收入人民币 100 万元，全部资助给希望工程，是道教"齐同慈爱、异骨成亲"的慈善精神的实践。让弱者受到关怀、人人收获幸福，方是道教所追求的理想的太平盛世。

与中华文化交融的福德图书馆

　　北京东四清真寺福德图书馆始建于民国二十五年（1936），其前身为北平成达师范学校图书馆。福德图书馆是中国伊斯兰教久负盛名的图书馆，曾被誉为"东方回教唯一的图书馆"，因馆藏马松亭大阿訇（1895—1992）出访埃及时埃及国王福德一世（1868—1936）赠送的珍贵图书、元延祐五年（1318）手抄本《古兰经》和大量明清时期伊斯兰教古籍、文物而闻名。

元代延祐五年手抄本《古兰经》，福德图书馆藏

　　1919 年五四运动爆发后，随着新文化运动的兴起，穆华亭、马松亭、唐柯三等一批穆斯林前辈在山东济南穆家车门清真寺成立成达师范学校，加强国文汉语学习等，培养适应时代进步发展的穆斯林精英，企盼他们"成德达才"，开启了中国伊斯兰教新文化运动的篇章。1928 年，"五三惨案"爆发，成达师范学校被迫转迁北平。在新文化运动的影响下，当时全国兴起建立图

书馆、图书室等，穆斯林前辈意识到"培植英才，端资教育，阐扬文化，最重图书"①。《月华》杂志刊登李廷弼翻译的《伊斯兰人之图书馆》一文谈到"欲求关于回教知识者"不仅要从阿拉伯语的著作中了解和学习，而且还要从"英、法、德诸国文字"中了解。在这一背景下，成达师范产生了筹建图书馆的想法。与此同时，当时回族知名人士赵璞华捐赠成达师范《万有文库》一套，这为筹建福德图书馆起到重要作用。

1932年，马松亭阿訇护送马金鹏、张秉铎等5名成达师范学生前往埃及留学，到达埃及后，他被埃及图书馆丰厚馆藏以及诸多珍贵古本书籍所震撼，他非常感慨地说："埃及全国人口不过一千几百万，居然有一座这么大规模的图书馆，中国教胞有五千万之众，先贤的笔迹，所在多有，而且精善的写本，尤指不胜屈，居然会立不起一座图书馆供人们的求知，陈列先贤们的遗墨，致使在华的回教知识日渐窳败！先贤们的遗珠，散失飘零！这是多么可惜、可痛的事。"②随即在与埃及国王福德一世和爱资哈尔大学校长佐瓦希理交流中，马松亭阿訇讲述了中国伊斯兰教现状、穆斯林人口以及急缺阿文书籍的事实，福德一世慨然应允由埃及政府和爱资哈尔大学捐赠阿文图书441部。马松亭阿訇回国之后就着手筹建图书馆，余立之带头捐助千元，刘尊五绘制图书馆样图，并对外发布《成达师范学校建筑福德图书馆募捐启》，争取更大的社会支持。民国二十四年（1935），成达师范学校董事会成员又购房产捐献用于图书馆，民国二十五年（1936）八月下旬图书馆大楼正式竣工。建成后的图书馆命名"福德图书馆"，一是为了纪念埃及国王福德一世赠书以其姓名命名；二是取中国传统文化中"福德"吉祥之意。可以说，福德图书馆建馆之初就已深深打上伊斯兰教与中国传统文化相互交融、中埃友好交往的烙印。

为了增加藏书，民国二十五年（1936）九月二十二日，以顾颉刚等为代

---

① 刘东生：《北京回民教育史略》，北京市回民学校印，1999年，第86页。

② 马景：《福德图书馆创建始末与文化意义》，《中国穆斯林》2016年第5期。

表的 27 人组成的福德图书馆筹委会成立，其中非穆斯林知名学者有蔡元培、陈垣、翁文灏、朱家骅、李书华、李麟玉、白鹏飞、黎锦熙、梅贻宝、冯友兰、姚从吾、张星烺、陶希圣、徐炳昶、顾颉刚等 15 人，这个比例占到筹委会一半还多，诸多非穆斯林知名学者入会支持，这在中国伊斯兰教史上还是首次。此后，顾颉刚、蔡元培、冯友兰、白寿彝等各界文化巨匠对福德图书馆的倾心扶持产生很好效应，国内很多单位、个人也都纷纷捐钱献书，福德图书馆藏书也日渐丰富。

1936 年，北平成达师范学校福德图书馆筹备委员会成立

此后，马松亭阿訇二赴埃及专门纪念福德一世，这次不仅受到隆重接待，时任总统法鲁克一世与其他官员又捐书献款，福德图书馆又增一批珍贵阿文典籍。

1937 年 2 月中旬，福德图书馆正式向师生开放，4 月 28 日，正式举行福德图书馆开馆仪式。它的建立承载着老一代知识分子和民族精英的使命与责任，见证了中埃友谊与回汉团结，标志着北京乃至中国伊斯兰文化教育达到了新的高度。

抗战胜利后，日本在华的许多伊斯兰教研究机构未来得及撤走所有的研究书籍和装置，尤其是伊斯兰教方面的书籍。国民政府接管北平后，这批研究资料被战区司令当作战利品"瓜分"。福德图书馆由国民政府接收，其中李宗仁将福德图书馆的大部分书籍搬到他的华北行苑。1946年。在马松亭等人的努力下，经白崇禧从中调解，李宗仁归还了先前搬走的福德图书馆的书籍。同时马松亭等向第十一战区司令长官部接洽，得大批日文书籍。1948年7月，白崇禧的秘书隋承礼离开北平时，将自存的一批日文书籍共176册赠予福德图书馆。据悉这批日文书籍全是日本人对东亚伊斯兰教问题的精心研究，其价值很大。

在此基础上，马松亭等原成达师范的高层又增添了大量图书，进一步充实了福德图书馆。1949年北平解放后，福德图书馆由北京市民政局接收。此后由于历史原因，福德图书馆关闭，一部分书籍由中国经学院接管，一部分由穆斯林个人临时保管，还有一部分留在了东四清真寺原地，也损失了一部分书籍。2014年，为了响应共建"一带一路"倡议，更好地保护和利用馆藏古籍文物，在北京市民族宗教事务委员会和社会各界大力支持下，北京市伊斯兰教协会正式启动对福德图书馆内部维护、修缮及古籍、文物整理的保护工作。截至2016年年底，共整理出古籍图书14147部及众多明清以来的文物珍品，同年出版发行了56万字的《福德图书馆馆藏古籍目录》。2017年6月22日福德图书馆正式复馆。

2019年，北京市伊斯兰教协会和北京市民族宗教事务委员会古籍办共同制定了"福德图书馆馆藏古籍数字化保护项目三年规划方案"，选择了专业制作团队，于同年10月正式启动古籍数字化工作。按照项目进展计划，北京市伊斯兰教协会甄选8大类100余部经典古籍，于2020年完成约3万

2017 年，福德图书馆复馆

拍数字扫描、图像加工、数据存储和电子书制作工作，并出版《天方典礼》精品古籍影印版。福德图书馆古籍数字化保护项目是继福德图书馆复馆、"福德论坛"举办之后的又一项重要工作，可谓功在当代、利在千秋。

《天方典礼》影印本

为深入发掘北京伊斯兰教文化底蕴，巩固和发扬北京伊斯兰教优良传统，弘扬福德精神，推进伊斯兰教中国化进程，北京市伊斯兰教协会打造"福德论坛"学术研究平台，开展学术研讨、专题讲座、文化传承保护等系列活动，研究具有北京特色的伊斯兰教中国化路径。"福德论坛"自 2017 年开始举办至今已成功举办五届，围绕 28 个分议题进行学术研讨，形成 5 辑《福德文集》，收录学术文章 192 篇，共计 140 万字。

　　福德图书馆的创建在近代中国伊斯兰教史上具有重要地位，它对增进伊斯兰文化与中华优秀传统文化的交流融合具有重要意义。福德图书馆及其馆藏古籍文物是北京伊斯兰教的珍贵文化遗产，是北京伊斯兰教文化的重要组成部分。我们相信，福德图书馆的未来，必将为我国伊斯兰教中国化研究谱写新的篇章。

以主教名义助力北京申办奥运

傅铁山主教与北京奥运有不解之缘。

1990年9月22日下午3时许，北京工人体育场贵宾厅，准备出席下午4时北京亚运会开幕式的国家和北京市领导及参赛各国首脑贵宾陆续到来，大家相互握手寒暄，亲切交谈。这时，国际奥委会主席萨马兰奇走进来，立即得到等候在此的北京市委、市政府领导的热情迎接。落座之后，萨马兰奇向身边的北京市常务副市长张百发小声说："市长阁下，您可否帮我请一位神父到我的驻地，为我全家人举行弥撒？"见张百发一时没有反应过来，他又补充说："我和我的家人都是天主教徒，明天是主日，我和家人无法去教堂参加弥撒，能否请一位神父明天下午或晚上来我家为我们主持弥撒？"面对萨马兰奇期待的目光，张百发副市长没有多想，立即表示："好的，我一定把这件事安排好！"

张百发副市长立即拨通了北京市宗教局的电话，责成其完成萨马兰奇的委托。市宗教局干部季文渊即刻驱车赶到北京教区，向傅铁山主教说明原委，傅主教表示："我们一定热情满足国际奥委会主席的要求。"

第二天中午，经傅主教派遣，北京教区孙尚恩神甫和市天主教爱国会秘书长陆钦安教友一起前往萨马兰奇的驻地北京饭店。孙尚恩神甫主祭，陆钦安教友辅祭，在小客厅举行了仅有萨马兰奇夫妇及其子女参加的弥撒圣祭。萨马兰奇和夫人虔诚地领受了圣体。弥撒后，萨马兰奇和夫人激动地向神甫表示感谢，并请转达他们对傅铁山主教的敬意和感谢。这件事成了后来萨马兰奇与傅铁山主教友好交往的起点。

北京提出申办2000年奥运会之后，傅铁山主教积极支持北京的申奥工作。

在申奥工作进入关键时刻之际，傅主教给萨马兰奇先生写了一封热情洋溢的信，表达了北京及全国天主教界对北京申奥成功所寄予的殷切期望，请主席先生接受 12 亿中国人民和 400 万天主教信徒的良好心愿。不久后，萨马兰奇先生给傅主教回了信。这是一封老朋友的回信，但也不失一位资深的国际奥委会高级官员的风范。

信中说："亲爱的铁山主教，非常感谢您上月 20 日 [①] 的来函，我怀着极大的兴趣，注意到来函的内容。两年前的北京之行，我受到主人热情的款待，给我留下愉快的回忆。我期待着不久的将来再次访问北京。借此机会，对您支持奥林匹克运动，及将各国人民带入友谊与和平的宗旨，表示感谢。"一位国际奥委会最高领导人能够有这样的表示，已经非常可贵。我们不能期望一位宗教领袖和一位奥委会主席之间的私人交流会对北京申办奥运起到决定性的作用，但我们后来都看到了这位德高望重的奥委会主席对北京和中国所怀有的深厚情谊。

虽然北京最后以两票之差输给了悉尼，但是中国在世界的重要地位已经得到普遍的认同。中国人民对标志着和平与友谊的奥林匹克精神的追求也日益强烈。

此后，北京又开始了 2008 年奥运会的申办工作。傅铁山主教也怀着志在必得的心情，参与到这次申办活动中。傅主教又一次致信萨马兰奇主席，以老朋友的身份再次明确地表达他和中国基督徒的良好愿望。

萨马兰奇在回信中，对傅主教和广大中国基督徒热爱奥林匹克的精神给予了高度赞赏，言辞真诚，充满激情。

与此同时，傅铁山主教也与维尔布鲁根先生建立了良好的私人情谊。

2001 年 2 月，国际奥委会委员、2008 年奥运会申办城市评估团团长维尔布鲁根先生率团来京考察申办工作。星期天，维尔布鲁根以一个虔诚的天主教徒身份，来到主教府宣武门南堂参与弥撒。当听到神甫讲道和信友祷词

① 1992 年 9 月 20 日。

傅铁山主教与维尔布鲁根先生在南堂会面

中明确表达对北京申办奥运会的祈祷与祝福时，他的双眼放射出光彩。神甫送圣体时，他虔敬地领受了圣体。维尔布鲁根从始至终完整地参与了弥撒。出堂的时候，傅铁山主教前来迎候他，使他感动不已。他紧紧地与傅主教拥抱，两人拉着手，边走边谈，俨然深交已久的朋友。同时，维尔布鲁根还显示出一个普通信徒对主教的敬重之情，对北京天主教界支持北京申奥的愿望表示赞赏。临别时，维尔布鲁根真诚地问主教："您还需要我做点什么？"傅主教微笑着对他说："希望2008年您来北京的时候，我还在这里迎接您！"

这次与主教的会面，给维尔布鲁根先生留下深刻的印象。他对北京奥申委的官员说："教会的大主教都如此支持申办工作，你们的工作做到家了。"离开中国不久，4月3日，维尔布鲁根给傅主教发来一封热情洋溢、情感真挚的信："尊敬的主教大人：在我率国际奥委会考察团到北京考察期间，您给予了我盛情的款待，我愿借这宝贵的机会向您表示真诚的感谢。这是多么令人激动的时刻，尤其是在神圣的感恩圣祭中，我深受感动。我非常喜欢您那庄严肃穆的主教座堂，同时我也真切地希望不久的将来和您一道在贵府再次朝拜天主。我渴望不久的将来再次拜会您。您主内的羔羊海因·维尔布鲁根。"

2001 年 7 月 13 日，一个令中华民族难以忘怀的日子，中国北京以绝对优势获得 2008 年奥运会主办权。亿万中国人的梦想终于成为现实，傅铁山主教为祖国的成就而自豪。

在北京获得 2008 年奥运会主办权之后，维尔布鲁根来到北京，再次来到北京天主教会拜会傅铁山主教，他对傅主教说的第一句话是："尊敬的主教，天主降福了您和您的国家，也降福了我。"听到这句话，傅主教欣慰地笑了。

2003 年 8 月 3 日晚，北京天坛祈年殿前，在一片如潮的欢呼声中，第 29 届奥运会会徽诞生了。细心的人会注意到，就在时任全国人大常委会委员长吴邦国与国际奥委会第二十九届奥运会协调委员会主席维尔布鲁根先生将充满中国文化神韵的第 29 届奥运会会徽高高举起的时候，站在他们后面的全国人大常委会副委员长傅铁山主教因激动而红光满面，用力地拍着手掌。这是一位中国基督徒发自内心地为自己的国家和民族所取得的伟大成就而充满喜悦。在他看来，国家的强大、人民的幸福就是对他所付出的一切最好的回报了。

北京天主教情系边远麻风病人

作为厉行仁爱的宗教团体，北京天主教会遵照基督的训导，践行基督的爱德，关注社会弱势群体，热衷服务社会，帮助那些需要帮助的人。

一个十分偶然的机会，北京天主教会涉入中国麻风病人的救助事业。

那是 2002 年三月里的一天，北京天主教爱国会接到一个陌生电话，电话那头自称是中国麻风防治协会的秘书长，说有一位专程来救助中国麻风病人的韩国神甫要见傅铁山主教。这位神甫来中国已有半年的时间，他的签证快到期了，延期不易，又不愿意抛下正在救助的麻风病人回国，因此，他急切渴望得到傅主教的帮助，延长在中国居留的时间。

得到这一消息后，傅主教非常重视，即刻通过这位中国麻协的秘书长邀请那位韩国神甫前来会面。

第二天上午，按照约定，中国麻风防治协会秘书长潘春枝陪同韩国申东旼神甫来到主教府。傅主教亲切地接见了客人，饶有兴趣地倾听了潘秘书长对中国麻风病人救助情况的介绍。

听着潘秘书长的介绍，傅主教一言未发，神情沉重。接着，看上去也就 30 多岁的韩国神甫申东旼，向傅主教谈了自己来到中国救助麻风患者的情况。

面对德高望重的傅主教，申神甫深情地说："主教，这两年多时间，我已经无法跟我的麻风弟兄分开，他们就是我的亲人，他们将我也当做亲人，我不能离开他们。我为了他们经历了许多痛苦和困难，也曾经想放弃，但只是很短的念头。现在我不会再动摇了，不会放弃这些麻风弟兄们。现在唯一担心的就是不能继续在中国待下去，只能请主教您为我做主了！"说着，申神甫竟流下了眼泪。

傅主教也激动了，他对申神甫说："我要代表中国的天主教界感谢你，感谢你的家人和所有支持你前来帮助中国麻风病人的朋友们。你一个外国的神父，放弃了本国优厚的生活条件，只身来到中国，历尽千辛万苦救助我们的麻风弟兄，你为我们中国教会立下了模范榜样。你放心，我一定尽自己最大的努力，帮助你实现继续留在中国的愿望。"

不久，在他的努力下，申东旼神甫获得批准继续留在中国。

几天后，傅主教主持召开了北京市天主教两会主席会议。会议通过了傅主教提议的参与中国麻风救助事业的方案。

2002 年 10 月，北京市天主教教会在王府井教堂（东堂）举行一场别开生面的募捐义演活动，主题为"关爱弱势群体，为麻风病患者献爱心募捐义演"。国家卫生部副部长来了，苏菲女士（白求恩的好朋友马海德的夫人）来了，北京市其他四个宗教团体的领袖们也前来参加。傅主教与来宾一起，

北京市五大宗教共同举办为麻风病人献爱心慈善募捐义演

捐出善款，建立了救助麻风病患者这一弱势群体的第一笔基金。

2004 年 11 月，身为全国人大常委会副委员长的傅主教，因病住院治疗，在病床上他仍然挂念着麻风救助事业，当得知还有不少地方的"麻风村"生活环境没有根本改善的时候，他无法再安心治病。他亲自向首都其他宗教团体的领袖们发出邀请，倡议组织第二次为麻风病人的募捐义演。这次义演活动远大于上次的规模，活动场地设在民族文化宫礼堂。除首都五个宗教团体代表参加并演出，还邀请了专业文艺工作者参加。

这次义演活动共募得善款 117 万元。当时接受这笔捐款的中国麻风防治协会潘春枝秘书长说："这不是一笔简单的捐款，这代表了首都宗教界对数十万生活在社会边缘的麻风病人的深厚关爱。"

两次宗教界的捐款，几乎使所有的"麻风村"都受到帮助。包括援助"麻风村"开发毛竹和山鸡养殖业，修建公路；援助"麻风村"兴办孔雀养殖业等，为麻风患者自食其力、改善生活、重拾信心提供了重要的帮助。

2003 年，在中国麻风防治协会第四届代表会议上，傅主教被代表们一致推举为名誉会长。

后来，傅主教病情恶化，几乎不能活动。在这样的情形下，他还不忘问起对麻风病人的救助情况，希望教会积极参与帮助麻风病人的事业。从傅铁山主教的身上，能够深深地感受到一个教会领袖对社会弱势群体的沉重的责任意识。

到今天，北京天主教会坚持每年派专人到全国各地的"麻风村"，看望和慰问麻风病患者，考察宗教界善款的使用情况，将教会对麻风患者的关爱传递给他们。再将那里的情况带回来，使首都宗教界及时了解他们的需求，为他们提供新的帮助，让更多的善心人士参与到救助这个弱势群体中来。

对麻风病人的关爱和救助，将作为北京天主教始终坚持的一项社会慈善事业不断继续下去，对这个弱势群体给予多些再多些的关爱和帮助。

不会忘记的自行车"驼峰航线"

　　黄浩（1895—1969），原名黄宠锡，广东揭阳县顶埠村人。1915年考入广州光华医学院，因反对袁士凯称帝，被投入监狱，判处死刑。取消帝制以后，幸免于难。1916年获释出狱。1918年先后在京绥铁路医院、段祺瑞军队中任医生。1920年定居北京，开私人诊所。1927年弃医创办宠锡挑补绣花工厂，因捐款修建崇慈小学在基督教徒中享有盛誉，被选任崇慈小学校长、新街口基督教长老会教堂长老，又相继被聘任为崇慈女中、崇实男中及北京基督教青年会的董事和董事长。1931年宠锡工厂为上海青年援马（马占山）团捐款数百银元。1937年5月黄浩奔赴延安，途经陕西省三原县时见到彭德怀。彭德怀为黄浩题写"坚持抗战到底"，并建议黄浩利用他在北平的社会条件，从事统战联络工作。黄浩肩负使命返回北平，担任中共晋察冀分局社会部地工组负责人。1938年起以工厂与工商界来往为掩护，以教会、中小学校、挑补绣工厂为媒介宣传党的抗日民族统一战线政策，为抗日根据地设立秘密掩护点10余处。黄浩通过李庆丰在协和医院工作及张兰芳开办的诊所，秘密输送革命者进出抗日根据地，利用东交民巷法国医院院长贝熙业在西山的别墅等关系，将在敌占区购买的药品、医疗器械秘密辗转送到战地医院。他还前往上海、广东、香港等地，向各界宣传抗日救国，筹集巨额经费。1943年黄浩从北平撤回抗日根据地，1944年被派到上海工作。1946年化名回到北平，继续开展秘密工作。新中国成立后，任北京市房地产管理局副局长。

　　1939年5月一个清晨，日军占领下的北平城一片寂静。新街口丁字街顶头的基督教长老会福音堂传来的敲门声惊动了教堂的看门人，来人是一位中年汉子，乡下打扮，一脸憨厚，他说要找黄长老。戴着眼镜、西装革履的

40多岁的黄长老一见来人立即把他请到了自己的办公室。其实来人是一名秘密地下交通员，他把袖口拆开几针，撕开一个小缝，从里面取出一个折好的细长纸条。纸条上密密麻麻写满了各种各样的药单子，他希望黄长老能帮助把这些医疗药品尽快送往敌后八路军抗日根据地，那里的伤员急需医疗用品。黄长老淡定又很坚毅地保证一定按期把药品送到"家里"。

送走了联络员，黄浩赶紧回到簸箩仓胡同6号家中，他和夫人王佩芝在这儿开办了"宠锡家庭挑补绣花工厂"，生意很红火，产品远销海外。他把夫人叫到后院西北角的卧室，取出密写的药单子，用碘酒一刷，立马儿上面就出现密密麻麻的黑色小字和符号，原来都是白求恩大夫开的药品和医疗器械的名字。比照药单子的内容，夫妇俩屈指一算，除了香港、上海秘密发来的一批药品外，还缺一部分药品，必须立刻筹措经费，启动地工组成员马上购买，刻不容缓。

在日本人的眼皮子底下为八路军买药品要冒极大的危险。黄浩把购药计划单藏在自行车的车把套内，叫来女儿黄曙鸣（又名黄鹂），让她骑车送信。黄曙鸣只有十几岁，但她在爸爸、妈妈的培养下，已经成为地工组的小骨干，秘密工作经验很丰富。她骑上自行车，躲过嫌疑人的跟踪，顺利地完成了送信的任务。接到任务，地工组成员立刻行动起来。王佩芝和黄浩的秘书吴又居到北平汇丰银行，以进货的名义将黄浩从广东潮汕、香港等地同乡、亲友筹集来的经费取出一些作为买药的资金。地工组成员李庆丰是协和医院宗教交际部主任，他以赈灾、为教会医院生产为名，利用医院的设备在医院礼堂组织爱国职工做消毒急救包（主要有刀子、纱布、小药品等）、裁剪绷带。他还把原材料拿回家里，动员老岳母、夫人于淑敏和子女李寿康、李寿英动手制作消毒急救包。在日本人占领下的北平，如此大规模地为八路军秘密生产急救包，堪称一绝。地工组成员刘仁术是平津硝皮厂老板、一个大富商，还是日本人办的北平制革统一联合会的要员。凭着这些身份，他和夫人费璐璐从王府井大街"陆军御用达"药店，买到了所缺的西药。

几天后，香港、上海的药到了。黄浩夫妇来到新街口丁字街南边的邮局"提货""取货"回家。因为工厂常进料，也经常通过新街口邮局往天津、上海、北戴河等地及新加

贝大夫桥

坡发货，街坊四邻对这场景都已习以为常。夜深人静时分，女工们都睡了，黄浩夫妇带领全家在四合院后院将药品、器材分类打包装箱。

药准备好了，可怎么通过日军的层层关卡运出戒备森严的北平城呢？黄长老想到了自己的老朋友——法国医生贝大夫。

北京市海淀区北安河村中，有一座依山而建的"贝家花园"，建筑兼具中式庭院和西式花园风格。花园曾是法国医生贝熙业的私人住宅，正是因为这位"贝大夫"，这个花园成了中法友好及中国人民抗日战争历史的无声见证者。

1913 年，41 岁的让·奥古斯丁·贝熙业抵达天津，开始了在中国长达 41 年的生活。抗日战争爆发前，他身兼数职，既担任北京圣米歇尔医院的院长，也是法国驻华使馆的医官，还是北京大学的校医。在北京工作期间，贝熙业一直希望能够扩建圣米歇尔医院，这样不仅可以治疗在北京工作生活的外国人，也能为中国人提供服务。1937 年 7 月 7 日，卢沟桥事变爆发，29 岁的中国平民李清来因为遭遇袭击而受伤，他是贝熙业在中国全面抗战爆发之后治疗的第一名伤员。贝熙业第一时间与法国驻中国使馆武官一起进入宛

平城，成为第一批接触并治疗卢沟桥事变伤员的大夫之一。贝熙业亲眼目睹了日军侵略中国的事实，非常同情中国人民的悲惨遭遇，逐渐成为一位坚定的抗战人士。他也曾代表外国驻京医官致函中国红十字会，愿意为红十字会服务，坚定支持中国人民的反法西斯战争。南京大屠杀发生后，不少伤员北上求医，贝熙业来者不拒，尽心尽力救治中国伤员。为了让有病的女儿康复身体、呼吸新鲜空气，贝大夫在北安河村西阳台山东麓购建了花园别墅，当地老乡称为"贝家花园"。贝大夫在中国行医多年，既给袁世凯看过病，也给北安河附近的百姓义诊，村民送给他一块"济世之医"的匾额。为了村民行路方便，他还义务地修建了一座石桥，当地村民称它为"贝大夫桥"，可见其在当地百姓中的威望之高。抗战期间，这里变得比平常更加忙碌了。一张拍摄于1937年9月的照片显示，贝家花园的院子里聚集了一群中国人，他们将附近的伤员一个一个地送入贝家花园。除了络绎不绝的伤员、病患之外，贝熙业大夫还承担起了一项更艰巨的任务。由于教会的关系，他和黄浩建立了非常密切的联系，很快就成为黄浩地工组的一名交通员，贝家花园也就成了一个秘密联络点。贝大夫利用自己是法国在北平的名人、名医的身份经常为黄浩地工组工作，把电台、药品等从王府井大甜水井甲16号家中，秘密运送到西山贝家花园，再辗转送到敌后根据地。显然，将白求恩急需的医药用品送到敌后根据地的重担交给贝大夫是最适合不过了。

新街口南大街路东有一条小胡同，名字很有诗情画意，唤作"百花深处"。1939年初，百花深处西口新开了一家古玩铺，铺号"明华斋"。新街口一带的老街坊都知道，这家古玩铺的东家就是乐善好施、大名鼎鼎的黄浩长老。

这一天，明华斋刚开门一会儿，就见一个身着长衫的人进了铺子。大高个儿的掌柜叶绍青赶忙热情地把客人请到了楼上，一进屋，两位买卖人的表情一下子就变得严峻起来。来人是秘密交通员，他把如何通过秘密交通线、把药品和器材运到根据地的方法，一一交待给了黄浩地工组成员叶绍青。

这一天，下午四点多钟，太阳已经挂在西山边上了。西直门城下，只见一辆法国雪铁龙小轿车开了过来，不论日本人还是伪警察都知道，这就是东交民巷法国医院院长贝熙业大夫的车。没说的，放行。

后来，日本人对汽油实施了严格的配额供应，贝大夫就改骑自行车。年逾七旬的他一周数次走数十里的山路，往返于北京市区与西山贝家花园之间，为八路军运送电台、药品等，秘密地开辟了一条医药运输线，就连上海、香港都比较少见的德国拜尔生产的贵重药品和医疗器材，也接连摆在了敌后战地医院的药架上。白求恩大夫禁不住竖起大拇指，连声称赞："真了不起！真了不起！"

战争期间，贝熙业及参与地下工作的人员对此事缄口不言，另一位国际友人林迈可则在他战后的著作《八路军抗日根据地见闻录》中，详细记述了贝熙业无私援助中国人民抗日的事迹。抗战期间，林迈可为八路军建设无线电通讯系统做出了不可替代的贡献，而那些突破层层封锁抵达抗日根据地的电台零件中，就曾有一部分由贝熙业经手，通过贝家花园秘密辗转到了八路军的手中。

2014年中法建交50周年之际，习近平主席访问法国。短短三天的行程中，习主席两次提到了法国医生贝熙业的名字，他说："我们不会忘记，无数法国友人为中国各项事业发展做出了重要贡献。他们中有冒着生命危险开辟一条自行车'驼峰航线'，把宝贵的药品运往中国抗日根据地的法国医生贝熙业。"

黄浩和他的朋友们书写的中法交流历史已被人们熟知，以历史佳话为桥梁，西山一带新的中法合作篇章还在续写。如今，"贝家花园""贝大夫桥"已成为中法两国民间友好的永久纪念。2015年，中法两国高级别人文交流机制第二次会议在北京举行，授予贝家花园"中法人文交流基地"称号。

在我们生活的中华大地上，曾经涌现出大批像黄浩这样的爱国主义民族英雄。探寻、重现这段历史，更使后人倍加珍惜这来之不易的成果，激励中华儿女为中华民族伟大复兴做出应有的贡献。

"不穿军装的抗日战士"萧洞千

萧洞千（1889—1955），名逢源，是抗日战争时期全国基督教青年会抗战军人服务部的优秀领导者。

萧洞千9岁时入基督教长老会所设小学就读，中学时代被送入北平崇实中学，大学时就读于通州协和书院，均系教会学校。

1913年于协和书院毕业后，萧洞千回保定烈士田中学任教兼做教会工作。1916年离开保定到北平基督教青年会工作。1930年赴美国春天学院攻读教育。"九·一八"事变爆发后，回国到北平。萧洞千对于国家民族之前途极为关怀，北平基督教青年会首先成立学生辅导办公室开展学生工作。长城抗战伊始，萧洞千请求基督教青年会全国协会支持组织战区服务部奔赴战场为军人服务。

基督教青年会全国协会"军人服务部"的前身是"战区服务部"。1933年，抗日战争中，基督教青年会全国协会在北平组织起"战区服务部"。1933年8月，战区服务部工作结束，为期六个月。

1933年3月初，日军进犯长城，我守军奋起抵抗。宋哲元军长所率29军，手持大刀夜袭喜峰口，以弱胜强，以少胜多，消灭敌军于喜峰口外，敌尸遍野。3月13日喜峰口报捷，得到全国各地人民的支持与慰问。

长城抗战爆发后，北平基督教青年会全会人员以抗日救亡为中心工作，联系各大专院校及中学参与抗日救亡运动，积极宣传提倡国货、抵制日货，举办国货展览会等，并组织发动学生、青年会员、会友与女青年会联合举办慰问抗日将士的募捐活动。通过中国红十字会北平分会将大批包扎护理用品送往前线。北平基督教青年会及其附属财商学校调出人员，连同天津、保定基督教青年会及时组成"战区工作队"，分赴古北口和喜峰口沿线，设工作站，备饮水、小米粥等接待慰问伤兵，协助救护包扎换药，转运伤兵至各临时战地医院。长城之战为期数月，部队往来于北平休整，基督教青年会组织学生会员赴伤兵医院慰问伤员。并于会所对面梅竹胡同外场搭设席棚和舞台，为来往部队举办劳军义演，还为士兵代写家信，免费提供信纸、信封和邮票，这些活动深受士兵欢迎。

基督教青年会组织学生会员为来往部队举办劳军义演

1936 年，绥远省主席兼 35 军军长的傅作义在中国共产党抗日民族统一战线的感召下和全国人民抗日怒潮的推动下，面对日本帝国主义的欺辱、侵略，坚定地提出了"宁做战死鬼，不做亡国奴"的口号，率部奋起，成功地领导了百灵庙战役。基督教青年会全国协会为鼓舞士气特组成"全国基督教青年会战区服务部"到战地前线为官兵服务。指派北平基督教青年会萧洞千为总干事，其余干事由全国各青年会抽派。北平基督教青年会组织当地驻军举办篮球比赛，建立溜冰场，还协同崔嵬及陈波儿演了街头话剧《放下你的鞭子》。这些宣传活动，激起了广大军民的抗日爱国热情。

1937 年 7 月 7 日卢沟桥事变爆发后，大批伤兵被陆续送往北平城外东大地，该处由市红十字会暂设"伤兵收容所"，对伤员进行紧急救护。由于随军医务人员有限，北平各大医院都派医务人员前往支援，如协和、中央、道济、市立第一医院等。由于东大地远离市区，各医院派往医务人员每日往返多有不便，重伤员等待治疗也多有耽误，特将收容所迁至王府井帅府园协和医院门前空地，改称"临时医院"。市红十字会负责运输伤员，协和医院负责治疗，北平基督教青年会由侯孚允干事负责与红十字会、协和医院联络协作及生活、后勤等工作。北平基督教青年会服务部设招待处提供换药等护理工作，替伤兵代写家信，分发慰劳品等。并开设俱乐部开展电影、幻灯、表演戏剧、歌曲、播放留声机音乐、读报纸、讲时事、办识字班等项活动，以调剂伤员精神生活。8月11日，日本特务到北平基督教青年会抓捕萧洄千，工友徐禄寿上楼告之，萧洄千从礼堂后门离开会所。8月中旬，萧洄千自济南应基督教青年会全国协会之召，前往商讨开展战地服务之大计，决定由协会募集经费，组建青年会军人服务部，自任总干事。萧洄千返回济南立即联合北平、天津、保定、济南、郑州、太原等地青年会同工，在济南正式成立"全国基督教青年会军人服务部"（以下简称"军人服务部"）。总部下设支部，支部服务于某一指定部队或工作点，并有"游行工作队"分为电影组、戏剧组、歌咏组等，巡回各地慰劳军队。因支部分散各地，为了便于领导、指挥，在总部下设区部，如华北区、华东区、川陕区、鄂豫区、浙赣区、湘桂区、滇缅区及印度支部等。工作人员都佩带有青年会三角形会徽的袖章，在码头、公路、铁路沿线，接待来往军队，供应茶水、食宿和救护，并设伤兵招待所及换药站。工作人员在枪林弹雨下，奋不顾身，不辞辛苦、不分昼夜地从事服务工作。

1938年2月14日，郑州被敌机轰炸以后，20日又听到清晰的炮声，各机关纷纷迁移，伤兵医院也没有了。当敌机第一次轰炸郑州时，炸弹连珠炮式从敌机上投下来，木石横飞，火焰四起。危机之下，服务部成员有的上华阳春楼救护人民，有的在街头指挥行人躲避，多人因救人而受伤，牺牲了90

多人。军人服务部华北区本部为贯彻服务军人的主张依然不放弃工作机会。萧洞千总干事命本部特备公函慰问,还送去大批鞋子、内衣、布带,用以慰劳,并建立了一个军人俱乐部,为驰赴沙场去保卫陇海线的将士们稍尽壶浆之力,萧洞千总干事也亲自到郑州视察并指导各支部工作。

萧洞千有条不紊地协调全国各战区服务部工作。随着战事的发展、抗日军队的转移,服务部也随时调动,其工作方式则因时因势规划改变,以切实符合所在地部队当前的需要。

战事之进行大都沿各铁路线推移转进,部队之需要则以行军协助与医疗救护为急需。军人服务部华北区则沿平汉、津浦、正太、同浦、陇海各线,华东区则沿京沪、沪杭各线建立支部开展事工,其工作中心则侧重行军招待及救护裹伤两大项。在铁路车站设置军人招待处为行军战士供应茶水及准备食宿,另外进行慰劳及鼓动士气之活动。

之后,战局中心已由铁路沿线之阵地战转为山地战与运动战,战斗形势亦由进退无常转为相持状态。因此,军人服务部除保留有价值的支部据点各项服务外,另设医院服务、游行工作及文化教育等工作。除添置大批图书、画报分送前方成立图书室供官兵浏览外,还依士兵文化水平编印军人消遣图书 20 余种,分送各部队。

抗战末期,军人服务部工作有重大改变,国内各支部为地方工作的方式改为随军服务。随军服务于某一指定部队,深切了解此部队之实际需要与兴趣所在,便于制订长期工作计划,如军人识字班、抗属学校、卫生训练、歌咏指导、体育活动等项均先后建立。太平洋战事爆发,反法西斯国家已融为一体,中国远征军入缅驻印部队由于语言障碍、习俗迥异,所需协助较国内尤为迫切。基督教青年会自身为国际性宗教服务团体,国际联谊工作为青年会主要工作之一,故此派员随远征部队赴印。对内注重士兵休闲娱乐、体育活动之倡导及简易英语、国际礼仪之讲解;对外则利用各种交际集会或举行联谊会以促进同盟国间军官之团契与友谊。

　　历时 6 年的军人服务部工作，在基督教青年会全国协会领导下，经萧洞千的亲自指挥，各市会积极参与，干事们不怕艰辛忘我工作，胜利完成了抗战救亡的任务。1945 年日本无条件投降后不久，各支部接到总部的指示结束了军人服务部工作。全国青年会军人服务部工作以其连续时间之长、地域之广、组织人数之多、影响之大涉及国内外，深得国人称赞。1950 年，周恩来总理评价说："在抗日战争期间，基督教青年会等宗教团体也起到很好的作用。"

精美建筑

三教同辉的通州燃灯塔

云光水色潞河秋，满径槐花感旧游。

无恙蒲帆新雨后，一枝塔影认通州。

这首《古塔凌云》诗，是清人王维珍乘船至通州时的有感而发。在京杭大运河沿岸，有四座著名的塔，分别为杭州的六和塔、扬州的文峰塔、临清的舍利塔和通州的燃灯佛舍利塔。这首诗里面的"塔"指的就是通州的燃灯佛舍利塔。燃灯佛舍利塔既是通州的标志，也是当年大运河最北端的标志。燃灯佛舍利塔矗立于北京市通州城区北部，京杭大运河绕塔而过。在大运河作为主要运输通道时，运河行船的船夫走卒只要见到燃灯佛舍利塔的影子，就知道离目的地不远了，可见燃灯佛舍利塔在历史和当前都具有十分重要的地标意义。

通州燃灯塔

"树梢看塔影，烟外过通州。"这是清代乾隆皇帝经过通州时所作的诗句，其中的塔就是现在佑胜教寺燃灯佛舍利塔。燃灯佛舍利塔因供奉燃灯古佛舍利而得名。塔的建设年代，据可以考证的文献记载，大约建于南北朝时期，由北周宇文氏所建。明代刘侗、于奕正《帝京景物略》载："古有曰佑圣教寺者，今通州学宫也。宫墙外片地，故塔存焉，塔级十三，高二百八十尺，围百四尺，中空供燃灯古佛。塔有碣，楷书……此北朝后周宇文氏也。塔别存石一方，唐贞观某年，尉迟敬德修，又一方，元大德某年，笃烈图述再修。"文献里面将塔的形制、年代以及相关历史作了介绍。后来在康熙三十六年的《通州志》记载："明成化间旁造石梯，皇清康熙间地震倾圮，修不克，州刺史吴存礼倡议公揖鸠工增葺，遂使浮图合尖。"又进一步把塔的建设情况进行了补充，也可见此塔在当时已有了相当重要的位置。

　　燃灯佛舍利塔历经沧桑，此塔从建成以来曾多次损毁，又多次重新修建。从历史上来看，北周时期燃灯佛舍利塔建成以后没过多久，建德三年（574），北周武帝宇文邕就下令取缔佛教，庙宇佛像都遭到破坏，燃灯佛舍利塔未能幸免于难。唐贞观七年（633）初秋，尉迟敬德奉令对渔阳郡潞县隋唐大运河段的镇河塔进行监修。大概200年之后，唐武宗李炎再次下令禁止佛教，佛教在中原地区的传播再次遭到严重破坏。直到元朝，大德年间，元成宗派大臣笃烈图述再次修建燃灯佛舍利塔。此后的修建一直保持这次修建的风格。由于地震，燃灯佛舍利塔于清康熙十八年（1679）再次损毁，除底座以外的所有部分都严重损毁，寺内僧人虽四处化缘，仍无法募集足够的资金用于修建宝塔。直到康熙三十五年，当时通州知州吴存礼向上级政府请示修建资金后，才在官府的支持下修复完成。此次修建依然保持了辽金佛塔的修建风格。燃灯佛舍利塔塔座呈须弥座形式，须弥座用的是双束腰的结构，极具特色。塔身共13层，除角梁、飞檐是实木构造，其他部分则为砖雕仿木结构。每角有圆雕力士神像，披甲戴盔，栩栩如生。砖雕仿木斗拱往上，是砖雕仿木护栏，最上面是巨大的砖雕荷花台，双狮追逐、仙人斗法、朱雀衔芝等浮雕华丽多姿，相互媲美。另据《州志》载："盘山佛光人皆见之，每除夕，山之云罩寺定光佛舍利塔与蓟州独乐寺观音阁，通州孤山宝塔皆有灯出，相往来，漏尽各返原处。"通州燃灯佛舍利塔高53米，当时的房屋大多低矮，燃灯佛舍利塔的高度足以让人行船时，在远处即可见塔身。

通州文庙大成殿、佑胜教寺、紫清宫和燃灯佛舍利塔构成"三庙一塔"格局，分别代表了中国传统的儒、佛、道三教。从历史上来看，儒释道三教在南北朝后期有合一的端倪，定型于唐宋时期，而到元明清时代可谓登峰造极，这由通州三教庙建造的历史可以清晰看出。唐代著名诗人白居易在《三教论衡》中说："夫儒门、释教，虽名数则有异同，约义立宗，彼此亦无差别。所谓同出而异名，殊途而同归者也。"而在三教合一的问题上，有人也一度提出了以佛教为中心的三教合一观。《隋书》有李士谦答客人问："佛，日也；道，月也；儒，五星也。"与此相对应的则还有以全真道教创始人王重阳为代表的道教中心观和以唐宋八大家之一韩愈为代表的儒家中心观。这显然体现了"以佛修心，以道养生，以儒治世"的观点，然后再各自在此基础上强调自身的重要性或特殊性。三座庙宇中，燃灯佛舍利塔始建于北周；文庙创建于元大德年间；紫清宫则建于清代。儒、释、道"三教合一"的思想，就是文化互补、方圆互容、兼收并蓄特色的体现。佛、道、儒建设在同一地域且紧邻官衙的"三庙一塔"格局，体现了儒、释、道三教逐渐融合的历史趋势，反映了运河文化的开放与包容，这也是宗教中国化的应有之义。

通惠河和北运河的开凿进一步加强了与京师的密切关系，通州成为"畿东重镇"，既有与北京城文化的共性，也形成了自身文化的特色。运河文化也与通州文化紧密联系在一起。2014年6月，联合国教科文组织将京杭大运河公布为世界文化遗产。2016年5月27日，习近平总书记主持召开中共中央政治局会议，研究部署规划建设北京城市副中心和进一步推动京津冀协同发展有关工作。北京城市副中心的建设过程中，北京市积极响应习近平总书记提出的"要充分体现中华元素、文化基因"，"以创造历史、追求艺术的精神"，"发扬'工匠'精神，精心推进，不留历史遗憾"的要求，在建设过程中强调融入自然，要突出通州的自然特质，要以自然为美，做出通州的特色。

燃灯佛舍利塔自南北朝建立以来，几次损毁和重建都与佛教在中国传播的历史变化紧密结合在一起，是佛教中国化的见证者。塔的建设与历史事件紧密结合在一起。北周末期建塔后，经唐贞观、辽重熙、元大德、明成化重修，古塔凌云，垂映运河，昔日过往的漕船商舟远远就能看到。燃灯佛舍利塔因此成为古城通州的地理标识。燃灯塔处处都体现着辽代的建筑风格，从塔的整体组成看，下有两层须弥座，由莲花瓣承托整个八角形的密檐塔身，模仿木结构形式的砖雕斗拱等，这些都是典型的辽代风格。该塔在辽代同类佛塔中更是不多见，无论从建筑技术还是建筑艺术上都达到了十分完美的境地。燃灯佛舍利塔是北京佛教文化的重要表达载体之一。中文"塔"的发音是从巴利文音译而来。直到隋唐时，才有人将"塔"字作为统一的译名。《僧祇律》中说：若人以百千黄金布施别人，所获得的功德，不如一善心恭敬礼佛塔的功德。燃灯佛舍利塔和周边三庙共同体现了儒释道三位一体的格局，体现着中国传统文化的精神内核。在大运河已经成为世界文化遗产，并有北京城市副中心建设的机遇期，要进一步深入研究燃灯塔的文化内涵，讲好北京故事、运河故事和通州故事。

通州佑胜教寺燃灯佛舍利塔承载着历史文化、建筑文化和精神文化，一千多年来，帝王将相、文人墨客目睹此塔，创作了许多脍炙人口的诗词歌赋，展示出独有的中国特色文化特征和文化内涵。

多民族文化交融的雍和宫

雍和宫位于紫禁城的东北方，东邻古刹柏林寺，西与元代太学国子监相望，北邻地坛公园，是北京地区最大的藏传佛教寺院，也是保存完好的著名古代建筑群。

乾隆皇帝"舍宅为寺"

雍和宫始建于清朝康熙年间。康熙四十年（1701），康熙下令在紫禁城东北方向名为"驼馆"的官属地为四子胤禛修建贝勒府。康熙四十八年（1709），胤禛晋升为"和硕雍亲王"，贝勒府随之升格为"雍亲王府"。康熙五十年（1711），雍亲王第四子弘历，即后来的乾隆皇帝诞生府中，并在此度过了童年时光。胤禛继位成为雍正皇帝后，于雍正三年（1725），升"府"为"宫"，将自己原来的雍亲王府改为行宫，取"融洽、和睦"之含义，赐名"雍和宫"。

雍和宫殿匾额

乾隆九年（1744），雍和宫的身份再次发生改变，乾隆皇帝将父皇雍正长期生活、自己出生和成长的"龙潜福地"雍和宫"改宫为寺"。乾隆九年十二月十八日（1745年1月20日），雍和宫改扩建工程竣工，举行了隆重的开光仪式，乾隆赐寺名"噶丹敬恰林"（意为"兜率壮丽洲"）。从此，一座恢宏、壮丽的皇家御用寺院矗立在京城东北角。

此后，宫内又先后增建了万福阁、永康阁和延绥阁等殿堂。乾隆四十五年（1780），为迎接六世班禅进京，雍和宫又改建、扩建了戒台楼、班禅楼两座建筑。乾隆五十七年（1792），为保护乾隆御制《喇嘛说》碑，又添建了重檐四角御碑亭。至此，前后历时90余年，雍和宫中心区域的古建筑群全部落成，并一直延传至今。

处处可见的中国传统文化元素

雍和宫建筑群的形成，前后跨越康熙、雍正、乾隆三朝，经历王府、行宫、庙宇三个时期，建筑历史已达300多年。历史上，雍和宫建筑群占地面积10余万平方米，殿宇、

雍和宫鸟瞰图

房屋僧舍、亭台轩榭数量众多。各类建筑以南北向长方形布局的寺院主体建筑群为中心，形成东、西、中三路建筑鳞次栉比的分布格局。

东路建筑是指历史上雍和宫寺院主体建筑群以东的建筑群。其南部建筑系营房式的青堂瓦舍，横成排、纵成列，规整划一，井然有序，统称"连房"，是雍和宫喇嘛学僧的起居之所。北部为庭院式花园建筑群，称东书院。由大和斋、如意室、五福堂、大块文章地、画舫、松柏室、醉月轩、海棠院、后佛楼等多所厅、廊、亭、室、轩、台、阁、舫等建筑组合而成，错落有致、古朴典雅，既有北方皇家园林的恢宏大气，又不乏南方园林的精巧细腻。东书院原系雍亲王府的东花园和乾隆的诞生与成长之地，升格为行宫之后，成为雍正及其之后历代皇帝到地坛行祭之后休息、进膳和随行文武群臣更换服饰的处所。1900年八国联军入侵北京之时，上述建筑全被日军掳掠后焚毁。

西路建筑，主要是指雍和宫西跨院内的护法庙宇——关帝庙，俗称"老爷庙"。由山门、天王殿、东西配殿、菩萨殿和关帝殿等主要建筑组成。雍和宫是藏传佛教寺院中第一个供奉和祭祀关公的寺院，开创了藏传佛教寺院供奉祭祀关公的先例。20世纪50年代，因拓宽雍和宫大街关帝庙被拆除，其神像部分移奉宫内。

中路建筑为雍和宫建筑群的主体部分，如同皇宫一般雄伟壮观。在由南至北约400米长的中轴线上，依次排列着纵横有别、大小不等、高低错落的七进院落与六座主殿，形成由牌楼、辇道和昭泰门、雍和门殿、雍和宫殿、永佑殿、法轮殿、万福阁、绥成殿等为轴心的基本格局。昭泰门，是一座高出宫墙的歇山顶式斗拱出檐的花门楼。雍和门殿一字五开间，单檐九脊歇山黄瓦顶。雍和宫殿为七开间、进深三间、单檐歇山顶九脊殿。永佑殿单檐歇山顶，面阔五开间，朱壁黄瓦。法轮殿面阔七开间，内加暗廊，前后各出大抱厦五间，单檐歇山出九脊，黄色琉璃瓦覆顶。殿顶开设五脊悬山顶式天窗五座。万福阁为三檐歇山顶重楼式宏伟高阁，上下三层，列拱交构，飞檐叠嶂，巍峨壮丽。永康阁和延绥阁两座卷棚歇山重楼式配阁与之并峙耸立，三阁之间有阁道飞廊相衔接，形成一体之势。

雍和宫中牌楼

雍和宫法轮殿

雍和宫的建筑形式、布局及装饰艺术，既具有一般中国佛教寺院建筑的特点，同时又集宫廷与民间，以及汉、藏、蒙、满等民族建筑艺术于一体，中国传统文化元素比比皆是。

全盛时期雍和宫的建筑可分为殿宇、园林庭院、禅房佛仓三种类别，集中国传统建筑精华于一身，琳琅满目，相映成辉。从建筑布局来看，无论雍和宫的整体古建筑群，还是其中的局部区域，都结构规整、布局精巧、对称均衡、疏密有"致"、浑然一体。从建

雍和宫建筑上的吻兽

筑外形、结构来看，雍和宫的建筑恢宏大气，千变万化，灵动美观。传统古代建筑中所有的顶盖形式，几乎都能找到典型的例子，如歇山、悬山、硬山、单檐、双檐、三檐、四角、八角、攒顶、卷棚、勾连搭、明廊、暗廊、抱厦、重楼、重阁、暗阁等，丰富多彩，不胜枚举。从装饰艺术来看，雍和宫也集传统宫殿建筑和佛教寺院建筑装饰之大成，颇具特色。如所有中路建筑及两侧的主要建筑顶盖上所有脊背、檐翘均饰有吻兽，即龙、凤、狮子、天马、海马、狻猊、押鱼、獬、斗、牛、行什等吉祥物；梁、栋、椽、檐等木结构，斗拱、藻井、天花板部的彩绘，图案的样式及色彩，除保持了宫廷二龙戏珠、缠枝莲花等传统花纹样式，还创造性地融进了藏传佛教庙宇彩绘图饰，如七珍、八吉祥、十字金刚杵、大明咒六瓣莲花等图形及梵文经咒美术体字形。

此外，中路主体建筑上，还陈设有不少匾额和楹联，是设计者将诗词、书法、雕刻和装饰艺术融入建筑工程的杰作。其中，九龙斗匾精雕细琢，典雅庄严，五爪金龙，祥云环绕，蓝底金字，醒目大方，满、汉、藏、蒙四体文字文辞隽永，寓意深远，形成了雍和宫独特的艺术风格。

诉说金瓶掣签制度缘由的《喇嘛说》碑

《喇嘛说》碑立于雍和门殿后的重檐四角攒尖顶碑亭之中。该碑通高620厘米，碑身每边宽145厘米，碑首为一个大宝盖，碑座为六层花卉瑞兽纹基座。整个碑用5块巨大汉白玉石料雕造而成，用料精良，造型独特，工艺精美，尽显皇家豪华之气派。碑文分别用满、汉、藏、蒙四种文字刊刻于碑的四面，正面（南向）为满文，背面（北向）为汉文，右面（西向）为藏文，左面（东向）为蒙文，均阴文刻书，刻工娴熟，字体流畅，潇洒自然。

《喇嘛说》碑和碑亭是雍和宫最晚添建的建筑，原本不在雍和宫宫改寺建设规划之内，是额外添加的。碑文共2163字，是乾隆为制定和实施藏传佛教活佛转世金瓶掣签制度亲笔撰写而成的。此文总结了清王朝对待藏传佛教的历史经验和政策，成为清政府处理藏传佛教事务的基本纲领。

活佛转世是藏传佛教寺院为解决其首领的继承而采取的一种

《喇嘛说》碑

《喇嘛说》碑亭

制度，是藏传佛教特有的传承方式。该制度最初于 13 世纪由噶玛噶举派黑帽系首创，16 世纪中叶为后期兴起的格鲁派采用，17 世纪中叶以后就成为藏传佛教各教派普遍采用的主要传承方式。经过数百年的发展，由于受到世俗社会的影响和权势者的操控，活佛转世渐失其清净本义，弊端丛生，危及佛法。更严重的是噶举派红帽系第十世活佛却朱嘉措（1733—1791）为争夺六世班禅遗产，竟勾引廓尔喀人入侵，使群众蒙难、寺庙被劫，危及国家安全。为清除这些弊端，乾隆皇帝应八世达赖喇嘛"立定法制""垂之久远"的请求，在派遣大军入藏驱逐廓尔喀侵略者之后，制定并颁布了《钦定藏内善后章程二十九条》，章程的第一条即明确规定：认定活佛转世实行金瓶掣签制度。乾隆皇帝亲撰《喇嘛说》，刻石立碑于雍和宫，细说制定和实施金瓶掣签制度的缘由和目的，宣诏天下：活佛转世，金瓶掣签，永为定制。

在制定金瓶掣签制度的同时，乾隆还下旨制作了两个金瓶，一个送往西藏，另一个存放于雍和宫内。送往西藏的，供在大昭寺释迦牟尼佛像前，以确认达赖、班禅和西藏其他各大活佛转世灵童掣签之用。置于雍和宫的，供蒙古地区及青海、甘肃等地的大活佛转世灵童掣签之用。从乾隆五十八年（1793）雍和宫第一次正式实施金瓶掣签，掣定蒙古喀尔喀赛音诺彦部的额尔德尼班第达呼图克图之后，雍和宫设立的金瓶决定了大批蒙藏地区著名活佛系统的转世。

大铜锅与雍和宫的腊八粥

在雍和宫雍和门院鼓楼脚下，摆放着一口直径 2 米、深 1.5 米、重达 8 吨的大铜锅。很多人不知其来历和用途，惊诧雍和宫院内怎么会摆放着这么一件大缸型的铜器。其实，它是乾隆九年（1744）由皇宫养心殿造办处制造，供雍和宫熬制腊八粥的专用工具。原来设置于雍和宫东阿斯门内的"铜锅院"，民国以后不再使用。

雍和宫清代熬制腊八粥的大铜锅

农历的十二月，俗称"腊月"，"腊八"即腊月初八，也称"腊八节"，正式形成于南北朝时期，是中国民间传统祭祖祀神、驱除邪祟、祈福求祥的节日。古代，"腊"是一种祭礼。腊祭最初使用猎获而来的禽兽之肉作为供品，后来也使用五谷和果品，之后又发展到用五谷杂粮掺入花生、栗子、红枣等熬制的"腊八粥"。腊八节喝腊八粥之俗宋代已十分盛行，这一习俗既属中国传统文化，也与佛教有一定关联。因为古代腊日并无固定日期，到南北朝时期，梁武帝才把腊日定在十二月初八，而他作此决定与其笃信佛教有关。佛教有牧羊女以乳糜供养佛陀的传说，腊八这天也是佛教的盛大节日"成道节"，梁武帝将"腊日"与"腊八"合二为一，既可承袭祭祖、祭神的传统仪礼，同时也达成了纪念佛祖传扬佛教的心愿。唐宋时期以后，随着佛教的广泛传播，腊八节的佛教色彩日益浓厚，腊八节喝腊八粥的习俗源于佛教的说法也更加普遍和深入人心。因此，腊八粥也被称之为"佛粥""七宝五味粥""福寿粥""福德粥"等。

清朝皇帝特别重视腊八，宫廷上下每年必食腊八粥。自雍正帝起，直至宣统退位出宫前，每逢腊八，必在雍和宫内举行隆重的腊八盛典，用铜制大锅和奶油、小米、江米、红枣、核桃、桂圆、瓜子、葡萄干等20多种原料熬粥，由僧人念经，并派专员上祭、拈香。每年腊八节雍和宫共熬粥五大锅，分配方法为：首锅供于佛前，二锅献于朝廷，三锅给王公士庶和大喇嘛，四锅送文武官员和封寄各省的地方官吏，五锅给本寺僧众。三至五锅粥余下的要混在一起，于初八日早晨施舍给平民百姓。届时，许多京城百姓纷纷持碗前来喝粥，盛况空前。此盛典一直延续到光绪年间。至今，雍和宫仍保持着腊八舍粥的传统，深受游人和信众的喜爱。只不过时过境迁，熬制腊八粥的方式方法已经改变，过去熬粥的大铜锅已不再使用，成为记录历史和供人们观赏的文物。

京城首屈一指的东岳庙碑文化

北京东岳庙每一块碑刻都是一段历史，其碑石数量为北京城之首。东岳庙现存碑刻163通，最早的碑是《张留孙道行碑》。张留孙是北京东岳庙的开山祖师。东岳庙始建于元祐六年（1319），由玄教大宗师张留孙及其弟子吴全节募资初建，张公碑主要记载了张留孙晚年想要在京城东边修建东岳庙的过程，碑高4米，为国家一级文物。东岳庙最晚的碑为民国三十一年（1942）刻于新鲁班殿前的《鲁班会碑》。明代北京东岳庙比较有名的碑为张居正撰、何初谨书的《敕修东岳庙记》。北京东岳庙中路东西对称有两个雄伟的碑，一个是康熙的碑，一个是乾隆的碑，这两块碑都用红墙黄瓦的碑楼罩着。

北京东岳庙的碑主要分为四类：记述东岳庙祖师事迹的碑；建庙、修缮碑；记录各类香会等活动的碑；记录特殊事件的碑。

北京东岳庙碑林

北京东岳庙祖师碑主要来源于与历代祖师有关的宗师谱系和墓志铭，现在发现约 20 通，大部分记载的是张留孙祖师及弟子得到皇室的尊崇爱戴，多次被敕封的事情，如《赐玄教宗师之碑》将张留孙一系的师承及其高徒列出，记载了玄教的传承之事，以求玄教法脉永久传下去。还有一部分记录了元朝与张留孙、吴全节有关的高道事迹，如《陈真人道行碑》记载：元朝陈日新真人一生清贫乐道，死后仅薄书几卷，葬礼由当时北京东岳庙吴全节祖师出资举办。《弘文裕德崇仁真人薛公碑》记述了元朝薛玄曦真人 12 岁到龙虎山，对张留孙、吴全节祖师以师父的礼节相待，而且不贪慕名利，为人高风亮节。

从元代北京东岳庙祖师碑撰写碑文的人员名单来看，大多是当时文坛的领袖和引领风骚的人物，如：赵孟頫、虞集、赵世延、吴澄、袁桷、黄溍、朱思本、王祎、张伯淳、刘基……其中，赵孟頫受元世祖、武宗、仁宗、英宗四朝的礼敬，他的绘画技艺精湛，书法尤以楷、行书著称于世，与欧阳询、颜真卿、柳宗元并称"楷书四大家"，绘画开创元代新画风，被称为"元人冠冕"；虞集为元代儒学教授，曾随名儒吴澄游学，文与揭傒斯、柳贯、黄溍并称"元儒四家"，诗与揭傒斯、范梈、杨载齐名，并称"元诗四大家"；赵世延，元开国功臣按竺迩之孙，元代著名的政治家和文坛领袖，天历二年（1329），拜中平章政事，封鲁国公；吴澄为元代大儒，杰出理学家、经学家和教育家；袁桷为元代大德，延祐年间文坛领袖之一，在元代诗文方面影响很大；黄溍是元代著名的理学家、史学家、文学家、教育家和书画家；朱思本是元代地理学家和地图制图学家；王祎为元末明初的文人、官员，为《元史》总裁官；张伯淳为元世祖至元二十三年（1286），授杭州路儒学教授；刘基为元末明初杰出军事谋略家、政治家、文学家和思想家。从这些著名文人撰文的祖师碑来看，这些文人与玄教祖师有着紧密的联系。[①]

北京东岳庙还有许多皇亲国戚修缮碑。元代有天历元年（1328）由元文宗命开国功臣赵世延撰文刻碑于东岳庙的《昭德殿碑》，此碑记载了张留孙

---

① 刘仲宇：《玄教与元代的知识精英——兼论道教兴旺的一个重要社会条件》，"东岳信仰与北京东岳庙学术研讨会"，2013 年 3 月，第 35—45 页。

于延祐末拟建东岳庙，元仁宗听闻，愿拨国家财政建庙，张公辞谢仁宗，愿用私钱修建东岳庙。后吴全节祖师念师父修建东岳庙的心愿没有完成就羽化了，继续完成建庙的任务，元泰定乙丑年（1325），鲁国大长公主从大都（今北京）回全宁（今内蒙古翁牛特旗），去东岳庙朝拜，捐钱若干。吴全节于天历元年（1328）建成东岳大帝与东岳皇后的寝宫，正逢元文宗即位，公主进京朝贺，文宗听闻，赐名为"昭德"。

明代修缮东岳庙的碑共有三通，分别为《御制东岳庙碑》《敕修东岳庙记》《敕修东岳庙碑记》。《御制东岳庙碑》由正统十二年（1447）明英宗亲自撰写，讲述了东岳庙为什么要建于都城和明英宗御赐钱财修缮东岳庙的过程，并将前殿改名为"岱岳殿"，后殿改名为"育德殿"。《敕修东岳庙记》记载了孝定太后李氏听闻东岳庙有倒塌，准备重修东岳庙，万历皇帝知道这件事后出帑银资助。传说万历皇帝修葺东岳庙的第十七年，梦到东岳神灵，因此于万历十九年至万历二十年再次重修东岳庙。

清代修缮东岳庙的碑共有八通，分别为《重修炳灵公碑记》《东岳庙碑记》《修建公输仙师殿碑记》《京都大宛二县朝阳关内外五行八作重修鲁班殿碑记》《鲁祖殿重修碑记》《重修马祖殿碑文》《同善堂义学记》《东岳庙重修药王等殿》。《重修炳灵公碑记》记载了顺治八年（1650）梅勒、章京等官员捐资重修炳灵公殿。《东岳庙碑记》记载了康熙三十七年（1698）不幸失火，康熙三十八年命官员从广善库拨银，命和硕亲王监工修缮，工期两年多，后整个庙宇焕然一新。《修建公输仙师殿碑记》记载了康熙五十八年（1719）捐资在东岳庙建造殿宇、塑造鲁班神像之事。

《京都大宛二县朝阳关内外五行八作重修鲁班殿碑记》（1753）记载了京都大、宛二县朝阳关内外八作众善人，见鲁班殿历久失修，发愿捐资重修鲁班殿宇。《鲁祖殿重修碑记》讲述的是鲁班工艺无人能及，乾隆四十八年（1783）命重修鲁班殿。《重修马祖殿碑文》记载了乾隆五十六年（1791）命重修马祖殿之事。《同善堂义学记》记载了道光二十九年（1849），东岳庙住持马宜麟在庙后购置房屋数间，兴建同善堂义学，供贫寒子弟读书。《东岳庙重修药王等殿》讲述的是光绪十四年（1888）重修药王殿等事。民国修缮庙宇的碑仅有一通，为民国十七年（1928）陈德霖、朱文英等梨园人捐资重建喜神殿之事。

北京东岳庙最多的碑为明清时期的香会碑，香会就是供奉香火的会，庙里最早的香会碑为明嘉靖二年（1523）的《泰山碧霞元君香仪碑记》，讲述的是天下碧霞元君香火都很兴旺，历朝历代皇帝多到泰山去封禅等事。最晚的香会是民国十一年（1922）捐资立碑的《公议重整万善撣尘放生圣会碑》。从香会碑的数量来看：明碑万历、崇祯两朝为多，这时候大约是东岳庙香会萌芽时候；清碑康熙、乾隆两朝碑石最多，这段时间正是国富民丰之时。[①]从这些香会碑的内容看主要有香火义会、冥用什物圣会、长香会、众官义会、白纸圣会、施茶会、常明海灯会、四处进供老会、悬灯老会、祈嗣善会、撣尘圣会、寿桃圣会、八顶进贡展翅老会、二顶圣会、路灯老会、四顶圣会、金牛圣会、散司圣会、拂尘老会、三顶圣会、甲子会、散司攒香小会、庆司老会、走香圣会、子午圣会、子午进膳胜会、甲子上香胜会、马王老会、献茶圣会、献花圣会、盘香老会、供膳香灯老会、净水圣会、鲁祖老会、净炉老会、羊行老会、庆司老会、献灯老会、撣尘放生老会、糊饰窗户会、净水老会、清茶圣会、白纸献花会、香灯供膳窗户纸会、净炉供粥老会等。这些香会碑主要分为善会、义会、圣会、胜会、公会、老会、小会等。"善会""义会"基本上由宫里的太监和妇女组成，善会主要取善有善报的意思，而义会主要是把供奉香火的事作为一项义举；圣会即是恭祝皇帝的会；胜会即取此会盛大隆重的意思；老会是成立百年以上的会，老会的资历最老，庙里举行活动，其他的会都要让老会先行；小会是成立年代不久，百姓取比较谦虚的用词而成立的香会。明中叶至民国，京都各行各业都争相来这里举办善事，

---

① 叶郭立诚等著：《北平东岳庙》，《民国万象》第一辑，福州：福建教育出版社，2016年7月。

他们按各自规定的日期和形式来庙里做善事。①

记录国家或庙里发生特殊事件的碑，北京东岳庙主要有两通。一通为康熙十九年（1680）《奉旨添设粥厂碑》，此碑记录了康熙十九年四月发生灾情，康熙皇帝下令在京都设立粥厂，并令金都御史高尔位监督京都各粥棚，高尔位深知皇上爱民如子，故遵命奉行、不辞辛劳，事后灾民感谢皇恩浩荡，高尔位立碑以记其事；另一通为咸丰三年（1853）的《地界碑》，记载了咸丰年间官府对东岳庙进行勘察，丈量房屋面积，督促修理管理公事之人不得占用庙产、严禁私买私卖、警告企图侵占庙宇之地等事。

北京东岳庙有的碑既是祖师碑，又是建庙、修缮碑，如《张留孙道行碑》《同善堂义学记》。从时间上来看：祖师碑主要集中于元代，建庙、修缮碑贯穿于元代至民国，香会碑主要在明中后期至民国，而特殊事件碑不受时间限制。从碑的组成人员来看有皇亲国戚、文武大臣、历代祖师、行会成员、普通居民，包含北京城乡各阶层人士。

1900 年，八国联军入侵，日军侵占北京东岳庙后，肆无忌惮对庙产进行掠夺与破坏，后又经民国初年的军阀混乱等，石碑倒塌断裂，殿堂濒临崩塌，使往日气势恢宏的皇家庙宇沦落到破败不堪的地步。1996 年，幸得党和政府相关部门的重视，朝阳区人民政府出资对东岳庙进行修缮。北京东岳庙正式恢复成为道教活动场所，几经挫折的北京东岳庙又恢复了往日的生机。

---

① "东岳庙"，胡玉远主编：《燕都说故》，北京燕山出版社，1996 年 10 月。

中华传统建筑文化典范白云观

　　北京白云观具有中国传统的建筑文化特色，显示了浓厚的道教民俗功能。白云观严格按照中国传统的中轴线（左、中、右对称）和前照后靠的古建形式来布置殿堂，中轴线上有山门、灵官殿、玉皇殿、老律堂、邱祖殿、三清四御殿；左路有鼓楼、三官殿、救苦殿、三星殿、慈航殿、真武殿、雷祖殿；右路有钟楼、财神殿、药王殿、元君殿、文昌殿、八仙殿、吕祖殿、元辰殿；前有照壁、牌楼；后有小蓬莱花园（园中的退居楼和假山）依靠，形成了典型的前有照、后有靠，左青龙、右白虎的建筑格局。白云观建造时根据道教教义和中国民俗特色，赋予了建筑深刻文化印记，如"铁打白云观""三猴不照面""窝风桥的来历""元辰殿前会神仙""云集园的故事"等。

　　"铁打白云观"的说法始于明代以后。白云观山门上悬挂的"敕建白云

白云观玉皇殿

观"匾额，由一块生铁铸造而成，这块匾额为明英宗所赐，寓意白云观如铁铸般坚固，希望白云观香火永远不断，道场永固。这块铁匾长3米，宽1米，厚0.1米，约重350斤。为什么将如此笨重的铁匾悬挂在高高的山门之上呢？原来从金朝正隆五年（1160）至元朝顺帝至正元年（1341）止，180年间，白云观经历了多次修了毁、毁了修的遭遇，其中一个重要的原因就是无情的大火曾使它三度焚毁殆尽，当年英宗皇帝对白云观进行修建，历时之久、工程之大、耗资之巨，都是空前的。修建完工以后，英宗皇帝担忧白云观再次毁于火灾，便想出了一个办法，就以铁代木制作了这块大铁匾。那么如此厚重的匾又是如何镶嵌上去的呢？古时候可没有起重机和吊车这样的工具，完全是靠原始棍棒等器具。其实当时是在山门前用土堆成斜坡，在匾下垫上圆木，通过滑轮沿着斜坡拉上去的，工程结束后再一步一步将斜坡铲去。

　　"三猴不照面"是说白云观的三只石猴不在同一个位置，至于石猴的来历与当年丘处机西行面觐成吉思汗有关。为了解决路途之单调苦乏，丘处机除了偕十八宗师外还带了三只顽皮的猴子前往。后来猴子均老逝在回归的途中，令丘处机十分怀念，所以在修缮白云观的时候为了纪念它们，便在山门和雷祖殿前碑座上镌刻了三只小石猴。后来又增塑两只在窝风桥前的碑座上和元辰前的十二生肖壁上。要说这石猴每只只有巴掌那么大，刻在庙里的墙上或是碑上，要想一只只都找出来还不太容易，不仅要靠眼力还得看缘分。第一只石猴比较明显，刻在白云观山门的斗拱东侧上，门斗上是一大整块的浮雕图案，叫做"坎离匡廓图"，上面有祥云缭绕，显出仙气阵阵，又伴有六只展翅飞翔的仙鹤，谐音"六合"，意思是"乾坤运化""六合同祥"。从整体布局来看，这不过9厘米长的小猴子在画面里真有些不太协调，到底它有什么含义呢？道教是讲究修炼的，追求养生长寿的方法很多。其中有"导引术"，类似"仿生拳"之类。猴子灵活善于运动，是古老的导引术中常常模仿的动物之一，能使人的身体关节保持灵活延缓衰老，同时又传达一种生命的生生不息的意思，就是说生命不息、运动不止，要保持自身与宇宙的平衡。都说"出头的椽子先烂"，由于抚摸的人太多，不仅石猴所处地方的颜色要比周围深出许多，连石猴的脸都是"面目全非"了，要不是被告知这是猴子，还真看不出来。有书记载，这只石猴原本表情是"宁静深沉"的，可现在连脸都被抹平了，还哪看得出表情啊，这可真叫做牺牲自己、幸福万家，颇有神仙的风范。

白云观石猴

第二只石猴，同第一只一样大小，藏在山门西侧墙的底座的图案中。虽然人们摸完了山门上的那只后就进了庙里，可是临出来的时候也总还能找到它的，所以这只猴子也是面目模糊了，甚至分不清前后左右。但模糊中能见到它身体的挺拔，似乎高傲地显示自己的"老资格"，越老价值越高。

第三只石猴藏在白云观东院雷祖殿前右侧一米多高的石碑的底座上。这只猴子由于地理位置比较偏僻，很难被人找到，没有了前二只猴子的"风光"，却也因此保全了自己。它脚踩在石头之上，浑身充满着动感。一只手搭在额头，另一只手高举着一个桃子，好像是要扔给谁的样子。通常春节期间，为了保护这块碑，都是用隔板把它包围起来，所以到这里的游人不是来摸猴，而是来"看猴"了。北京坊间有句俗语"神仙本无踪，只留神猴在观中"。这意思是说神仙是来无影去无踪的，普通人难得一见，但是神仙在这白云观里留下了仙气儿，附在了观中的小石猴身上，谁要去摸一摸石猴，那就等于是跟神仙握了个手，以求保佑一年好运。为了这一年的平安、顺利，人们都常在新年的第一天里早早地等着、候着，不怕黑、不怕冷、不怕挤，求得摸着石猴。这摸猴的习俗究竟怎么来的呢？查无正史、野史记载，据白云观陈旅清道长介绍说：道教是效法天地、崇尚自然的，"猴"与气候的"候"同音，所以"摸猴"的意思就是摸着、顺着节令气候的变化，遵守"道法自然"的道理。"理"对了，生活中的一切就会顺遂、健康、美满。当然也有更俗的讲法：摸猴就等于封住了猴子，"猴"与"侯"谐音，"封猴"即"封侯"，其中之意不言而喻了。总之，无论是"摸"、还是"封"，都是信众与神之间的一种交流。陈旅清道长说："人们亲切地去抚摸石猴，使它感到温暖舒适……"言外之意就是人与神之间的交流都不能是一味地索取，人和人之间就更应该有慷慨的给予和无私的奉献，正如道教提倡的"悯人之凶，乐人之善，济人之急，救人之危"的侠义肝胆、"见人之得，如己之得；见人之失，如己之失"的宽阔胸怀。"忘我"的祈福，才是人间大爱。

窝风桥的来历都是为了白云观这个名字。白云就怕风吹，那要是来一阵风，云就被吹散了，所以，这桥的作用就是拦截所有的风，让这片云永远停留。窝风桥是座没有水的旱桥，桥拱下挂着一枚两尺大的金色铜钱，钱孔三寸见方，中间有一个小铃铛。游人香客用钱在旁边的亭子里换来小铜片，投向中间的铃铛，如果打中铃铛铿然一响，就说明这一年肯定会交好运，这就是白云观庙会上另一个不可缺少的活动，也是老北京逛白云观不能落下的功课，叫做"打金钱眼"。老北京庙会的时候，每到大年初一的凌晨，白云观里就要选派两位老修行，也就是道行高深的道长早早吃饱喝足后下到桥下，端坐在孔洞下面，也就是在那个大铜钱之后，不吃不喝坐上一天，向百姓展示道家的修行。道教不是要人清心寡欲吗？怎么和"金钱"扯上关系了呢？打金钱眼，可不是让人掉到金钱眼里去，适当地积蓄财富，是人维持生活的必要保证，也是行善积德的物质基础，只要这钱来得光明正大，就无须讳言"钱"字。

窝风桥下金钱眼

　　元辰殿里拜太岁、元辰殿前会神仙是说每年的正月初一至十九日期间信众们到白云观元辰殿前朝拜自己的本命保护神和会丘神仙。元辰殿里供奉的是太岁神，也叫本命神，一共60位。传统认为这60位神仙轮流值班，每一年值班的叫做"当值太岁"，所以每个人出生那年的当值太岁就是本命神。那么这60位太岁神又是怎么来的呢？古时中国人以天干、地支相配来计时。天干是十个：甲、乙、丙、丁、戊、己、庚、辛、壬、癸；地支则是十二个：子、丑、寅、卯、辰、巳、午、未、申、酉、戌、亥。以天干的第一个"甲"来配地支的第一个"子"，再用天干的第二个"乙"配地支的第二"丑"，如此类推。因为天干是十个，而地支是十二个，这样配到60个的时候，天干的第一个才能再次配到地支的第一个，所以以60为一个周期，叫做六十甲子。

如此循环往复，无穷无尽。另外又把十二地支与十二种动物相配叫做生肖，也就是我们都熟知的子鼠、丑牛、寅虎、卯兔、辰龙、巳蛇、午马、未羊、申猴、酉鸡、戌狗、亥猪。这十二生肖每 12 年一个轮回，人们把相同属相的年份便称之为本命年。这十二生肖再与十天干相配，也是六十的一个周期，道教把这六十甲子配上 60 个神的名字，于是就有了 60 个"本命神"。

元辰殿里面供奉着 60 位神像，每一位的面前有一个木牌，写着神的名字（统称为大将军），并且标着公元的年份，游人只要找自己的出生年就行了。那么"太岁"又是怎么来的呢？古时中国人测出木星是太阳系中最大的行星，并且它的公转周期是 12 年，所以就把木星叫做"岁星"，用来纪年。但是后来又有发现，实际上木星的运转轨迹并非整 12 年，而是有一些小小的出入。于是人们就假想出一个同样轨迹，但运转方向和木星相逆的星体，这个假想中的星星，就叫做太岁。木星每年路过地球一次，方位各有不同，所以就有"太岁某一年在某一方"的说法，这一方就不能动土搞建筑，否则被认为是触犯了太岁，就会招来灾祸。这样一来，谁都"不敢在太岁头上动土"了。传统认为在 60 年这样一个轮回里，每一年上天都会派一位神仙出来值年，说白了就是值班，负责掌管这一年人间的福祸，这位神仙就叫做值年太岁，60 年就有 60 位太岁，所以元辰殿里面的神仙也叫做六十甲子神。老北京城里有个传统，每年农历的正月初八老百姓都会到白云观里拜太岁，不仅拜自己的本命太岁，也就是出生年的太岁，还得拜一下当年的当值太岁——这当年管事儿的神仙可不能忽略，俗话说"县官不如现管"啊！这种祈求平安、如意的仪式就叫做"顺星"。如今的"顺星"仪式，可比过去简单多了，进入 21 世纪，人们的生活也进入了"快餐时代"，一切都讲究简单、实用，这种印有六十甲子神的护身金符就成了大家的最爱。信众们进元辰殿拜完了神，再请了护身符，回去放在钱包里或是枕头底下，就认为可以"把一切妖魔鬼怪都拒之门外"了。

在元辰殿的正中，还供奉着一位女神——斗姆（母）元君。顾名思义，斗姆（母）元君就是北斗众星之母，天上的星星总是不停地转动，来回地改变自己的位置，只有北斗众星位置不变，道教认为北斗是天地的总枢纽，是天地斡旋、四季循环的总根源。所以作为北斗众星之母的斗姆元君，也就被认为是宇宙万物的生生之母。元辰殿里的斗姆像有三只眼睛、四个脑袋、八条手臂，显示出她的法力无边，但是脸上的表情又透露出母爱的慈祥。道教认为天地万物的生化都是由阴阳五行的运转所带动的，但阴阳五行的运转并不总是那么正常，就像人们的身体也有时会阴阳失调一样，宇宙中阴阳二气的流行有时也会失去平衡，金木水火土五行星的运转也会出现错度。阴阳失衡则风雨不调，五行错度即灾厄横生，天地之间流行乖戾之气，所以信众认为需要斗姆元君以其无边神力予以调节，从而保持宇宙万物生生不息的强健活力。

元辰殿前会神仙是会白云观开山祖师丘处机。道教全真龙门派创始人丘处机曾做过白云观的住持，仙逝后他的"遗蜕"就埋藏在观内的地下，所以纪念丘处机的"宴丘节"是老北京庙会上最重要的节日。丘处机的生日是正月十九，相传在这一天，各路神仙都会"下凡"来为他祝寿。神仙们为了"不扰民"，都是乔装打扮地来到人间，有的化装成乞丐，有的扮成文人，还有的变成做小买卖的，混迹在凡人之中。有缘相见者，可以祛病延年。信众们想见神仙一面，以求得一年平安吉祥。所以观中百十道人三五成群静坐等候，信众们也会从正月十八的午夜一直守候到十九的白天，带着干粮、背着水，做好了不见神仙不回家的准备，期盼着能有一次"神交"。而那些无意于遇仙的人，则可以在观前广场上尽兴玩耍。作樗蒲博戏的、赛马射箭的、表演杂技的，"怒马雕鞍""戴竿跳索"热闹非凡，直使得"观前尘埃飞""人多曲巷填"。有一首诗描述当时晏丘盛会时说："京师明日称燕九，少年尽向城西走。白云观前作大会，射箭击球人马蹂。古祠北与学宫依，箫鼓不来牲醴稀。如何义士文履善，不知道人丘处机。"到了十九的中午，干粮吃完了，水也喝光了，见着神仙没见着神仙的都该回去了，到了下午这白云观里也就清静了，所以严格地说白云观的庙会是十八天半，以最后这"宴丘节"为最高潮。

云集园是白云观最后面的建筑（后花园），无论亭台楼阁，还是树木山石，都极为精巧别致，安排得恰如其分，所以道长们给它一个十分优雅的名字"小蓬莱"。蓬莱本来是海中神仙居住的仙岛，《史记·封禅书》说：海中有三神山，名叫蓬莱、方丈、瀛洲，曾经有人到达过那里，说岛上有仙人和吃了让人不死的药；岛上的禽兽全都是白色的，宫殿全都是用黄金白银建成的；当你没有到达的时候，远远望去，就像云一样；当你到达的时候，三神山反而出现在水下。《列子》也说：大海上有五座神山，一叫岱舆，二叫员峤，三叫方壶，四叫瀛洲，五叫蓬莱；每一座山上下周旋三万里，山顶上平地方圆九千里，每座山之间相隔七万里；山上的台观全是用金玉砌成的，禽兽全是纯白色的；五彩玉树丛生，上面结着美丽的果实，吃了不仅味道鲜美而且能够不老不死；山上的人都是神仙的后代，一早一晚飞着相互往来。看来，白云观道长们视这后花园为白云观的"仙境"。

这个清幽雅静的后花园，还有另外一个名字——云集园。云集本指人群密集的地方，而在这里指修道之人聚集的地方。道教把一起修道的人称为云侣，成千上万个云侣集中在这幽静典雅的园中修炼，当然就成为云集园了。

云集园由三个庭院连接而成，中心为戒台和云集山房。四周游廊迂回，假山环绕，花木葱郁，绿树成荫。东有友鹤亭、云华仙馆，西有妙香亭、退居楼。

这云集园不大，却是慈禧太后身边的一个太监所为，这个人就是刘多生。

刘多生的家乡，是直隶河间府东光县人，早年入宫。他在宫里的位置，那可是仅次于沈兰玉受皇帝恩宠的大太监之一，人们都称呼他为"印刘"或者"诚印"。咸丰年间（1851—1861），刘多生已经是紫禁城三大殿掌管玉玺的首领太监。

太监刘多生与北京的道教关系非常密切，他参与修建或重修的道观有白云观、宏恩观、妙峰山娘娘庙、立马关帝庙等20多座。刘多生为何要与这道教的圣地白云观发生关系呢？这与慈禧太后有关。

据《太上律脉源流》记载，皇亲照公府太夫人（慈禧母亲）的灵柩寄放在白云观中，白云观大律师张宗璿每天为太夫人虔诚地诵念《血湖经》。太夫人的灵柩在白云观一放就是半年多，太夫人的容貌基本没有什么变样。慈禧皇太后高兴地赐给张宗璿紫袍玉冠，捐献黄金资助张宗璿开坛传戒，王公贵族，接踵而来，请谒声名，传播远方。

太监刘多生因料理"皇姥姥"殡事，遂与张宗璿方丈及高仁峒等结识并交往。张宗璿方丈与刘多生（诚印）的师徒关系及高仁峒与刘多生的师兄关系便于此时建立。

按白云观传戒律师传承，同治、光绪年间第十九代传戒律师为张宗璿；第二十代为高仁峒。高仁峒升座白云观方丈后，刘多生多次充当白云观护坛化主，曾"输资巨万，道众咸仰食焉"。

此后，刘多生曾先后捐募白银21000多两，在白云观传戒3次，受戒者达到1100多人，宫里有许多宦官都受了戒。刘多生还自捐白银3600多两购良田15顷，作为白云观的香火之资。他一系列的举动获得慈禧太后的赞许，这才让他坚定了信心，出资200多万两白银为慈禧太后修建了这座后花园。

刘多生亲自制作匾额，并题写"小蓬莱"三字。传说慈禧每次从颐和园游玩回宫或在宫中遇到烦心的事，都要从花园后门码头登岸，到"小蓬莱"歇脚品茶，谈玄论道。

对外文化交流窗口牛街礼拜寺

　　牛街礼拜寺位于北京市西城区牛街18号。该寺初期规模较小，明宣德二年（1427）进行扩建，明正统七年（1442）进行重修，明成化十年（1474），奉敕赐名"牛街礼拜寺"，与东四清真寺、安定门二条法明寺、锦什坊街普寿寺并称为京城四大伊斯兰教官寺。此后经多年发展，牛街礼拜寺逐步成为京城最知名清真寺。牛街礼拜寺1988年被国务院公布为国家级文物保护单位。

北京牛街礼拜寺是伊斯兰文化与中国传统文化融合的见证

元代按照阿拉伯、波斯、中亚等人"涌来"计算，牛街地区穆斯林应有相当数量，礼拜寺肯定已经存在，今日寺内两座筛海坟也是佐证。牛街礼拜寺《明弘治九年敕赐礼拜寺记》记载，明宣德二年（1427）牛街礼拜寺有修，明弘治年间大规模修建……按照穆斯林围寺而居、自己筹资建寺传统，说明这时牛街地区穆斯林已经很多，社会阶层也更丰富。牛街礼拜寺另一块碑《明万历四十一年敕赐礼拜寺记》提到明正统七年（1442）"殿宇恢张"，还提到"唯成化十年春，都指挥詹升题请名号，蒙圣旨曰'礼拜寺'"，诸多碑文内容可知随着在此居住人数越来越多、阶层越来越高，不断为该寺能够成为官寺积聚条件，成化十年牛街礼拜寺遂在詹升奏请下正式成为"官寺"。又经一番建设，最终形成一个坐东朝西、殿堂楼亭主次分明排列在一条中轴线上，以照壁、正门、牌坊、望月楼、礼拜殿、邦克楼、讲堂、碑亭、对厅等为主要建筑的独具特色的中国古典宫殿式古建筑群。它是伊斯兰教传入中国后融入中国的结果，也是伊斯兰文化与中国传统文化融合的见证。

据记载，"明亡，大清兵入阙，趋民出城，居两边者失其所有，遂尽趋冈儿上，迨来时移世易，年久贫富变迁，向之茅舍零星者，今且烟火万家矣"[①]。正是因为清朝原来居"两边者"[②]来到牛街地区，让牛街礼拜寺力量不断壮大，地位不断提高。而此一时期按照大清律令除了宗教师等留居寺内之外，附近教坊穆民皆都迁往牛街地区，牛街地区穆民更为众多。虽然后来随着清朝政策的改变，城内穆斯林又多了起来，以长安街的回回营清真寺建立为标志，其他清真寺等也相继建立，但是都无法与牛街礼拜寺相比。

牛街礼拜寺早在明清之际就在对外交流方面起着重要作用。《冈志》中讲："国朝自顺治八年以来，外藩蒙古四十八处，凡各处进贡来京者，每年

---

① 北京市政协文史资料研究委员会、北京市民族古籍整理出版规划小组编：《北京牛街志书—冈志》，北京出版社，1991年5月，第2页。

② "两边"指元明清时期北京东四牌楼与西四牌楼地区。因为元明时期穆斯林赀高居职者多住这些地区，在北京牛街志书《冈志》中即把此两个地区称呼为东西两边。

不拘二次三次，动辄数百人，淹留数十人，分居教厂、皇寺、馆驿等处。"①说明牛街地区在顺治时期外藩蒙古使者来京者居牛街地区之盛况。往前推断，在明代时期，牛街地区起初作为京城的外城，蒙古来使出使明朝时期多在此停留，牛街礼拜寺"桥梁纽带"作用凸显，牛街礼拜寺名声更加远扬，地位更加重要。

20世纪初期，一批接受过新式教育的穆斯林知识分子抱着"救国、救族、救教"②目的，在新文化运动的影响下行动起来。清光绪三十三年（1907），王浩然和王友三等在牛街礼拜寺内设立"回教师范学堂"；清光绪三十四年（1908），王浩然阿訇在牛街礼拜寺内创建清真第一两等学校；民国六年（1917）第一两等学校学生张德明等人发起组织成立"北平清真学社"，社址设在牛街礼拜寺内；还有"北平清真书报社"由牛街马魁麟阿訇创办，该社书刊远销海内外，颇具影响。

1949年新中国成立后，党和政府十分关心牛街礼拜寺的保护与建设。2004年以来，该寺进行大规模的全面修缮，不仅复建了东院东房，扩建了男沐浴室、锅炉房等，而且还将危改拆迁后的寿刘胡同清真女寺异地还建，同时将原属牛街礼拜寺其他相关寺产退还，牛街礼拜寺面积扩大很多。

改革开放后，对外交往越来越多，牛街礼拜寺作为首都伊斯兰教对外交往的重要窗口，自从1979年重新开放以来，每年接待大量前来参观、礼拜、交流的宾客。1983年至2008年，牛街礼拜寺共接待外宾和我国港澳台地区同胞14.6万人③，其中国家元首级宾客24人、部长级以上官员54人……随着我国对外交往越来越多，牛街礼拜寺在对外交流上影响越来越大，它已不仅仅是穆斯林从事宗教生活的场所，也是对外文化交流的重要平台，为世界

①　北京市政协文史资料研究委员会、北京市民族古籍整理出版规划小组编：《北京牛街志书—冈志》，北京出版社，1991年5月，第2、33页。

②　北京市宣武区伊斯兰教协会编：《清真古韵》，北京：文物出版社，2009年9月，第96页。

③　北京市宣武区伊斯兰教协会编：《清真古韵》，北京：文物出版社，2009年9月，第274页。

各国穆斯林了解中国、认识中国提供了窗口，加深了世界伊斯兰国家同中国之间的友谊。

2017 年 5 月 14 日上午，参加"一带一路"国际合作高峰论坛的印尼总统佐科来到牛街礼拜寺参观访问

见证中国化历程的东四清真寺

东四清真寺位于东城区东四南大街13号，相传始建于元，初名"礼拜寺"，1447年，明英宗赐名"清真寺"后开始大规模建设，之后历代以"官寺"著称。1920年，该寺进行局部改建，1952年、1974年、2003年相继修缮。现该寺占地约6000余平方米，共有前、中、后三进院落，王府式大门系民国时期建设，前、中院建筑系清末民初改建，第三进院礼拜殿坐西朝东，南北讲堂置于两边，具有典型明代建筑特点。民国时期寺内设置成达师范学校、福德图书馆、北平伊斯兰经学院等。曾出版发行《月华》和《回民大众》等伊斯兰学术文化刊物。新中国成立后，中国伊斯兰教协会、北京市伊斯兰教协会曾在此办公。1984年被列为北京市文物保护单位。

东四清真寺内院

东四清真寺始建年代已不可考，有说西域来华筛海·革哇默定之子都定君奉旨敕建寺于"东郭"即"东四"，如果按照牛街礼拜寺《古教西来历代建寺源流碑文总序略》碑文中的记载，宋代东四清真寺就已经存在了。而今日东四清真寺保存的无梁殿更为该寺建于元代提供了佐证。

明代伊斯兰教在中国发展并逐步定型。中亚穆斯林阿里·阿克巴尔当时在《中国纪行》书中说："中国皇帝在汗八里（今北京）为穆斯林修建了四座清真寺，中国境内共有九十座清真寺，都是政府为穆斯林建造的。"明正统十二年（1447），回回武职高官陈友感恩官职屡被提升，遂请英宗为东四"礼拜寺"赐名获批，自此东四"礼拜寺"成为"敕赐清真寺"并开始大规模建设，工程始于明正统十二年（1447）二月十九日，完工于明正统十三年（1448）的五月五日。重建后的"敕赐清真寺"坐西朝东，规模宏大，三间封火式大门庄严肃穆，两边旁门，中门额书"敕赐清真寺"，轴线对称式的中国传统院落建筑形式使三层院落从东到西沿轴线延伸，照壁、石桥、牌坊、大门、二门、礼拜殿等依次排列轴线之上。最为壮观的还是礼拜大殿，五楹三进，庑殿顶、无推山、三踩单昂斗拱，这是北京清真寺中仅有的四面坡明代古建建筑，也是北京清真寺同类建筑中的最高规格建筑。这座典型的中国传统建筑清真寺的建成，表明了此时的伊斯兰教已经深深地浸润中国传统文化。

明成化二十二年（1486），"敕赐清真寺"二门增建了宣礼楼，花纹刻石交织对称拱门，铜宝顶置于宣礼楼顶部，"敕赐清真寺"整体建设更趋完整。寺旁十字路口新建的"东四牌楼"作为城市中的新地标逐渐声名鹊起，人们开始称呼"东四牌楼清真寺"多了起来，"清真寺"之名渐渐被人遗忘。

东四牌楼清真寺宣礼楼似乎难以承受铜宝顶的"重压"，在坚持挺立了400年后终于毁于光绪末年的地震，当时没有能力恢复只能暂时建设一座垂花门代替，宣礼塔只留下铜宝顶似乎诉说着当年的"辉煌"。民国三年（1914），三间封火式大门由三间王府式大门代替，"敕赐清真寺"石额被搁置右方角门后却不知所踪。大门两侧从此以后多了四个大字"清真古教"。同是民国时期，前院南北西三面也由仿西式的平房代替，二门过厅五间房子及带有砖券门的前后廊也都相继建成。民国时期，唯一与现代不同的是当时院内古柏苍劲，藤蔓缠绕，礼拜殿前两块巨大石碑相称矗立，后院中间石座铁鼎高高耸立，它们丰富了东四牌楼清真寺，衬托了该寺丰厚的历史与不平凡的经历。同是民国时期，清真寺大门外又添加砖墙，铁质镂空外门引得东四牌楼清真寺现代化气息更加浓厚，透过铁质镂空外看东四牌楼清真寺的大门，两块木制白色牌子悬在大门两侧，一块上写"成达师范学校"，一块上写"成达小学校"。

民国十一年（1922），北京羊行工会在清真寺后院开办回民育德小学。民国十四年（1925），王静斋阿訇在赵文府等支持下在东四清真寺南讲堂历时 1 年 8 个月完成翻译《古兰经》并于民国二十一年（1932）由侯松泉负责出版。民国十八年（1929）春天，成达师范学校从济南迁至东四清真寺。民国三十六年（1947），马松亭阿訇在此创办"北平回教经学院"，全国著名的伊斯兰教综合刊物《月华》旬刊与《回民大众》报等也在这里编辑、发行。东四清真寺被誉为"北京穆斯林的文化摇篮"可谓名副其实。

《月华》，福德图书馆藏

中华人民共和国成立后，党和政府十分关心东四牌楼清真寺的建设，投入 13 亿元（旧币）使其焕然一新、雄姿依旧，伴随着 1954 年东四牌楼被彻底拆除，"东四清真寺"逐步代替"东四牌楼清真寺"之名。

1950年安士伟与杨明远等阿訇在此共同发起了阿訇学习班。1951年北京市回民抗美援朝委员会在此成立，并召开了声势浩大的全市穆斯林积极响应"中国回族人民号飞机"支援中国人民志愿军的活动。1953年宣告成立的中国伊斯兰教协会，会址当时设在东四清真寺。1951年至1956年，北京市少数民族培训班在此举办，在培养的7000余人中，85%是回族。1955年秋天的一个下午，周恩来总理在马玉槐的陪同下来到东四清真寺，他非常关心东四清真寺的建设，并叮嘱要保护好这座古老建筑。"文革"期间，东四清真寺在周总理的关怀下得到了很好的保护。1979年北京市伊斯兰教协会在此成立，1982年在寺内开办经学班，成为北京市伊斯兰教经学院的前身。2014年北京市民族宗教事务委员会、北京市伊斯兰教协会开始启动了整理福德图书馆馆藏古籍、文物的工作，图书馆内诸多珍藏古籍得到发掘、整理、入柜、保护。2017年6月22日，北京市伊斯兰教协会在东四清真寺举办福德图书馆复馆仪式。2018年5月18日，中国伊斯兰教协会在东四清真寺举行"四进"清真寺活动启动仪式，倡议各地伊斯兰教协会和清真寺开展国旗、宪法和法律法规、社会主义核心价值观、中华优秀传统文化进清真寺活动，得到广泛响应和积极支持。

作为北京伊斯兰教的重要外事窗口，新中国成立以来东四清真寺接待了许多外国穆斯林友人前来参观、访问、交流、学习，"文革"期间也没有中断。其中有不少伊斯兰国家的元首、政要，比如印尼总统苏哈托、利比亚总统卡扎非、沙特阿拉伯费萨尔亲王、孟加拉国总统艾尔沙德等都曾来此访问交流。

东四清真寺在党和政府的亲切关怀下得到保护发展。1974年东四清真寺修缮之时，两颗美丽的银杏树落户其中，如今，这两颗银杏树成了寺内一道美丽的风景。1984年，东四清真寺被列为北京市重点文物保护单位。2003年政府拨款全面修建清真寺，修复福德图书馆建筑，修缮建筑面积达6000平方米。清真寺整体建筑更加趋于完善，整体面貌焕然一新。

艺术礼仪中国化的西什库教堂

狮子雕像、亭子、小耳堂中的"中华圣母像"……在北京西什库大街，推开双扇的朱红大门，穿过一条宽敞的两边植有树木的甬道，一直走到教堂的月台前，人们会看到一个简单的中式园林。

北京西什库教堂，又名救世主堂，位于西什库大街 33 号。

1693 年，康熙皇帝身患疟疾，以当时在京两位传教士献上西洋之药而获得治愈。康熙皇帝大悦，赐蚕池口地建天主堂。1703 年，北堂建成之时，康熙皇帝亲笔撰写"万有真源"匾额、长联以及律诗一首送至堂中。

1984 年，西什库教堂被列为北京市重点文物保护单位。2006 年，西什库教堂又被列为第六批全国重点文物保护单位。

2016 年至 2018 年，西什库教堂经历了历史上的第三次大修缮。这次修缮主要是内部修缮：毁坏部分拆修，颜色恢复，彩玻璃更换，祭坛迁移与修改。这是一次适应天主教会礼仪精神的修缮，也是一次天主教艺术与文化中国化的大修缮。

狮子与石榴雕像

在跨上月台前的主道两旁，左右各置狮子雕像。狮子是中国传统文化中最为常见的吉祥神兽，是智慧和力量的化身，有吉祥、繁荣、生生不息的寓意，是家宅的守护神。

石榴在我国象征多子多福，在传统文化中视石榴为吉祥物。石榴内部的果粒多，并且果粒间相互紧靠，如同家人相聚在一起。

西什库教堂院内的石狮子　　　　　西什库教堂院内的石榴雕像

亭子

教堂两侧各有一中式亭子。亭子是中国园林设计中不可或缺的部分，与教堂并存，体现出中西合璧的美感。

西什库教堂及两侧亭子

西什库教堂内景

　　修缮后的西什库教堂，内部也融入了更多中国元素，选取传统文化"物件"表达中国情怀，例如彩窗玻璃内容选取、祭台上几个传统的"物件"（"屏风""太师椅""卷轴"与"中国结"）。

彩窗

　　彩窗作为这次修缮的亮点，是取材自世界著名的油画，运用到彩窗上，不管是白天通过外边的自然光照射在内部，还是夜晚内部灯光投射到外部，都能看到精美的画像。彩窗把教堂的主题、信仰内容与教会历史概述出来的同时，在布局上匠心独特，几个"呼应"体现出其设计美妙之处。

　　教堂名字的"遥相呼应"。坐落在主轴线上的三幅彩窗所描绘的耶稣三大奥秘事件把西什库教堂，又名"救世主堂"的主题表达出来，即"入世的耶稣基督"（正门上方的玫瑰型彩窗）、"苦难的耶稣基督"（后边小圣堂的正面彩窗）与"光荣的耶稣基督"（进入教堂正面最高彩窗）。

核心信仰内容"上下呼应"。最突出主题的正面"光荣耶稣"彩窗与祭台上中央屏风所绘的宝座恰当地联系，即耶稣将来临，坐在宝座上与人间汇合。正上方彩玻璃中最上面绘天父的手，接下来是向人间走来的耶稣，宝座上方绘衔着橄榄枝的鸽子，这样连贯的设计把天主教信仰的特殊性体现出来，即"三位一体的天主"。

教会史的"东西呼应"。进入教堂走向祭台，两边彩窗的内容以教会历史为主题。西彩窗的普世教会史以宗徒大事录中几位宗徒代表以及初期教会几件重大事件为主题；东彩窗以中国教会的建立及发展为主题。每一副彩窗中人物的选取与地点"上下呼应"。彩窗左右各4个小耳堂，这些彩窗所绘内容吻合每一堂、室以及阁的主题。

特别引人注意的是，小耳堂中的中华圣母像①。此圣母穿着清代皇后服

小耳堂中的中华圣母像

————————

① 这樽中华圣母像是由西班牙艺术家按照当代中国香港画家朱家驹为北堂绘制的"旗装中华圣母子像"制作的。为显示圣母为天地之后、地位崇高，堂区在今年又特别制定了屏风及宝座。屏风上祥龙戏珠，寓意吉祥安泰，还刻有"圣母德叙祷文"中对圣母的尊称。圣母耳堂装饰一新，提醒教友们特别敬礼圣母，祈求中华圣母护佑中华民族和中国教会。2021年9月12日，即北京教区西什库主教座堂（北堂）疫情期间复堂后的第一个主日，李山主教在弥撒礼成前祝福了中华圣母像，作为复堂的献礼。

饰，佩以珠翠金冠，坐在宝座上。小耶稣穿着清代太子服饰，云鞋锦袍，头戴金冠，在圣母怀中。圣母像后面古色古香的木雕屏风，高端大气，庄重典雅，与圣母像相互辉映，相得益彰，浑然一体，呈现出一种和谐之美。

在这次修缮中，祭台作为举行礼仪的核心之地，也选取大量中国传统文化元素。

屏风。祭台四周以"屏风"围起。"屏风"表现文人雅士的高雅情趣，也包含了人们祈福迎祥的内涵，呈现出一种和谐之美、宁静之美，营造了一种似隔非隔、似断非断的宁静空间。

太师椅。祭台上彩石画中宝座，采用中式太师椅的式样。太师椅上绘有散发着光芒的圣心与刺冠的十字架，这样的宝座设计吻合耶稣基督既体现其君王的威严，也能彰显其作为人中一员谦卑自我下降人间的形象。

谕旨与中国结。宝座的踏脚板放置书卷，模仿古代皇帝颁下御旨，而且采用七个（圣经里代表圆满的数字）中国结象征七个封印。中国结象征人们的美好祝福和心愿，体现着对真善美的追求和渴望，代表着中华民族的传统文化，有着独特的中国色彩。

本地化的北京明清传教士墓地

明清时期大批西方传教士陆续东来，为中西方文化艺术交流及基督信仰传播贡献了毕生力量，在中西文化交流史上留下难以磨灭的印记，其中很多人最终长眠于北京，形成了北京明清传教士墓地。

传教士墓地

利玛窦（1552—1610）安眠之地为滕公栅栏墓地之始，亦为明清北京天主教传教士墓地之始，此后又有传信部墓地、正福寺墓地，为北京天主教三大传教士墓地。

明万历三十八年（1610）5 月 11 日，利玛窦去世，御赐墓地于平则门[①]外二里沟，因以栅栏围之，俗称为"滕公栅栏"。改建工程于次年基本完成，[②]时任顺天府尹王应麟立碑并撰碑记，诸圣节（11 月 1 日）出殡下葬，此后在这第一处接纳传教士的土地上又曾多次举行过兼顾中西风格形式的隆重葬礼。

清顺治十二年（1655），顺治帝将利玛窦墓地旁的一块土地赐给汤若望作为安眠之地。康熙八年（1669）12 月 8 日，汤若望移葬栅栏墓地，成为继利玛窦之后第二位入葬滕公栅栏墓地的传教士。康熙帝赏给银两、镌刻墓碑、购置石兽，建纯中式恢弘坟茔，亲写祭文，并"亲自随同他的皇祖母，以及超重最高之大员莅临汤若望之墓旁，依照中国之礼仪，向死者致敬"[③]，

---

① 明代称平则门，清代称阜成门，新中国成立之后城墙拆除，现名阜成门。

② 王和平：《明清来华天主教传教士北京墓地考略（上）》，载于《历史档案》，北京：中国第一历史档案馆，2004 年，第 02 期，第 55 页。

③ ［德］魏特：《汤若望传》，北京：商务印书馆，1949 年，第 536 页。

且命礼部官员坟前致祭。

　　起初，汤若望与利玛窦的墓园之间有矮墙相隔，传教士均葬入利玛窦墓园，直至康熙四十七年（1708）徐日升（1645—1708）入葬汤若望墓园，隔墙拆除变为甬道，自此浑然一体，甬道两旁墓碑依次排开。

　　汤若望的入葬使得原有的利玛窦墓地在面积上几乎扩大了一倍。中间甬道直达墓地大门，两侧排列石像生及华表完全是中式的设计，[①] 与西式风格的利玛窦墓形成鲜明对比。此后传教士们相继安眠于此，逐渐成为传教士在东方安息最为集中之地，其中安文思、南怀仁的葬礼及墓地装饰在史料记载中更是具备了中西合璧的风格。[②]

　　乾隆四十七年（1782），罗马教廷传信部特颁部谕：将北京之各堂、宅院、茔地、田园及一切传教诸业俱令遣使会接管。[③] 道光十八年（1838）之后北京教产全部流失，栅栏墓地虽未经大的破坏，但管理大不如前。咸丰十年（1860），清政府退还教会产业，此后栅栏墓地得以扩大，到光绪二十六年（1900）之前为止，其墓地及附属建筑之面积已达到最初的七至八倍。[④]

　　1954 年，北京市委党校建立，除利玛窦、汤若望、南怀仁等 6 块墓碑及嵌入教堂外墙的墓碑与教堂留在原址，其余全部迁往海淀区西北旺新墓地中。

　　20 世纪 70 年代末，栅栏墓地得以恢复，利玛窦、汤若望、南怀仁三人墓碑重新树立。1984 年，栅栏墓地进一步扩建，在原址开辟新的墓园，遂成今日格局。今日墓地分东西二院，西院之中利玛窦、汤若望、南怀仁三人墓地墓碑矗立于此；其他神职人员墓碑安置东院。另将原马尾沟教堂石门移至

　　① 　王和平：《明清来华天主教传教士北京墓地考略（上）》，载于《历史档案》，北京：中国第一历史档案馆，2004 年，第 02 期，第 56 页。

　　② 　王和平：《明清来华天主教传教士北京墓地考略（上）》，载于《历史档案》，北京：中国第一历史档案馆，2004 年，第 02 期，第 56 页。

　　③ 　［法］樊国梁：《燕京开教略》。

　　④ 　王和平：《明清来华天主教传教士北京墓地考略（上）》，载于《历史档案》，北京：中国第一历史档案馆，2004 年，第 02 期，第 57 页。

墓地甬道之前。今日之滕公栅栏墓地，成为连接中国与世界的重要窗口之一。

传信部墓地位于滕公栅栏墓地之前大道对面西南侧，原为意大利人墓地。康熙四十三年（1704），教廷特使铎罗（1668—1710）以颁布禁约为目的来华，在京期间其随团医生去世，康熙帝钦赐匾额将此地赐给使团以为其安眠之所。此处便成为罗马教廷传信部在北京的墓地，以康熙四十五年（1706）为始，先后有包括西直门天主堂始建者遣使会士德理格（1670—1746）在内的16位传教士入葬于此，世人因而称之为西堂墓地。[①] 嘉庆十六年（1811），教廷传信部派遣而来的四名传教士被迫离开北京，结束了传信部在京传教历史，其墓地此后由法国遣使会接管，归还教会。当马尾沟天主堂落成之时散落的墓碑被收集起来，但传信部墓地的墓碑破坏严重而仅存遣使会士德理格、方济各会士陆安等5块，便与栅栏墓地的墓碑一同嵌入新建教堂的外墙之上。1984年，栅栏墓地进一步扩建，但原有的5块墓碑仅存陆安、多罗两块，如今与其他墓碑安置于新建墓园东院之内。

除栅栏墓地和与其比邻的传信部墓地之外，北京尚有正福寺墓地，葬有来自法国耶稣会的传教士。

南怀仁在世之时，委托回返欧洲商洽教务的柏应理（1623—1693），将康熙帝需要更多传教士来京为皇室和朝廷服务的想法昭示各国，法国耶稣会士洪若翰（1643—1710）、张诚（1654—1707）、白晋（1656—1730）等一行6人踏上东行之路，一人中途被暹罗国王留下，余下5人于康熙二十七年（1688）到达北京。

在雍正二年（1724）之前，法国耶稣会士均葬于滕公栅栏，法国传教团独立之后便开始谋求坟地。他们得到的土地位于北京良乡正佛寺村，世人称之为正佛寺公墓、法国公墓抑或北堂墓地，直到道光二十年（1840）至咸丰

---

① 王和平：《明清来华天主教传教士北京墓地考略（上）》，载于《历史档案》，北京：中国第一历史档案馆，2004年，第02期，第58页。

十年（1860）之间更名为正福寺。① 区别于前两块墓地为御赐，学者考证以为应是自行购置。②

白晋是葬于正福寺的第一人，墓地的获得在白晋去世之时，两年之后（1732）墓地方才正式落成。③ 后来，法国耶稣会士将曾经主持建造蚕池口天主堂的法国传教团第一任会长张诚从滕公栅栏墓地迁葬此处。

乾隆四十二年（1777），遣使会对墓地进行首次全面修复。五十八年（1793），耶稣会在华的最后一位传教团会长钱德明（1718—1793）去世，成为入葬正福寺且墓碑刻有铭文的最后一位法国耶稣会士。④

咸丰十年（1860），北京教产复归教会，正福寺墓地在同治二年（1863）得以第二次全面修复并开放。

光绪二十九年（1903），遣使会对毁坏的房屋和教堂进行重建，整个墓地的复建则始于光绪三十三年（1907）。⑤

新中国成立后的正福寺墓地基本保持了 20 世纪初的原样，1958 年之后墓地的教堂变成仓库，墓地无人管理。墓碑一度被用作防空洞材料，后被北京的文物部门保护下来，如今安放于西直门外五塔寺北京石刻艺术博物馆内。

传教士墓碑形制

传教士墓碑的形制等级分为三类：一类螭首碑，一类方首碑，一类圆

① 王和平：《明清来华天主教传教士北京墓地考略（下）》，载于《历史档案》，北京：中国第一历史档案馆，2004 年，第 03 期，第 61 页。

② 王和平：《明清来华天主教传教士北京墓地考略（下）》，载于《历史档案》，北京：中国第一历史档案馆，2004 年，第 03 期，第 62 页。

③ 明晓燕、魏扬波主编：《历史遗踪——正福寺天主教墓地》，北京：文物出版社，2007 年，第 5 页。

④ 明晓燕、魏扬波主编：《历史遗踪——正福寺天主教墓地》，北京：文物出版社，2007 年，第 11 页。

⑤ 王和平：《明清来华天主教传教士北京墓地考略（下）》，载于《历史档案》，北京：中国第一历史档案馆，2004 年，第 03 期，第 63 页。

首碑。

螭首碑颇有违和越制之处，均为团龙螭首碑及方座碑趺，其显然游离于主流形制之外，学界以为此形制实为内务府为传教士特别定制而成。[①]

螭首碑的年代到乾隆三十八年（1773）解散耶稣会为止，从此在华传教士墓碑不再使用螭首而采用方首，其图案则统一使用中国古代象征性图案如山海祥云等。此为耶稣会解散之后原耶稣会士墓碑。

利玛窦、汤若望、南怀仁三人的螭首墓碑

第三类为圆首碑，是遣使会接管北京耶稣会教产之后的墓碑形制。从西洋建筑的石雕纹饰中演化出的沃卷纹饰首次在中国的碑刻中出现，"这应该是遣使会在中国的传教事业中，力图回归西方宗教礼仪的一种体现……体现了制碑者试图通过碑的造型的不同以区别于中国传统碑制，并表示其在丧葬

① 明晓燕、魏扬波主编：《历史遗踪——正福寺天主教墓地》，北京：文物出版社，2007年，第69页。

方首碑、圆首碑图案

礼仪上对宗教的回归。"①

再看碑座图案，螭首碑的方座碑趺统一采用"二龙戏珠"或"海水江崖祥云"图案，这属于等级较高的图案。耶稣会解散之后，传教士墓碑其碑趺图案则不再统一，既有草龙、花草、如意等中国传统图案，也有佛教八宝及道教暗八仙图案，形制从统一到纷乱，图案从高级到普通，实为传教士在清之一朝从宫廷走向民间的传教史的另一种表现形式，也显示出中西文化的交流与碰撞，既是中西方美学思想的结合体，也是不同哲学和宗教信仰之间的结合体。

传教士墓碑艺术

中西合璧是传教士墓碑最大的艺术价值所在。十字架以各种形状出现于几乎每块墓碑最突出的位置，十字架上通常有希腊文耶稣之缩写"IHS"，下方刻着三颗钉子以表示贞洁、神贫与服从。某些十字架周围还刻有四射之光芒，代表耶稣基督的伟大与光荣。十字架之外最醒目的便是蟠龙，这在国内其他西方传教士墓地中绝无仅有。东方之"龙"、西方之"主"同刻于墓

① 明晓燕、魏扬波主编：《历史遗踪——正福寺天主教墓地》，北京：文物出版社，2007年，第74页。

利玛窦墓东院内景

碑上，带有中国文化气息及皇家气派，也彰显了墓碑主人的身份。

再看碑文，满、汉、拉丁文字同刻于一碑之上，中国书法与拉丁文字形成强烈对比，行文颇具中华文字之简约与华美且其书法或遒劲有力，或银钩铁划，与刚劲划一的拉丁文相互衬托，具有中西合璧之形式美感，实为中西文化结合之范例。

碑座的浮雕内容则相当丰富，既有中国传统吉祥图案如山川、云涯、海洋、森林、走兽、飞鸟、花草等，也有佛教的图案，或以祥云、瑞草、山崖为碑首，或以迦陵鸟翱翔于山中……这是中国特色的"天堂图"，以中国人的审美观来表达对逝去之人的祝福。

传教士在明清中西文化交流史上留下难以磨灭之印记。虽然在漫长的历史进程中其墓地和墓碑受到了不同程度的破坏，也有部分散失，但大体保存下来，从而能够成为天主教会本地化历史的一类典型案例。

中西合璧的百年崇文门教堂

　　繁华的北京东长安街旁，崇文门内大街幽静的后沟胡同内，有一座基督教堂已经矗立百年。

　　这座始建于同治九年（1870）的教堂，是美以美会拨款，在崇文门内孝顺胡同购买民房作为会址，并在此会址上建立的北京乃至华北地区第一所卫理公会会堂——亚斯立堂，后更名为北京基督教会崇文门堂。当时名为亚斯立堂，是为纪念美以美会第一位赴美洲传教的 Asbury 主教。在中国近代教堂建筑中，亚斯立堂是一个非常特别的个案，教堂建筑与中国近代天主教和基督教教堂区别很大，在教堂中融入了浓厚的中国文化理念和中式建筑元素，在教堂建筑中国化上特色鲜明。

崇文门堂南立面长城垛口造型

　　亚斯立堂由美国建筑师海耶斯担任设计，最初建成时外观和现在一样，但规模比较小，仅能容纳四五百人聚会。随着教会信徒人数的不断增加，1880年卫理公会在原址重建教堂，1882年新堂落成。本着基督教"爱人如己"的圣训，教堂积极关爱、帮助贫困人群，得到民众喜爱，信徒逐渐增加。1900年，亚斯立堂被大火焚毁。1902年，清政府拨款重建亚斯立堂，于1904年春建成，即今天我们所看到的这座礼拜堂。当时亚斯立堂除拥有教堂及办公室、牧师住宅外，还有许多自筹、自办的房产、医院、学校和墓地等等。新中国成立初，教会办的医院、学校等皆由政府接管改为公立。

　　1958年夏，北京市各教会实行联合礼拜，亚斯立堂暂停活动，礼拜堂及附属房屋被学校占用当作学校礼堂。"文革"期间，堂内各种设备遭到了严重损坏。直到1982年春，经过修缮后，亚斯立堂于当年圣诞节重新恢复聚会活动，并更名为北京基督教会崇文门堂。

　　北京基督教会崇文门堂重新恢复聚会以后，最大程度地修缮、保留了教堂的建筑主体。教堂坐北朝南，从建筑风格来看，它不同于西方罗马式、哥特式建筑形式，而是博采众长，讲求比例均衡，特别注重中国传统美学元素，形成了折中主义风格。中国文化符号在亚斯立堂外部显得尤为突出，从外观上看，它虽采用了西方民舍的别墅风格，却又运用了中国建筑的谦和形态，简单而古朴，没有西方传统宗教建筑的豪华和繁复，整体建筑以灰色清水砖砌筑，饰以砖砌线脚。

　　教堂正面上沿是一组长城垛口的造型。长城是最有代表性的中国文化符号，这样的设计理念会使京城的人们自然生发出一种浓厚的亲切感。除了长城元素之外，"卍"字符号的使用非常独特，这是中国本有的文化符号。亚斯立堂"卍"字符的运用突出了该字符的"万德""吉祥"之义，意味着教堂是吉祥之所，这一传统文化符号不仅显示了对中国文化的尊重和欣赏，也表明了基督教中国化在教堂建筑层面的努力探索。

　　教堂的正立面向南，由三大部分组成，中部三角形山墙两边做成台阶状，中央部分平直高起，水平檐以上做成雉堞形女儿墙。墙面中央取西方教堂玫瑰花窗之意，做成上部半圆形的直窗，两侧各连以小窗。入口不在中央，而分列左右两个凸出处。西部入口处上有西洋古典式三角形山花，东入口做成凯旋门式，带雉堞的女儿墙后突起方锥形尖顶。

从入口跨上七步台阶，便进入教堂大殿。首先映入眼帘的八根木柱，从下往上直顶到穹顶，形成八边形，成为教堂的支撑架构。该穹顶设内外层，由外墙和室内八根木质束柱支撑。穹顶内层以深色木质板条铺设，每边呈斜面缓慢上升，至中部柱圈内坡度更缓近乎平面，形成不同角度的反射面。穹顶外层为屋面层，八边攒尖至中部采光亭，这样的大屋顶设计也极具中国古典建筑美学的特色。尽管结构恢宏，但室内设计却格外平实。室内墙壁为木质装修，地板、天窗四周的木板皆为深褐色，使得平日的教堂宁静而神秘，温和而自若。

礼拜堂呈圆形，整体为木制双层"伞"形结构，建筑风格独特别致。中国是世界上最早发明伞的国家，当时被人们称之为"簦"。在中国古代，伞除了遮阳挡雨外，还被用于官仪，如帝王将相出巡时乘坐的车舆都张着伞盖，表示"荫蔽百姓"，称为"罗伞"。从后魏时期开始，伞的大小、颜色也是区分官职大小、身份尊卑的一种标志。教堂"伞"形结构的巧妙设计，正是吸纳了中国传统"伞"文化里的荫蔽、尊贵、保护等内涵。

两处听众席，即今所称"主副二堂"。主堂设有400多个座位，副堂有300多个座位，主、副两堂中间有可以上下活动的闸板相隔，既可分开，亦可联用，让人感叹于占地面积为8246平方米的空间如此整齐划一。

主堂的平面为方形，又因四角布置入口、圣坛等被切割成近似八边形。室内采用对角线平面布置，圣坛位于对角线的一端，坐席以圣坛为中心向外辐射并呈扇形排列。扇子是中国特有的文化表征，它是文人学士和普通百姓都使用的生活物品，扇形的运用，表达了包容、开放而又亲切随和的文化意蕴。扇形坐席加上对角线精巧设计，使人数相同的情况下，更好地利用空间，在减少后排坐席数量的同时，比长方形平面拥有更多视线、音质良好的座位，也使牧师在讲坛上的视域更加广阔，形成被环抱的空间感受。

崇文门教堂内景

教堂内部在白天使用时会打开顶部束柱上的吊灯、壁灯，自然光和室内灯相映成辉，令人感到幽静而神秘，眼目乃至心灵都立即安静下来。这种安静不仅来自于教堂环境，还包括沉淀在此已经100多年的厚重历史。就像一位饱经沧桑的老人，仍然健硕，却历尽岁月洗礼，只要你愿意倾听，他可以道尽衷肠。

崇文门堂内栽植的几棵国槐如今也已有百年之龄，树冠高广，阴翳蔽日，植槐于庭，宾至如归，使每一个走入教堂的国人有了认同感和亲切感。

1991年经北京市人民政府批准，崇文门堂被评为市级重点文物保护单位。这不仅是对崇文门堂作为重点文物的认可，还切实加强了对其作为建筑和文化遗产的保护和使用。2001年8月，礼拜堂重新进行修缮。礼拜堂玻璃更换为教会传统的彩绘玻璃，椅子更换为礼拜专用的长条木椅，附属房也进行了翻建。2002 年 12 月 22 日，崇文门堂举行了复堂 20 周年暨修缮复堂感恩礼拜。2004 年，正值崇文门堂建堂 100 周年，在党和政府、社会各界的关心和帮助下，崇文门堂举行了一系列庆祝活动。

鉴于独特的历史、艺术和技术价值，崇文门堂 2006 年被国务院批准为全国重点文物保护单位，是国家珍贵的建筑遗产、历史遗产、文化遗产，也是对于崇文门堂坚持基督教中国化道路，多年来良性、和谐发展的认可和鼓励。

崇文门堂作为北京最古老的基督教教堂，也是一所涉外教堂，享誉中外，曾先后接待过美国前总统乔治·布什、比尔·克林顿，英国坎特伯雷大主教乔治·凯瑞博士；著名布道家葛培理牧师也曾多次来访。崇文门堂多次圆满完成国家和地区政要、宗教领袖、参访团等重要外事接待活动，积极展现了我国宗教信仰自由政策和基督教的健康发展成果。不仅增进了中国与其他国家的友谊交往，也见证了中西文化之间的对话与交融。

为了方便外国友人参与主日礼拜，崇文门堂设立英语同声传译。除了主日礼拜以外，还开设查经聚会、祷告会等，深入发掘北京基督教文化底蕴，巩固和发扬基督教仁爱精神，不断推进基督教中国化的进程。

多年来，崇文门堂坚持以服务首都北京的经济和社会发展为使命，通过积极发挥教堂公益慈善和社会服务的优势，整合教会公益资源，积极关爱社会，传播正能量，建立了"阳光守护工程"助学扶老公益品牌。

今天，崇文门堂继续坚持团结本堂信徒，热爱社会主义祖国，遵守国家宪法、法律、法规与政策；积极参与新时代中国特色社会主义事业建设；坚持中国基督教三自原则，独立自主自办教会，巩固和发展中国基督教三自爱国运动的成果；坚持基督教中国化方向，积极推进神学思想建设，在促进经济发展、文化繁荣、社会服务、慈善公益等诸多领域，做出积极贡献。

中国硅谷里的海淀基督教堂

如果说北京市基督教会海淀堂过去的故事,折射着北京海淀的百年沧桑;那么, 海淀教堂的今天, 则与北京, 与海淀, 与改革开放之后的中关村科技园这个被称为"中国硅谷"的现代化腹地, 生息与共, 密切相关。

700多年前的金朝, 在今北京市海淀区建镇。元代初年, 谓之"海店"。历史上的海淀镇是一个多水多洼、优裕润泽的地方, 附近是一片浅湖水淀, 人称洇水湖, 今日"海淀"便由此而来。1952年9月, 海淀区正式命名, 1963年1月形成现辖区域。这个时候, 历史老人已经把沉甸甸的礼物, 连同尘封着它们的沧桑和疮痍, 一起赐给了海淀。颐和园、圆明园、香山等风景名胜, 以及清华大学和北京大学等著名学府云集于此, 当时的海淀福音堂即现在的北京市基督教会海淀堂, 也跻身在这些胜迹与学园中一个叫驴市口的地方。伴着新中国、新北京再创辉煌, 北京市基督教会海淀堂也随之从当时一个简易布道所, 发展到如今中国硅谷中的一座现代教堂。

1900年后, 基督教在海淀的传播最早源于海淀镇西郊蓝靛厂、四王府、门头沟一带。1914年始有公理会、布道会在海淀龙凤桥设临时传道棚。1915年, 清华大学校内信徒募捐, 购得海淀镇南大街永呈祥号铺面房6间, 修建小礼堂。小礼堂东临洇水湖, 北对驴市口(创业步行街附近)。教会积极提倡社会改良,兴办慈善和教育事业。1916年,王仰之及其夫人开办女子小学班, 成为海淀最早的小学。1922年, 从燕京大学神学院毕业的祁国栋来海淀教会任传教士, 教会顺应信徒要求自立自养、摆脱外国差会管治的愿望, 于1927年成立以中国同工为主的海淀教会董事会, 设董事12人(其中外籍2人), 并于1928年更名为"北平海淀中华基督教会"。时任燕京大学宗教学院院长、积极倡导基督教中国化的著名学者刘廷芳牧师, 正是海淀中华基督教会董事部的主席。1932年，燕京大学妇孺救济会协助教会开设培善、培德、培元等4处工厂，建立女工厂房11间，安置无业女工200余人。设立临时妇孺收容所3处，设立养老院和妇产医院，提供免费服务，救济难民。1933年6月，由于信徒逐日增多，教会在募款4600余银圆后，建成大礼拜堂——海淀"福音堂"。抗日战争时期，为收留附近妇女免受日军欺凌，祁国栋牧师竭力斡旋，在一年左右的时间里，有300多名妇女在海淀教堂躲过劫难。1944年，教会学校增设初中班，男女合班，成立"培元中学"，是现在北京市第十九中学的前身，为新中国培养出许多杰出的栋梁之材。

1949年1月31日，北平宣告和平解放，浩浩荡荡的人民解放军进驻北平城。海淀及海淀教堂历史，从此进入了一个新的开始。1954年中国基督教三自爱国运动委员会成立，海淀教会加入三自爱国行列。至此，位于香山南营等地的香山福音堂、香山恩典院、香山灵修学院，及在燕京大学东门外成府一带创立的耶稣基督圣灵永生神召会，于1956年一并合入海淀教会。

2000年6月20日，中关村科技园西区重点建设工程破土动工。北京市基督教会海淀堂所在地自然划入北京市中关村高科技园区的建设规划之中，新堂的建设也同步启动。随着这座伫立了近90年的海淀福音堂在高高扬起的尘土中消逝，一个现代教堂的丽影呼之欲出。

2007年，海淀新堂落成。与之相伴的已不再是洄水湖（那里已经高楼林立，成了纵横交错着海淀西街、海淀北街的商贸街区），不再是驴市口（如今已是通向著名的创业孵化一条街，暨中关村创业大街步行街街口）。新堂由中关村西区委托德国GMP公司设计，总占地3900平方米，四层主体建筑面积约4000平方米。在造型上，映入眼帘的是一派白色丛林，教堂由193根洁白的立柱围合而成，寓意诺亚方舟，又象征教会的合一，同时，也让人联想为一卷打开的圣经。教堂的钟楼高48米，顶层安置三座铜钟，既保留了传统教堂的功能特征，也突出现代建筑的抽象化追求，并特别注意到环境与功能的协调。如著名建筑大师、中国工程院外籍院士贝聿铭所论：建筑是有生命的，它凝固着人文的思想与追求。海淀基督教新堂充分体现了一种现代都市人对基督教信仰与时俱进的处境化神学理解和诠释。这里没有传统教堂建筑及其所传达的冷峻高拔的临人之势，也不见"廊腰缦回，檐牙高啄"的古风楼台。它如此俊朗、高洁、洗练、简约，悠然而现，令人倍感亲切。教堂门口一个内含的十字架，高高耸立，既担任了建筑结构的承重和支撑，又作为建筑造型的标志与主题理念，将基督教"凡事包容，凡事相信，凡事盼望，凡事忍耐"（林前 13:7）永不止息的爱表达得淋漓尽致。一身素裹的白色基调，默默伫立，与这个时代、这个都市相融，传达出一种"俏也不争春，只把春来报"般的谦卑、同行、祈祷与祝福。

随着新堂的建立和使用，北京市基督教会海淀堂的事工也掀开崭新的一页。近年来，北京市基督教会海淀堂多次接待宗教外事交流活动。进入新时代，海淀基督教堂还将在坚持我国基督教中国化的努力中投身共筑中华民族伟大复兴的中国梦。

海淀基督教堂

【下篇】

长风破浪会有时
——新时代北京宗教的奋进步伐

　　"长风破浪会有时。"自 2015 年、2016 年相继召开中央统战工作会议和全国宗教工作会议以来，在北京市委、市政府、市政协、市委统战部和市民族宗教委的领导部署下，北京五大宗教贯彻落实"坚持我国宗教中国化方向"，带领广大信众迈出了坚实的步伐，取得了突出的业绩。2021 年召开的全国宗教工作会议进一步提出了新理念新举措，要深入推进我国宗教中国化，引导和支持我国宗教以社会主义核心价值观为引领，增进宗教界人士和信教群众对伟大祖国、中华民族、中华文化、中国共产党、中国特色社会主义的认同。北京五大宗教将迈开更大的奋进步伐，和北京人民一道，建设好首善之区，为实现中华民族伟大复兴的中国梦做出应有的贡献。

北京佛协大力开展爱国主义教育活动

北京市佛教协会团结带领广大佛教徒高举爱国爱教伟大旗帜，持续进行爱国主义、社会主义教育，组织所属场所负责人、教职人员骨干及部分工作人员赴贵州、云南、江西、陕西等地进行爱国主义教育和佛教文化学习交流活动，进一步传承和弘扬民族精神，激发爱国情怀。

2016 年 7 月，北京市佛教协会组织北京佛教界部分教职人员及部分工作人员前往贵州遵义会址及佛教圣地梵净山等地，进行了爱国主义教育和佛教文化学习交流活动。

参观息烽集中营旧址，这座从 1938 年 11 月建立到 1946 年 7 月撤销的"军人监狱"，先后关押共产党人和进步人士 1220 多人，其中 600 多人被杀害和折磨至死，幸存者不足百人。著名爱国将领杨虎城一家、张学良、黄显声，杨虎城秘书宋绮云，他的夫人和幼子小萝卜头，中共地下党著名领导人罗世文、车耀先、《红岩》中许云峰的原型之一许晓轩、华子良的原型韩子栋、张露萍等，都在这里遭受残酷折磨。在这里，大家感受着逝去的那段血雨腥风的历史，纷纷表示一定要坚定理想信念，继承和发扬革命先烈坚韧不拔、勇往直前的大无畏精神，实实在在把本职工作做好。

2018 年 11 月，北京市佛教协会分两批组织北京佛教界所属 26 所寺院负责人、教职人员骨干及部分工作人员 50 余人，赴云南松山战役遗址、滇西抗战纪念馆及中国南传佛教第一塔——勐焕大金塔、云南省佛教协会所在地圆通寺、弥勒寺等地，进行了爱国主义教育和佛教文化学习交流活动。此次考察活动实地参观了滇西抗战纪念馆和国殇墓园，在松山战役遗址组织了向英烈墓碑献花的缅怀仪式，瞻仰了中国远征军雕塑群。通过参观以抗战实物为主、兼顾图片、文字及影像资料的展览，亲身感受到 70 多年前，英烈们顽强不屈、不怕牺牲,与日本侵略者英勇抗战、誓死保家卫国的爱国主义精神。大家一致认为,只有国家繁荣昌盛,佛教才能健康发展;只有融入社会,佛教才能焕发出生机。

2019年6月,北京市佛教协会分两批组织北京佛教界所属26所寺院负责人、教职人员骨干及部分工作人员50余人,赴革命圣地井冈山黄洋界、小井红军医院、北山烈士陵园、大井朱毛旧居、南昌八一起义纪念馆等地,进行爱国主义教育。此次考察活动实地参观了井冈山红军大本营、红四军军部旧址、防务委员会旧址等地,冒雨观看《井冈山》大型实情演出,表演真实反映了当年井冈山百姓与红军艰苦朴素的生活。瞻仰了北山烈士陵园,并向革命烈士敬献了花圈,缅怀老一辈革命家和无数革命先烈创建井冈山革命根据地的丰功伟绩。参观井冈山博物馆,了解毛泽东同志率领中国共产党进行井冈山革命斗争的历程。参观南昌八一起义纪念馆,南昌起义打响了武装反抗国民党当权派的第一枪,通过参观纪念馆感受中国人民解放军不断发展壮大的艰辛,教育深刻,意义深远,让大家时刻坚定理想信念,增强使命担当。

2019年7月,北京市佛教协会组织教职人员赴井冈山参观学习

2021年5月中下旬，在中国共产党成立100周年之际，北京市佛教协会组织教职人员和秘书处职工50余人，分两批赴陕西西安、延安开展"学党史、颂党恩"党史学习教育实践活动。

2021年5月，北京市佛教协会组织教职人员赴延安开展"学党史、颂党恩"主题教育活动

学习团一行先后前往南泥湾大生产展览馆、党徽广场、中国共产党第七次全国代表大会会址、杨家岭、宝塔山学习参观，还到梁家河村史馆、知青旧居实地参观学习。通过参观一件件朴素的物品、一幅幅珍贵的照片，观看《延安保育院》情景剧，加深了对老一辈共产党人艰苦奋斗、自力更生精神的认识。在中共七大会址前，聆听《延安时期水乳交融的党群干群关系》讲座，领悟到中国共产党之所以能够从一个胜利走向另一个胜利，根本原因是把人民群众的根本利益放在第一位。通过实地感受习近平总书记的知青岁月，深刻体会到总书记一心为民、敢为天下先的感人事迹和开拓奋进精神。大家通过参观学习加深了对中国共产党为什么能、中国特色社会主义为什么好的领悟，进一步提升了对延安精神、梁家河精神的认识。

北京佛协"悲智行愿"公益慈善行动

为促进北京佛教界公益慈善事业健康有序发展,营造北京佛教慈善氛围,打造北京佛教慈善品牌,树立北京佛教公益慈善形象,引导北京佛教在和谐社会建设中发挥积极作用,北京市佛教协会利用自身优势,积极开展社会公益慈善事业,积极打造"悲智行愿"公益慈善品牌,承担社会责任,报效祖国,服务众生,实践佛陀的"慈悲济世"精神。北京佛教界所属的25所寺院、居士林所做公益慈善涉及领域包括灾害救助、扶助残疾人、养老、扶贫助困、捐资助学、修桥铺路等。受益人群包括受灾群众、孤寡老人、失学儿童、残疾病患、贫困山区、少数民族群众以及社会普通民众。

"一方有难、八方支援。"发扬佛教无缘大慈、同体大悲的济世精神,体现了北京佛教界与全国民众唇齿相依的深情厚谊。

在每次重大自然灾害面前,北京佛教界总是积极响应党和政府的号召,第一时间行动起来,发动佛教四众弟子举办消灾祈福法会,祈愿灾区群众早日重建家园,并积极发扬传统美德,积极为灾区捐款捐物,奉献爱心。如:四川汶川、青海玉树特大地震,西南部地区百年一遇的特大严重旱灾,南方雪灾以及印度洋海啸等重大自然灾害发生后,北京佛教界皆以实际行动体现佛教无缘大慈、同体大悲的济世精神。

自新冠肺炎疫情发生以来,北京市佛教协会于2020年2月3日发出《众志成城,共克时艰——北京市佛教协会爱心募捐倡议书》,号召所属佛教活动场所及广大信教群众积极捐款献爱心,同全国人民一道,众志成城,共克时艰,全力以赴打赢疫情防控阻击战。北京佛教各场所尽己所能,克服困难,伸援手献爱心。广大信教群众、爱心人士也积极行善举,尽责任。

雍和宫多年来支持少数民族教育事业,捐建十余所希望小学;广化寺为

2020 年 2 月，北京市佛教界为北京市和湖北省抗击新冠肺炎疫情捐款

贫困山区捐款修路，资助贫困山区修建社会主义新农村文化活动站，捐资义诊、捐献医药；潭柘寺、戒台寺经常前往门头沟儿童福利院看望贫困孤儿，并几次赴西藏开展援藏捐助；通教寺捐助顺义孤儿院，捐助甘肃、江西贫困地区寺院；房山天开寺、药师寺，怀柔圣泉寺，延庆泽润寺僧团经常看望慰问敬老院、福利院的孤寡老人；普照寺多次参与书法慈善拍卖，所得善款全部捐赠慈善基金；密云龙泉寺多次捐款希望工程和受灾群众；石景山大悲寺为兰州地区捐建水窖款，解决西北地区群众饮水困难；海淀龙泉寺、怀柔朝阳寺、昌平和平寺长期定向资助贫困学生；天宁寺和“瓷娃娃”关怀协会建立长年捐助关系，向“脆骨会”协会捐助生活用品；居士林以放生款并募集专项资金，捐助青海、湖南、甘肃等 40 多名先天性心脏病的贫困儿童。市佛协响应五教号召，多年来支持看望、慰问捐助麻风病患者。

2015 年 8 月，北京市佛教协会协同中日友好医院、友谊医院的 80 多名专家、医护人员代表北京佛教界到山西省大同市新荣区进行义诊活动，直接受益人群达 5000 余人，捐赠药品达 10 万余元。2016 年 8 月，"北京佛教界与医疗志愿者义诊慈善承德行"携手北京中日友好医院、协和医院、北京中医药大学附属医院、北大医院、北医三院、东直门医院、清华大学长庚医院、天坛医院、门头沟区医院、北京海淀区学院路社区服务中心的 120 余名医疗志愿者，在承德双桥区牛圈子沟镇为承德人民举行一次大型义诊活动。2017 年 8 月，北京市佛教协会组织北京医疗界 90 余名医疗志愿者，在内蒙古乌兰察布市察哈尔右翼后旗中心医院为牧民进行了健康医疗义诊活动。2018 年 8 月，北京佛教界"悲智行愿"门头沟斋堂慈善义诊公益行活动的捐赠仪式在门头沟斋堂文化广场举行。本次义诊活动由北京市佛教协会主办，斋堂镇人民政府承办，门头沟区佛教协会协办，携手中日友好医院、协和医院、武警总医院等知名医院的 60 余名医疗志愿者，为门头沟区斋堂镇的居民们进行健康医疗义诊和慈善捐助活动。

北京道教持续深入开展"四进"活动

2018年6月，首都各宗教界代表参加北京市开展"四进"宗教活动场所启动仪式，国旗、宪法和法律法规、社会主义核心价值观、中华优秀传统文化走进宗教活动场所。北京市道教协会和所属宗教活动场所经过多年努力，将"四进"体现在宫观每个角落，内化到每个教职人员的心中。

扎实推进各项举措。北京市道协所属场所均在显要位置设立旗杆，定期开展升国旗仪式；设置宣传栏，宣传国家宗教政策、法律法规、社会主义核心价值观等内容。"四进"活动开展一周年之际，所属场所全部实现"四个全覆盖"，即国旗、旗杆全覆盖，"四进"图书角全覆盖，学习宣传栏全覆盖。

自2020年起，北京市道协积极探索将"四进"活动向常态化转变的有效路径，以制度建设为抓手，先后出台市道协学习制度、所属宫观升挂国旗指导意见、讲经交流工作办法等，将"四进"活动固化为常态化工作要求，推动教职人员政策法规学习常态化，重大活动时规范开展升国旗仪式常态化，日常开展讲经交流活动常态化，不断巩固"四进"成果，将"四进"活动内化于心、外化于行、固化于制。

唱响时代主旋律，厚植爱国情怀。北京市道协锚定"爱国爱教"总基调，唱响时代主旋律。围绕庆祝新中国成立70周年、庆祝建党100周年等国家重大庆祝活动，开展主题教育活动，组织教职人员赴河北、陕西、浙江等地开展爱国主义教育实践活动，学习"西柏坡精神""延安精神""红船精神"，进一步引导教职人员增强"五个认同"，汇聚教职人员爱党爱国爱社会主义的磅礴力量。

以"四进"为契机，促进道教中国化。北京市道协组织百余名教职人员分3期参加中央社会主义学院道教中国化专题培训班，强化政策理论基础；

北京市道教协会庆祝中国共产党成立100周年恳谈会

助力打造品牌项目"东岳论坛"和"道教文化与生态文明论坛"等文化研讨活动,为探索道教中国化具体路径提供有力支撑;筹备出版《北京道教——道教与坚持中国化方向研究》,加大北京市道教中国化成果转化力度。

为弘扬中华优秀传统文化、践行社会主义核心价值观,北京吕祖宫、关公庙等场所充分利用节假日面向信众开办公益课堂,讲授国学知识、书法绘画、中医养生等内容,宣传中华优秀传统文化;药王庙、龙王庙坚持教授太极拳、开展义诊活动,将养生理念传递给信众。2021年5月,北京市道协与西城区民族宗教事务办公室等联合举办书画作品展,展出包括书法、篆刻和国画的100多组作品礼赞新时代美好生活,体现了包括北京道教界在内的首都各界人士爱党爱国爱社会主义的真挚情怀。北京市道协官网等平台增加道教中国化、道教雅集等具有时代性、特色性的专栏;在微信公众号中发布信息动态、"传统文化品鉴",推出"学思贯通·凝聚共识"等主题学习系列;编印《北京道教》专刊庆祝建党百年,收录教职人员学习"四史"的心得体会、对新时代走好中国化道路的心声，以及道士抗战救国的感人历史故事，传递出首都道教界爱国爱教的最强音。

"四进"活动开展以来，北京市道协自身建设不断加强，所属场所依法管理迈向新的高度。结合和谐宫观创建工作，编制并刊印《宫观制度汇编》，所属各道教场所完成制度上墙。按照《宗教事务条例》要求，规范学修管理和宗教活动，实现专业会计人员负责场所财务管理，进一步提升场所制度化、标准化、精细化、法治化管理水平。北京市道协所属教职人员学习法律法规热情高，讲经能力水平大幅提升，形成注重学修、持规守戒、弘扬正气的良好道风，教职人员精神面貌和学修水平得到显著改善。

北京道教界在浙江南湖革命纪念馆进行爱国主义主题教育活动

北京吕祖宫斋醮科仪因应时代发展

中华民族有着悠久的祭祀传统，早在先秦时期就有"国之大事，在祀与戎"的记载，可以看出当时祭祀已经成为国家的头等大事。

道教斋醮科仪俗称"道场"，也就是法事。道教斋醮科仪孕育生长在中华祭祀文化的沃土，汲取了中国古代原始宗教、先秦宗法宗教及民间巫术的祭祀营养，经过历代高道的改进创造，形成道教丰富完备的祭祀礼仪，在道教活动中发挥着重要作用，在中国社会的发展进程中具有一定影响。

道教斋醮科仪经历了千年的发展和沉淀，凝聚着历代高道大德的智慧和心血。在进入21世纪后，又遇到了新的问题，或者说是遇到了新的发展机遇。

中国道教在20世纪经过恢复和发展，国内道教宫观里每逢朔月、望日，重要的宗教节日，以及各派的祖师圣诞时，都要举行祝寿、庆贺等典礼。而当前各宫观所用的科本仍多为新中国成立前流传的版本，其内容中依然存在一些不适合当前时代的表述。

如在旧版《太上玄门早坛功课经》中开篇"吊挂"中："皇图巩固山河壮，帝道遐昌日月明。"在"小赞"中："诸天诸地转灵机，皇王寿天齐。"再如"大赞"中："皇王水土万万春"，等等，可以发现，其中依然保留有一些诸如"帝道遐昌""皇王寿天齐""皇王水土万万春"等封建帝制时期的用语，明显与当前时代不符、不适合时代进步的内容需要进行修改。

基于以上认识，北京吕祖宫道众为了适应新时代信众的需求，对常用的科仪进行了尝试性的编辑和修订。如在《太上玄门早坛功课经》"大启请"中有一句原为："皇图巩固山河壮，帝道遐昌日月明。"其中"皇图""帝道"等封建帝制等用语，在新本中更改为："民族团结山河壮，主权昭彰日月明。"把民族团结、人民当家作主、国家主权独立、社会和谐发展的愿望表达出来。

对于科仪的创编，比较有代表性的是《婚庆科仪》和《太上护国佑民科仪》。

传统道教中有月华真君（月下老人）、和合二圣、太阴星君等主管人间婚姻，在道教经典《太平经》中更加强调夫妻共同努力劳作和平等与友好，其婚姻观对维护社会秩序、家庭和谐起到了重要作用。早在几年前，吕祖宫就在传统民俗婚礼的基础上融入时代特征，编写了道教版本的《婚庆科仪》。

《婚庆科仪》开始使用传统的"朝天子"音乐开场，接着以笛子领奏"云乐歌"的形式引出高功登坛，使科仪的表现更加舞台化和生活化。接着通过"姻缘一线牵，鼓乐响堂前；豹略丈夫子，慧心女谛仙；巫山云十二，朱履客三千；明德流芳远，螽斯瓜瓞绵"这首祝福新婚的诗句表达对新婚夫妇的祝愿。

"天赐良缘，云端上月老含笑；花开并蒂，浩宾楼新人踏歌。"这段说文则表达了对于新人的祝福，"乾刚坤柔，法于天地；男婚女嫁，顺乎父母"讲述婚姻对于社会大家庭、对于自身小家庭的重要性，希望夫妻二人能互敬互爱、相互扶持。随后引双方父母入堂落座后给新人进行冠笄仪式。然后高功为新人行"加冠礼"，给新郎正冠插花，为新娘簪笄。

随后进入婚礼高潮，在道乐中，新人举行传统的拜天地仪式，即老百姓耳熟能详的"一拜天地，二拜高堂，夫妻对拜"。拜天、拜地是尊重自然的表现，感谢天地赐予的生命和姻缘，同时也有天地证盟的意义。拜高堂这是感谢父母的养育之恩。因为没有父母就没有今天的自己，这是中华孝道的重要体现。值得一提的是，在传统的婚礼仪式中没有丝毫贬低女性的意思，夫妻对拜，就是让夫妻间彼此尊重、彼此平等。男拜女、女拜男是寓意家庭生活要分工合作、平起平坐，这也是一种文明生活的倡导。

在整个婚庆科仪中可以感受到道教尊重并且支持世间男女婚姻。其中还有两层深意：一是盟约意义。在婚礼中通过对天地、高堂、夫妻对拜，希望通过天地、祖先的无形力量来证盟自己的婚姻，代表对天地、祖先的敬畏。

二是坚守中国的民俗传统。中国作为四大文明古国中唯一能够保留下来并延续传承至今的一个国度，正是因为它保留了自己的民族文化特性。

近年来，每逢国庆等重大全民庆典节日，从传统上而言，道教宫观也应该按例举行相应的庆贺法会，但也遇到一个短板，那就是几乎没有现成的科仪选用。现行的科仪大都出自清代成书的《广成仪制》，其陈述的语境已经远远脱离了当前时代。正是在这个背景下，新的《太上护国佑民科仪》应时而生。

2011 年中秋佳节，北京市道教协会在吕祖宫举行北京道教音乐会

科仪起始于高功法师吟诵的《步虚韵》："宛宛神州地，熙熙万年春。仙乐琳琅响，共举一诚心。"直接代入情景，展现出神州大地河海清平、一切欣欣向荣的景象。紧接着，道众吟诵："壮哉我华夏，文明赫如今。羽众同赞咏，国梦定成真。"其中加入了习近平总书记在参观《复兴之路》展览时提出的"中国梦"："实现中华民族伟大复兴，就是中华民族近代以来最

2014 年，恭王府（首届）福文化节

伟大的梦想。这个梦想，凝聚了几代中国人的夙愿，体现了中华民族和中国人民的整体利益，是每一个中华儿女的共同期盼。"

《太上护国佑民科仪》中的"吊挂"，沿用了《太上玄门早坛功课经》中的"大启请"，全文如下：

上坛齐举步虚声，祝国迎祥竭寸诚。

当日陈情金阙内，今朝香霭玉炉焚。

民族团结山河壮，主权昭彰日月明。

万众齐瞻尧舜日，岁稔丰登乐太平。

如前所述，这个"吊挂"第三联，原为"皇图巩固山河壮，帝道遐昌日月明。""皇图巩固"改成了"民族团结"，"帝道遐昌"改成了"主权昭彰"。这样的改动，直接使整个篇章的意境得到了升华，充分展现了中华民族团结一心、风雨同舟的强大力量。

科仪中几段说文，依然采用了传统的骈文体例，诵读朗朗上口。如"三宝香"之前的祝香文：

伏闻，大道昭彰，惟不言而善应；人心翼翼，谅有感以皆通。开函演教，式遵精诚。恭惟，神州雨润，京邑风和。竹木含羞，倚黄钟而作舞；百花带笑，听大吕而为歌。政令清明，其辉熠熠也，堪参日月；民心睦顺，其意洋洋乎，可比江河。历数五千年正史，盛世有几？详参八万里寰球，小康无多。兹值当今国运遐昌，举心赞咏，恭对道前，宝香三炷。

这段祝文展现出国家一片祥和的景象。当今社会经过几代人的努力，从政治、经济、文化、生态等各方面都得到了很大的改善和提高。当今盛世，不是历史上任何一个"盛世"所能比拟的，因为只有当今的盛世，是真正的由人民当家作主的盛世。

伏闻，天地垂恩，万物成形成象；玄天启教，三宝无声无息。丹霄遥远，惟自诚而可格；人心虔恭，虽九重以能通。追往昔风犹恻恻，逐先贤思也悠悠。忆昔江山蔽日，参议南湖风雨，正同学少年也，风华正茂；一朝星火燎原，驰骋北国山川，展书生意气兮，挥斥方遒。念往日何其艰也，攀雪山、过草地，弃生死而征南北；度斯心犹可鉴欤，洒热血、抛头颅，付韶华以写春秋。兹建国而今，皆持世界和平为念；披心沥血，终以人民民主而谋。至于今也，冰雪消融，四海偕织锦绣；春风送暖，百花争吐芬芳。奋力繁荣经济，兴四方以为本；勇于发展改革，忝列国而称强。社会和谐稳定，人民幸福安康。圣火燃自华夏，蛟龙腾于东方。

这段说文则追忆了自建党至今的百年历程，缅怀为国家解放事业、国家建设、国家发展献身的中华儿女，赞颂了中国共产党全心全意为人民服务的精神。现在的幸福生活来之不易，是中国共产党把中华民族从半殖民地半封建社会，从积贫积弱、内忧外患的苦难深渊中拯救回来。南湖的红船开启了指路的航程，也翻开了中国历史新的篇章。中华儿女在中华大地上开启了波澜壮阔的历史进程，人民民主、世界和平，一直是奋斗的航标。

道教传统科仪中，上香是对仙真圣贤最诚敬的一种方式，所谓通诚达悃，并同时许下自己的愿望。在吕祖宫的《太上护国佑民科仪》中，三段祝香文是如下描述的：

夫此一分香者……上奉中华国土历代圣哲，九州境内过往先贤。开国启运诸大领袖，驱离外侮诸大将军，为国为民英雄志士，致力科研各路精英。一香之诚，寸心可鉴，上祝山河永固，国运遐昌，民族团结，世界称强。香爇炉中，一如所愿。

夫此二分香者……上奉天地自然，曲为坛前信众，祈福迎祥。普愿千行百业，士农工商。为政者务自清廉秉正，悉心为民；从商者亦当诚信守法，普利于世。各秉忠信，执孝怀慈。一香之诚，丹忱尽表。普愿行行安乐，业业繁昌。香爇炉中，一如所愿。

夫此三分香者……上奉道门宗祖，普愿本观道众人等，爱国护教，修己度人。以勤以勉，悉除贪瞋之恶；奉道奉德，多行教化之实。行事当思冰渊之警句，修身谨奉无为之至真。一香之诚，日月可昭。普愿本观香火绵延，教法兴隆。本观弟子具皆修真有分，进道无魔。香爇炉中，一如所愿。

这样的陈述，既遵从了传统科仪的表现形式，又表达出了对历代先贤、开国领袖和革命志士、科研精英的崇敬，进而祈愿国家繁荣昌盛，祈愿民族团结，祈愿社会和谐。同时对于道众提出了"爱国护教，修己度人"的修行准则。

北京道协探索公益慈善活动新路

道教诞生于中国丰厚的文化土壤之中，是具有强烈的现实关怀的宗教，提倡积功累德、扶危济困。北京市道教协会自成立以来，始终秉承传统，将公益慈善活动作为协会的工作重点，充分发扬道教"齐同慈爱、济世利人"的精神，为首都的和谐与稳定发挥了积极的作用。

2005年，北京市道教协会成立。同年，市道教协会即组织开展了对山西大同社会福利院寄养在大同县乳娘村的300多名孤残儿童和孤寡老人的救助活动，共捐款57000元，捐赠衣物700公斤，捐赠学习用品100公斤。由此，关爱孤残儿童、孤寡老人的爱心活动连年开展。在"六一"儿童节以及重要的传统节日如端午节、中秋节、重阳节、春节前后，北京市道教协会均组织开展形式多样、与节日主题相关的公益活动。仅慰问老人一项，北京市道教协会的足迹就遍布了海淀、大兴、西城等区4所养老院，惠及千余位老人。市道协还积极响应市慈善协会的倡导，组织广大教职人员和信教群众向唐山、临沂等地的20位孤残儿童捐款捐物价值10万元。北京道教界用实际行动传承和发扬尊老爱幼的传统美德，关心帮助弱势群体，为孤残儿童照亮梦想，为孤寡老人增添微笑，让更多人感受到社会主义大家庭的温暖。

从2008年开始，北京市道教协会所属道家书画艺术委员会坚持组织书画家到区县乡村开展"送春联"活动，赠送春联及书法作品近4000幅。

2008年3月份，北京市道教协会向大兴区礼贤镇家庭寄养指导中心483名孤残儿童捐赠了130万元善款，用于康复活动中心建设项目。值得一提的是，这次的善款来自2007年"首届中国道家书画艺术作品展"中219件书画作品的慈善拍卖。

"善行北京 点亮心灯"慈善助医专项活动是北京道教协会开展的另一

项重要的公益活动。"点亮心灯·慈善助医光明行动"是中国道教界重点慈善项目，由中国道教协会、北京市道教协会、河北省道教协会于2012年联合发起主办，通过慈善义卖筹募助医资金，委托爱尔眼科（集团）为医疗单位，针对贫困家庭的少幼儿眼疾患者无偿提供医疗帮助。

"点亮心灯·慈善助医光明行动"自第一季开始以来，得到统战部、文化部、国宗局、中国文联，北京市、河北省、山西省等各级单位领导以及中国艺术研究院、国家画院、中国书法协会、中国美术协会等社会各界人士的大力支持，相继在北京、河北、山西三地开展少儿眼健康知识的普及、眼科疾患筛选、查核患儿家庭情况调查工作，实施检查5万余例，直接救助了4600余名少幼眼疾患儿。

北京市道教协会一方面坚定地在慈善事业的大道上稳步前行，另一方面也在不断地总结过往经验，深入挖掘资源、探索新模式。2010年4月，北京市道教协会在市慈善协会设立"弘道济世专项基金"，该基金由北京市道教协会及道教信众捐资设立，主要用于资助北京市慈善协会开展助老、助残、助医、助学、应急救助项目，帮扶社会弱势群体。同年12月，"弘道济世专项基金"首次开展活动，为北京市大兴区礼贤镇儿童寄养中心捐助10万元人民币，为孤残儿童们购置了一批康复设备及生活必需品，改善他们的生活条件，帮助他们快乐成长。连续多年来，专款用于公益救助和献爱心等活动。2018年7月，北京市慈善基金会、北京市道教协会、海淀区民宗侨办联合组织"弘道济世、爱心助学"项目，目前已有200位困难学生得到了资助。

北京市道教协会面对自然灾害积极展开慈善救济，展现了"一方有难、八方支援"的崇高情怀和"齐同慈爱"的博爱精神。

2008年5月，汶川大地震发生后，市道协统一安排，两天内共筹集捐款5万元，并及时转交给了北京市红十字会。当月18日，吕祖宫为在震灾中死难的同胞做超度道场，并发动居士为灾区捐款1万余元。19日，"北京道教界书画家为地震灾区重建家园献爱心"活动在吕祖宫拉开帷幕，北京道教界众多书画家积极响应此次活动，到现场为捐款者写字作画。至 6 月 20 日第一期活动结束，共筹集善款 20 万元及价值 20 万元的设备。在四川鹤鸣山举行的"中国道教界为汶川地震灾区祈福·追荐·赈灾大法会"上，北京市道教协会在活动中将筹集的 20 万元现金及 20 万元的设备捐给了四川灾区。

2009 年，北京市道教协会响应中国道教协会的号召，发动道教信众为我国台湾 8 月份水灾受灾群众募捐善款，共筹集善款 10 万元。2010 年，为赈济西南地区干旱和玉树地震灾区，北京道教界踊跃参与，共捐款 17 万元。

随着扶贫攻坚战的打响，北京市道教协会响应号召，于 2015 年为北京地区农村贫困户捐助 6.5 万元。在 2016 年至 2020 年间，向京郊密云、贵州三都县、新疆和田地区墨玉县贫困户捐款 26.5 万元，向河北省邢台水灾灾区捐款 10 万元，向海淀区贫困学生爱心活动捐赠 3 万元，向内蒙古兴安盟科右前旗捐资助农 5 万元，向中国道协"上善基金"捐款 50 万元。

2020 年初，新冠肺炎疫情爆发，北京市道教协会在做好防疫工作的同时，积极筹集抗疫善款。2 月 14 日，北京市道教协会、北京吕祖宫、西城区道教协会共同向西城区红十字会捐款 10 万元，用于西城区新冠肺炎疫情防控。17 日下午，北京市道教协会向北京市慈善协会捐款 45 万元，专项用于湖北省十堰市新冠肺炎疫情的防控和救助工作。同日，还为北京市金融街街道办事处送去了一次性口罩 100 个、一次性手套 48 只、84 消毒液 20 瓶等抗疫物资。

除捐钱捐物外，平谷药王庙发掘宫观优势，秉承"医道同源"的理念，在当地医疗部门指导下，依法合规坚持义诊十多年，得到了当地百姓的一致好评。2020 年 1 月 9 日，西城区道教协会在广福观西院开展中医针灸义诊活动，为什刹海地区的居民现场施医，帮助他们诊断、调理身体，解除病痛。西城区道教协会以实际行动服务社会、利益民众，得到了什刹海居民的广泛支持和参与。

千里之行，始于足下；涓涓细流，汇聚成河。北京市道教协会的慈善之路，在一次接连一次的扶危济贫、捐资助学、走访慰问、义诊义卖中一路走来，十几年如一日，始终如一地以奉献社会为己任，在这条践行道教慈爱思想的路上，有成绩，有感动，也有曲折与考验。实践证明，这是一条坚持道教中国化、利国利民的正确道路，只要坚定爱国爱教、济世利人的信念，不断开拓前行，这条路就会越走越宽，道教的慈爱思想和不断壮大的慈善事业会惠及更多的人。

濒临失传的"北京韵"道乐获新生

北京曾是道教繁盛之地。大约从金元王重阳创建全真道以后，京城内历代君王潜心修道者不乏其人。民间对道教的崇奉也极为普遍，参加道教节日、丧仪中请道士做道场，成为北京地区民间生活的重要内容。

道教音乐具有烘托、渲染宗教气氛，增强信仰者对神仙世界的向往、尊崇的功能，其在发展进程中，吸取了中国古代宫廷音乐和民间传统音乐的精华，具有了独特的艺术风格，成为中国传统音乐的重要组成部分。

道教斋醮音乐，是用于道教各种仪式活动的道场音乐，主要包括修道、庆祝、祈祷等法事。其中修道法事道乐，主要有早坛功课、晚坛功课，每当功课时，道士们斋沐盥漱、严正衣冠，上殿焚香点烛，诵经礼诰；庆祝法事是祝贺神仙、祖师的圣诞；祈祷法事是祈晴祷雨、祈祷太平、消弭灾厄、超度亡灵、赈济孤孀，如"放焰口"、上"祖师表"等。配合各种法事唪诵专门的经文，并咏唱优美的韵腔。

作为道教仪式中不可或缺的道教音乐，其发端不详。北魏文帝神瑞年间，嵩山道人寇谦之所撰《云中音诵》中，即有了《华夏赞》《步虚词》等。唐代玄宗热衷道乐，曾有"玄宗于内道场亲教道士步虚声韵"的记载。宋代道教经韵乐章已臻规范，《道藏》所收《玉音法事》中，汇集了真宗、徽宗所制赞颂词章 50 首，并附有曲调符号，即"声曲折"。其一唱三叹，衬词较多，与南曲风格相类似，疑为正一江南道教乐派。

而北派道乐的形成，是明代成祖时期。用工尺谱记的道曲 14 首乐曲，收录在《大明御制玄教乐章》中，从曲名中可看出是朝廷祭祀圣典时所奏的道乐。曲调颇具北曲风格，为七声音阶，仅有主干音，无板眼标记，可见其高亢挺拔之势，并且辞情多、声情少。此一宫廷道乐，应是明成祖迁都北京后所使用，可称为北京道教音乐源流之一。

清朝初期，叶梦珠所辑《阅世篇》卷九中记有"道教法事引商刻羽，合乐笙歌，竟同游戏"。嘉庆四年，苏州道士曹希圣将吾之庵收集整理的乐谱刊印为《钧玉妙乐》《古韵成规》《霓裳雅韵》。而北京道乐曲谱却散佚民间。在北京市内及城郊，民间丧仪的道场音乐是在传统道乐的基础上，与北方民间音乐相融合，由住观道士、火居道士及民间鼓吹艺人共同发展创造的，成为北京地区民间道乐的核心内容。

新中国成立以来，各方面所收集到的北京市郊区民间音乐曲谱中，有相当一部分是道曲，是丧仪法事专门演奏的乐曲。其中有些还能讲出是某道观某著名道长所传，如昌平 23 首道曲，主要为东岳庙大昆道长和小玉虚观阚志林道长所传。大兴区长子营乡李家务村的道乐，是京南道观良善坡的道士刘理秀所传，据说该道观是京西白云观下属七十二分院之一，刘理秀是丘祖龙门派第 22 代弟子。1949 年，李秀春等人向刘理秀学艺，前后共学了 60 多曲，曾参加北京国庆演出活动。李家务村演奏的道乐主要有《祭枪》《郎（浪）头沙》《唐头令》《谨然神灯》《五圣仙》《行道章》《对太平》等。从名称来看，并不是真正意义的道教斋醮科仪音乐。此外，顺义区张喜庄也有一班伙居道士，据说演奏水平很高，常为当地信众做法事。

北京地区道教音乐以白云观斋醮科仪音乐为代表，其作为道教两大流派中全真派的基本韵腔——全真正韵，不仅影响京城四郊，而且流传全国。如四川道乐传播中心成都二仙庵，该道观在清光绪年间，曾推举道士赴北京白云观学习科仪和经韵，使北京白云观道乐传至四川。

全真祖庭白云观是道教全真派的"天下第一丛林"，全真龙门派祖师丘处机曾住持白云观，他羽化后又藏蜕于此，因之后世全真派道徒尊白云观为祖庭。

白云观道乐活动始见于唐代初期，到金代已有斋醮记载，皆为皇命之醮事。据《道藏》记载，金世宗时，天长观（白云观）重修落成后，世宗车驾亲临，"遂命为道场三日夜以庆成"。

北京地区道教音乐所使用的乐器，主要是法器（打击乐）加管乐，其中有笙、管、笛、箫。现代以来，又吸收了南方道乐的特色，增加了丝弦乐器。以白云观为代表的北京地区道教音乐，主要有十方韵和北京韵两类曲调。

十方韵又称全真正韵，在陕西、甘肃、河南、山东、江苏、浙江等地著名的十方丛林和宫观中流传使用。

十方韵共有四套斋醮韵腔，合计90余曲。每种仪式中韵腔分别用于"延生保安"的早课、"超度亡灵"的晚课、"赈济施食"的"焰口"及"脱罪祈福"的"玉皇诰"中。各种仪式的功能不同，所用的韵腔有些是相同的，共40曲。其余50余曲，从音乐上大致分为过曲韵腔、咏唱韵腔，以及少量器乐曲，如《引子》《太极韵》《清虚韵》《小开门》等。

北京韵是道教音乐中流行在北京地区的地方韵，新中国成立后几近失传。1988年意外地发现了曹安和抄录的，1944—1945年间白云观住持安世林和白全一口授的经韵26首。其中与十方韵相一致的有《祷神小赞》《步虚韵》《双吊挂》《忏悔文》等，还有4首与十方韵同名异曲，分别是《救苦引》《三宝赞》《梅花引》《三信礼》。其余如《幽冥韵》《早茶奠》《晚茶奠》《北大赞》《禳灾》《北大赞》《南大赞》《七宝赞》《吉祥赞》《走马赞》《小五供》《忏冒》《忏尾》等，为北京韵独有。由此可以得出结论，北京韵是从十方韵发展变化而来，其曲调变化主要是吸收了不同时期当地的民间曲调，以及采纳了民间音乐常用的曲调发展形成的。

为更好地传承北京道教音乐，北京市道教协会会长黄信阳倡导建立北京道教音乐团。时任北京市道教协会理事的陈志文会同几位国内著名的民族音乐演奏家，成立北京道教音乐团筹备组，其中成员有丁国舜、刘博生、郑小冲等。黄信阳会长亲自参加筹备工作，多次帮助指导筹备组筛选曲目、介绍道教音乐的基本情况，还提供了一批流传于世的道乐曲谱。在此基础上，筹备组的老艺术家们又从有关部门、相关人士手中收集了许多道乐曲谱和录音磁带，其中有些曲谱已濒临失传。

曲谱筛选整理好后，陈志文负责筹集部分经费，筹备组采购乐器，制作演出服装，为排练一场道教音乐会做好准备。2005年年初，首批热爱道教音乐的民族音乐演奏家20余人，在白云观开始排练。经过一段时间的努力，具备了演出能力。2005年北京"两会"期间，为北京市的政协委员们举办了迎春道教音乐专场演出，受到与会者的高度赞扬。

其后，北京道教音乐团多次举办不同规模的道教音乐会，足迹遍布北京城乡各地。还应邀前往广州、安徽、浙江等地演出，影响比较大的演出有：2011年1月北京全国政协礼堂"新春祈福音乐会"，2012年9月北京展览馆"首届中国道教文化音乐展演"，2013年12月"首届中国温州道教文化节音乐会"。此外，在重大时间节点，还会举行专场道教音乐会，如2011年"庆祝建党九十周年音乐会""河北省道教界庆祝建党九十周年音乐会"，以及相关节庆道教音乐会等。

2011年6月，北京道教音乐团应邀参加河北省道教界举行庆祝建党九十周年音乐会

2014 年 6 月，北京道教音乐团应邀参加圣莲山老子文化节演出

　　十几年来,北京道教音乐团陆续出品了音乐风光片《中国道教音乐精粹》、专辑片《道教音乐会》,收集整理了大批道教音乐曲谱及影像资料,可以承接不同规模的道教音乐演出,为北京地方道教音乐的传承推广,起到了积极作用。

北京伊协全面推进"五进"清真寺

北京市伊斯兰教界开展"五进"清真寺活动

2018 年 5 月 18 日，伴随着庄严的中华人民共和国国歌，鲜艳的五星红旗冉冉升起，飘扬在北京市东四清真寺上空。由中国伊斯兰教协会主办、北京市伊斯兰教协会协办的"中华人民共和国国旗、宪法和法律法规、社会主义核心价值观和中华优秀传统文化等四进清真寺"活动启动仪式在东四清真寺举行，由此掀开北京市及全国各宗教开展"四进"宗教活动场所的序幕。2020 年，北京市伊斯兰教协会将"民族团结进步创建"纳入活动主题，在全市开展"五进"清真寺活动，形成北京伊斯兰教界坚持中国化方向的进一步探索。

　　"五进"清真寺是一项促进我国伊斯兰教与社会主义社会相适应,具有重要现实意义和深远历史意义的活动。该项活动的开展,升华了伊斯兰教界和穆斯林群众的爱国热情,筑牢与党同心、与国同行的思想基础,进一步加强、加深各族穆斯林群众对伟大祖国、中华民族、中华文化、中国共产党、中国特色社会主义的认同,增强法治观念,树立法律面前人人平等的思想;用社会主义核心价值观引领和教育各族穆斯林群众,把社会主义核心价值观的基本精神和理念融入相关教务管理的规章制度中,使社会主义核心价值观成为穆斯林群众的自觉追求和行为规范;加强对各族穆斯林群众民族团结进步理念的宣传引导,促进各民族和谐相处、共同发展,铸牢中华民族共同体意识。

培养爱党、爱国、爱社会主义情怀

　　自 2009 年"和谐寺观教堂"创建活动开展以来,北京市各清真寺内全部悬挂国旗,以此作为创建活动达标的基础条件。"五进"活动中,北京市伊斯兰教协会制定《关于规范清真寺升挂使用国旗的指导意见》,全市清真寺都在显著位置设置室外旗杆,常年悬挂国旗,让国旗在清真寺高高飘扬。北京市各清真寺坚持在法定节日、纪念日和开斋节、古尔邦节等伊斯兰教节日期间举行升国旗仪式,进一步升华伊斯兰教界和广大穆斯林群众爱党、爱国、爱社会主义的情怀。

　　举行升旗仪式是爱国情怀的体现,组织开展爱国主义教育活动是爱国情怀的升华。爱国主义是伊斯兰教倡导千年的优良传统,是体现穆斯林群众政治认同的重要形式。北京市伊斯兰教协会以庆祝新中国成立 70 周年和中国共产党成立 100 周年为契机,开展丰富多彩的庆祝活动,不断强化伊斯兰教界和广大穆斯林群众爱党、爱国、爱社会主义的意识。

　　2019 年,为庆祝新中国成立 70 周年,北京市伊斯兰教界以"我和我的祖国"为主题开展"七个一"庆祝活动,全力营造北京市伊斯兰教领域团结、稳定、和谐的氛围。制作宣传展板,汇集近千张反映改革开放以来北京市伊斯兰教工作成就的图片，分别在东四清真寺、牛街礼拜寺、下坡清真寺和豆芽菜清真寺进行为期 3 个月的巡展。组织骨干阿訇、朝觐人员以及市区伊斯兰教协会老领导、骨干阿訇和老阿訇召开座谈会，畅谈祖国的发展变化，表达对祖国的感恩与祝福。与海淀区伊斯兰教协会联合举办"助力新时代、共筑中国梦"——北京市伊斯兰教界"祝福祖国"书画展，表达北京市伊斯兰教界的拳拳爱国之心。举行国庆寄语征集活动，并从全市阿訇和穆斯林群众的稿件中，遴选 18 件优秀作品制作成宣传海报，在全市清真寺张贴宣传。印发《北京伊协工作之窗》国庆 70 周年专刊，组织全市清真寺在国庆前的主麻日统一宣讲爱国主题"卧尔兹"，加强对穆斯林群众爱国情怀的引导。

2021 年，在全国各界掀起庆祝建党 100 周年活动热潮之际，北京市伊斯兰教协会在全市伊斯兰教领域扎实开展"爱党、爱国、爱社会主义"和"党史、新中国史、改革开放史、社会主义发展史"系列学习教育和庆祝活动，围绕庆祝中国共产党成立 100 周年，开展"铭记先烈、砥砺前行"爱国主义教育。各级伊斯兰教协会、清真寺组织参观"伟大征程——庆祝中国共产党成立 100 周年特展"，参观香山革命纪念馆、《没有共产党就没有新中国》歌曲诞生地以及马骏烈士墓、马本斋烈士纪念馆等爱国主义教育基地，追忆革命先烈，传承红色基因，讲好红色故事。以"坚定不移跟党走、同心同行谱新篇"为主题召开阿訇座谈会，广泛凝聚思想共识，引导全市伊斯兰教界把思想和行动统一到中央决策部署和市委工作要求上来。录制"红歌寄深情、快闪贺华诞"视频寄语，市区伊斯兰教协会领导班子成员、清真寺负责人和穆斯林群众代表纷纷通过录制视频等方式向党送出祝福寄语，齐声合唱《没有共产党就没有新中国》等红色歌曲，充分表达对党的真挚情感和对党的百年华诞的由衷祝福。设置"礼赞共产党、奋进新时代、践行中国化、启航新征程"宣传阵地，在全市清真寺设立庆祝中国共产党成立 100 周年宣传栏，统一制作张贴主题宣传海报，编辑印发《北京伊协工作之窗》"同心百年"专刊，教育引导伊斯兰教界知史爱党、知史爱国，将爱党、爱国、爱社会主义的情感深深扎根于"中华沃土"。

此外，北京市伊斯兰教协会还组织伊斯兰教界开展"爱我中华"主题教育活动，组织全市伊斯兰教界参观抗美援朝70周年展览、改革开放40周年成就展，指导各区伊斯兰教协会开展"三爱四史"专题讲座，组织开展党史学习教育活动，参观甘肃中国工农红军西路军纪念馆、北京顺义焦庄户地道战遗址等爱国主义教育基地，让伊斯兰教界人士和广大穆斯林群众重温党的革命史、创业史，更加坚定只有坚持中国共产党的领导才能实现中华民族伟大复兴的信心。

树立宪法意识和法治理念

北京市伊斯兰教界积极组织学习宪法及《宗教事务条例》《北京市宗教事务条例》等法律法规，营造良好的学习宣传氛围。

北京市伊斯兰教界积极参加各类时事政治与政策法规培训、专题辅导报告等，认真学习党的十九大及十九届历次全会精神、宪法及民法典解读、新修订《北京市宗教事务条例》和有关宗教活动场所、宗教教职人员、宗教活动等方面重点内容。参与各类政务服务专题培训，听取专家对宗教活动场所文物工程审批、编印发送宗教内部资料性出版物、办理法人登记、社会组织财务管理等方面内容的细致讲解，将政策法规宣传与政务服务培训紧密结合，系统学习涉及宗教活动场所政务服务事项办理条件、在线申办系统填报步骤等业务知识。对照相关宗教法律法规，认真查找日常活动和内部管理方面存在的问题和不足，排查存在的问题和薄弱环节，梳理现有相关规章制度与之衔接。

将社会主义核心价值观融入解经工作

北京市各清真寺在院内显著位置张贴社会主义核心价值观的内容，部分清真寺还设计制作社会主义核心价值观主题文化墙，结合伊斯兰教教义教规对社会主义核心价值观进行阐释，向来寺穆斯林群众进行宣传。北京市伊斯兰教协会还将社会主义核心价值观融入解经工作中，举办"卧尔兹"演讲比赛和巡讲活动，围绕社会主义核心价值观主题内容进行演讲和巡讲。每年斋月期间，全市清真寺统一开展社会主义核心价值观主题"卧尔兹"宣讲活动。

植根中华优秀传统文化土壤

北京市伊斯兰教协会组织开展"弘扬中华文化、增强文化自信"和"中华优秀传统文化的核心思想"等主题的"中华传统文化大讲堂"系列讲座，利用《北京伊协工作之窗》、宣传栏、微信公众号等方式，宣传学习优秀传统文化。牛街礼拜寺开设《中华传统文化进清真寺》系列课程，内容包括书法、剪纸等，收到良好效果。阿訇在中华优秀传统文化进清真寺活动中带头学习中华优秀传统文化，在平时"卧尔兹"的撰写和宣讲中，植根于中华优秀传统文化土壤，以之浸润伊斯兰教教义思想，引导穆斯林群众发扬中国伊斯兰教爱国、团结、和平、宽容、理性的鲜明品格。

营造民族团结良好氛围

北京市伊斯兰教协会在全市清真寺播放优秀民族团结进步题材影片，围绕"民族团结进步"主题开展学术研讨，开展"民族团结进步创建"主题"卧尔兹"撰写和宣讲活动，积极参与社区共建，开展"尊老敬老"活动，慰问、关心清真寺周边各民族孤寡老人，积极营造民族团结的良好氛围。

"五进"清真寺活动的深入开展，不断推动北京的清真寺成为弘扬爱国主义精神、遵守国家政策法律、践行社会主义核心价值观、传承中华优秀传统文化、铸牢中华民族共同体意识的坚实阵地。

经学思想建设品牌"专题解经"

北京伊斯兰教界注重加强经学思想建设，取得了可喜的成果，在探索伊斯兰教中国化方向理论和实践层面走出了坚实步伐。

伊斯兰教传入中国以后，主要是通过宗教教职人员宣讲"卧尔兹"的方式介绍伊斯兰教。"卧尔兹"是阿拉伯语音译，意思是"劝导"，讲"卧尔兹"是我国伊斯兰教教职人员传统的讲经宣教方式，其内容涉及伊斯兰教的方方面面，如教义、教规、功修、礼仪、伦理道德、历史文化、经典教诲、先知先贤事迹等。中国伊斯兰教协会于 2001 年 4 月成立中国伊斯兰教教务指导委员会，开始解经工作。此项工作通过编写推广新"卧尔兹"的形式，对当代我国穆斯林的宗教生活和社会生活中遇到的问题，依据伊斯兰教经典及其内涵，从教义和教规的角度作出既符合伊斯兰教信仰精神，又符合时代发展要求的解释，维护伊斯兰教信仰的纯洁性，坚守中道、抵御极端，促进伊斯兰教与社会主义社会相适应。

习近平总书记在中央统战工作会议上的重要讲话中指出："要用社会主义核心价值观引领、用中华文化浸润我国各种宗教，支持宗教界对宗教思想、教规教义进行符合时代进步要求的阐释，坚决防范西方意识形态渗透，自觉抵御宗教极端主义思潮影响。"2016 年 7 月 19 日，习近平总书记在考察宁夏时指出："我国伊斯兰教要做好解经工作，注重宣讲最新的解经成果，大力培养宗教人才特别是中青年宗教人才。"

伊斯兰教界所开展的"解经"工作，是在新的历史条件下践行伊斯兰教与社会主义社会相适应的全新工作。这项工作的开展，对提高穆斯林的整体素质，弘扬伊斯兰教所提倡的爱国爱教精神，加强民族团结，增强遵纪守法意识，保持社会大局的稳定，引导广大穆斯林群众追求两世吉庆，积极投身于小康社会的建设，努力实现伊斯兰教与社会主义社会相适应，使伊斯兰教能够与当代社会同步发展等方面都具有深远的意义。

近年来，北京市伊斯兰教协会把"解经"工作作为坚持伊斯兰教中国化方向的一项重要举措常抓不懈，对伊斯兰教经典和教义教规做出符合伊斯兰教真精神和时代发展要求的解释，弘扬团结、中道、和平的优良传统，引导穆斯林群众爱国守法，反对极端主义，铸牢中华民族共同体意识，促进伊斯兰教与社会主义社会相适应。

北京市伊斯兰教协会在"解经"工作中始终把握正确的工作方向，坚持"三个结合"的原则开展"解经"。第一方面是坚持将"解经"工作与爱国主义、社会主义教育相结合，将坚持伊斯兰教中国化方向、铸牢中华民族共同体意识融入"解经"工作中，印发社会主义核心价值观主题"卧尔兹"演讲集，围绕"爱国守法""疫情防控""正确认识朝觐""尊老敬老""民族团结"等主题开展主题"卧尔兹"宣讲活动，帮助穆斯林群众全面了解伊斯兰教的基本精神，引导穆斯林群众提高政治站位，坚持爱国爱教传统。第二方面是坚持将"解经"工作与法治教育相结合，组织全市各清真寺统一宣讲"知法守法"主题"卧尔兹"，结合伊斯兰教教规，号召全市穆斯林群众积极行动，做遵纪守法的表率，自觉维护社会安定团结，不做有损国家统一、民族团结和社会稳定的事，不给破坏民族团结、分裂祖国的恐怖分子、极端势力以可乘之机，做学法、知法、守法的合格穆斯林。第三方面是坚持将"解经"工作与穆斯林群众对幸福生活的追求相结合，大力弘扬伊斯兰教和平、团结、顺从的思想，引导广大穆斯林群众树立爱岗敬业的理念，积极参与到社会主义现代化建设中来，自觉为北京市经济社会发展做贡献。

北京市伊斯兰教协会先后编写印发了4辑《北京市新编"卧尔兹"演讲集》，共计83篇，近45万字，内容涉及伊斯兰教信仰、功修、伦理道德及社会主义核心价值观、北京精神等，这些新"卧尔兹"都得到广大穆斯林群众的充分认可。

面对新时代、新形势、新要求，北京市伊斯兰教协会创新"解经"工作方式，采取"五步法"开展体系化"解经"工作。"五步法"是指"选题"阶段自上而下、形成体系、体现特色，由北京市伊协教务委员会选定参考题目，分发至各区伊协；"组稿"阶段自下而上、充分研讨、承接地气，区伊协将"卧尔兹"参考题目分配至本区阿訇，组织阿訇按照稿件要求撰写初稿。在初稿的基础上，组织全区阿訇进行研讨、修改，形成定稿报北京市伊协；"精研"阶段专家论证、充实理念、提升高度，教务委员会对稿件进行初审，选出质量较高的稿件，邀请专家学者、骨干阿訇、乡老及宗教工作干部等开展研讨，对稿件进行精研；"汇编"阶段组队精编、优中选优、确保质量，发挥教务委员会及"解经"骨干阿訇的作用，根据精研环节的意见和建议对稿件进行润色、修改，最终汇编成册，形成"解经"成果；"应用"阶段因地制宜、任务到人、宣讲到寺，引导阿訇将稿件内容转化为自己的语言，提高阿訇宣讲的水平，使"卧尔兹"真正对乡老发挥引导和教育作用。体系化是按照伊

北京市伊斯兰教协会会长杨冠军在大殿为穆斯林群众解经讲"卧尔兹"

斯兰教的六信、五功、美德、善行、善功和节日等六大部分50多个方面的重点内容，对新"卧尔兹"结构体例做出统一规范，按照"遵循经训原则、浸润中华文化、融入时代精神、符合北京传统、贴近群众生活"的要求编写、宣讲新"卧尔兹"。

　　创新的工作思路和方法得到各区伊协和阿訇们的支持，全市阿訇共同参与撰写"卧尔兹"。北京市伊斯兰教协会从全市阿訇撰写的300多篇"卧尔兹"中优选稿件，组织解经骨干阿訇及相关人员精研审校，经中国伊斯兰教协会审阅后汇编成《道衍薪传——北京市"卧尔兹"参考范本（第一辑）》，形成体系化"解经"初步成果。《道衍薪传——北京市"卧尔兹"参考范本（第一辑）》按照美德与善行、六信与五功、善功与节日三个部分进行编排，收录稿件50篇，近11万字。阿訇宣讲时需要在范本基础上补充相应内容，扩充相关知识，既实现清真寺"卧尔兹"宣讲内容体系化、系统化，有助于穆斯林群众全面了解伊斯兰教基本精神；又促进阿訇加强学习，不断提升自身

"爱我中华·共圆梦想"——第十二届北京市"卧尔兹"演讲比赛现场

素养。"道衍薪传"四字选自 1935 年成达师范第二班毕业学生立于东四清真寺大殿左侧的石碑碑文，由时任成达师范副董事长马振五先生撰书。以"道衍薪传"为"卧尔兹"参考范本名称，目的在于继承并发扬中国穆斯林先辈爱国、创新、包容、团结、进步优良传统，积极引导穆斯林群众走扎根本土、生生不息的伊斯兰教中国化道路。

伊斯兰教中国化工作任重道远，北京市伊斯兰教协会将继续继承和弘扬伊斯兰教优良传统，深入挖掘教义教规中有利于社会和谐、时代进步、健康文明的内容，对教规教义作出符合当代中国发展进步要求、符合中华优秀传统文化的阐释，促进北京伊斯兰教持续、健康、稳定发展，在宗教与社会主义相适应和坚持宗教中国化的道路上迈出坚实有力的步伐。

学术交流研讨平台"福德论坛"

伊斯兰教自传入中国以后，与中国传统文化融会贯通，形成了独特的中国伊斯兰教传统，其在宗教义理、宗教制度、宗教文化、宗教传承、宗教教育等方面都不同于世界其他地区的伊斯兰教形态，构成中华民族优秀传统文化不可分割的部分。当代中国伊斯兰教既需要继承和发扬原有的融会中华文化的传统特色，也面临着如何与时俱进、主动适应时代要求的新问题。

为深入挖掘北京市伊斯兰教文化底蕴，创新伊斯兰教中国化的有效载体，北京市伊斯兰教协会创新思路、加强统筹，充分利用北京丰富智力资源和文化资源，着力打造"福德论坛"品牌，通过开展学术研讨、专题讲座、文化传承保护等系列品牌活动，探索具有北京特色的伊斯兰教中国化道路。

"福德论坛"作为学术研究平台，通过学术研究活动发扬中国穆斯林的优良传统，正本清源，探讨中国伊斯兰教文化与中国传统文化相融合，深化典籍经训，宣传伊斯兰教的真精神，坚持伊斯兰教中国化方向，结合伊斯兰教自身发展和与时俱进的要求，对伊斯兰教教义教规作出符合时代要求的阐释，促进伊斯兰教与社会主义社会相适应。

"福德论坛"名称源自东四清真寺福德图书馆，"福德"之名源自捐献图书的埃及国王福阿德一世，中国穆斯林前辈以中国传统文化中"福德"一词作为音译，体现了中埃间的文化交往与交流。福德图书馆始建于1936年，其前身是成达师范学校图书馆，在唐柯三、马松亭等老一辈中国穆斯林学者努力下建立，得到过埃及两任国王的图书捐助，也得到了顾颉刚、蔡元培、冯友兰、白寿彝等各界文化巨匠的倾力支持，奠定了福德图书馆珍贵丰厚的万余册阿文和汉文古籍馆藏基础。福德图书馆最早一批馆藏图书是北京著名伊斯兰教爱国人士马松亭阿訇前往埃及，揭露日本帝国主义侵华的真实目的，得到时任埃及国王的接见，并获赠的一批图书。而成达师范是在中国新文化运动的背景下应运而生的，是中国伊斯兰教积极进步的体现。可以说，福德图书馆是北京伊斯兰教爱国、进步的标志，也是对外友好交往的体现。

20世纪30年代，有识之士筹建福德图书馆的一个重要初衷就是"打破回汉隔阂，沟通中阿文化"。其中，"打破回汉隔阂"，涉及政治与社会层面的中国化，而"沟通中阿文化"，则包含着思想、文化和教育方面的中国化，福德筹委会提出的这一目标与当前坚持伊斯兰教中国化方向可谓异曲同工、不谋而合。"福德论坛"的举办有助于我们从对历史的研究和总结中汲取经验，把社会主义核心价值观和时代精神内化到宗教思想、宗教道德深处，为坚持伊斯兰教中国化方向提供全面的思想理论指导，丰富坚持伊斯兰教中国化的现实方法和途径。

2017年6月22日，福德图书馆举行了复馆仪式，北京市伊斯兰教协会以此为契机，打造北京市坚持伊斯兰教中国化方向的学术研究品牌"福德论坛"。"福德论坛"承载着新形势下加强中阿交流的美好意愿，承担着传承、发扬福德精神的艰巨任务，更肩负着研究探索伊斯兰教中国化方向的光荣使命。打造"福德论坛"学术研究品牌，既是对历史福德的纪念与传承，又是对新时代福德的定位与期望，让"福德论坛"成为北京市乃至全国伊斯兰文化研究和交流的平台、伊斯兰教人才培养的摇篮和引领伊斯兰教坚持中国化方向、努力与社会主义社会相适应的一面旗帜。

2017年10月，北京市伊斯兰教协会以"伊斯兰教与中国化方向"为主题举办了"福德论坛"学术研讨会，京津冀三地数百位专家、学者、阿訇参加论坛。这次论坛的合办方为中国社科院世界宗教研究所伊斯兰教研究室，共征集论文34篇，阐发了伊斯兰教中国化的5个专题，分别是："和平中道——传承伊斯兰教优良传统""文明互鉴——伊斯兰教中国化的历史进程""互融互通——伊斯兰文化与中国传统文化""对外交流——'一带一路'与中国伊斯兰教研究""传承发展——近现代伊斯兰文化发展之路"，形成了26

万字的《福德文集》，内容广泛，命题新颖，旗帜鲜明，有明显的时代、地域特点，学术水平高，突显弘扬时代正能量，发扬爱国爱教精神，传承穆斯林对国家忠贞不渝的气节。

首届"福德论坛"的成功举办，为北京市伊斯兰教坚持中国化学术研究奠定了坚实的基础。"福德论坛"已经成功举办了五届，研究的主题具有鲜明的时代特征，紧紧围绕坚持伊斯兰教中国化这一大的主题，内容涵盖"爱国守法""和平中道""文明互鉴""互融互通""对外交流""传承发展""红色记忆"等专题，来自中国社科院、北京大学、中国人民大学、中央民族大学、北京外国语大学、中国伊斯兰教经学院等学术研究机构和大学的专家学者参加论坛，分享关于宗教中国化方面的研究成果。论坛形成了五辑《福德文集》，共收录学术性文章192篇，这批学术成果将为北京市伊斯兰教坚持中国化的理论与探索提供宝贵的参考与借鉴。"福德论坛"还创新性地开辟了阿訇论坛，给具有一定学术研究能力的宗教教职人员搭建交流、锻炼的平台。经过几届论坛的培养，北京市已挖掘培养了一批既有宗教专业素养，又具备一定学术研究能力的阿訇，为持续推进中国化进程奠定了人才基础。

2021年是中国共产党成立100周年，第五届福德论坛围绕庆祝建党100周年这一大的时代主题开展学术研讨，以"传承红色记忆、伊斯兰教中国化的传承与发展、促进民族团结"为主题，深入展开学术交流和讨论，旨在不断增强京津冀三地伊斯兰教界对伟大祖国、中华民族、中华文化、中国共产党和中国特色社会主义的认同，凝聚铸牢中华民族共同体意识的思想共识，进一步坚定在中国共产党领导下走与社会主义社会相适应道路的信心和决心。与往届相比，第五届论坛有其鲜明的特点，第一个特点是研讨内容广泛而深入，与会专家学者不仅涵盖京津冀区域，而且延伸到全国范围，邀请到不同专题研究领域的专家学者，不仅有深具影响的前辈专家，而且还有中青年学术中坚力量，涵盖了伊斯兰教与中国社会、传统文化，经堂教育、清真寺的建筑形制、宗教本土化的理论与实践等多个领域，与会代表从多角度、多层面阐释了伊斯兰教传入中国后，与中国社会、中国文化会通与融合的本土化历程，提出的观点既有宏观思考，又有微观探究，取得了良好的效果。第二个特点是研究成果具有前瞻性和指导性。研究紧扣"坚持伊斯兰教中国化方向"的时代主题，凝聚"京津冀"顶尖级学术力量，从历史与现实、理论与实践、人物与事件、国际与国内等多个维度阐释坚持中国化方向是伊斯兰教界的历史传承、必然选择和发展方向的深刻论断，研究成果代表了当前伊斯兰教中国化研究的主流思想和前沿观点，为进一步做好新形势下的伊斯兰教工作提供了理论依据和实践经验。第三个特点是研究论题具有鲜明的时代特征。论坛特别设置传承红色记忆分议题，与会代表缅怀了马骏、刘清扬、郭隆真、马本斋等民族英雄以及王静斋、石崑宾等爱国伊斯兰教人士为国家解放、民族团结、社会发展所做出的巨大贡献。第五届福德论坛的成功举办，使北京市伊斯兰教坚持中国化方向学术研究工作迈向了一个新的高度。

"福德论坛"的举办，传承了长期以来北京伊斯兰教爱国爱教、和平中道的优良传统和文化底蕴，形成了伊斯兰教中国化理论成果，得到了国家

第五届福德论坛——京津冀伊斯兰教界"与党同心同行一百年"学术研讨会

宗教事务局、中国社会科学院、中国伊斯兰教协会高度肯定以及社会各界好评。论坛立足坚持伊斯兰教中国化方向，深入学习贯彻习近平新时代中国特色社会主义思想、党的十九大和宗教工作会议精神，以京津冀三地为核心，汇聚各方力量，深入挖掘伊斯兰教文化资源，展示民族团结、宗教和睦、社会和谐工作成果；以社会主义核心价值观为引领，发挥中华优秀传统文化浸润作用，助力京津冀坚持伊斯兰教中国化方向学术研究共同体的形成与发展，形成独具特色的伊斯兰教文化研究品牌。"福德论坛"在深化伊斯兰教中国化理论创新、开阔伊斯兰教界文化研究视野、推动跨区域交往等方面发挥了很好的带动作用，成为推进京津冀等地坚持伊斯兰教中国化研究、实践和交流的重要平台。

公益慈善活动品牌"斋月善行"

重视慈善是世界各宗教的共同特点,慈善理念是宗教伦理观的共同内涵,是宗教信众慈善行为的重要精神力量。伊斯兰教与其他宗教一样,讲求慈善的道德性与志愿性,以基于自觉自愿心理基础的扶困济贫、助人为乐为社会成员的必备美德。

近年来,北京市伊斯兰教协会按照国宗局等六部委下发的《关于鼓励和规范宗教界从事公益慈善活动的意见》精神,将公益慈善的主题与伊斯兰教教义相结合,引经据典,大力挖掘和弘扬伊斯兰教宗教慈善理念,充分发挥伊斯兰教团结互助的友爱精神及乐善好施的传统美德,广泛参与社会公益互助事业,切实关注、关心、关爱弱势群体的生活,打造"斋月善行"公益慈善活动品牌,卓有成效地开展一系列的公益互助活动,充分发挥伊斯兰教界在促进首都经济社会发展中的积极作用,以实际行动履行社会责任。

斋月,既是穆斯林斋戒的月份,也是鼓励穆斯林扶危济困、乐善好施的月份。北京市伊斯兰教协会将时代要求与伊斯兰教教义教规相结合,以"斋月善行"为公益慈善活动品牌,一方面引导穆斯林群众弘扬伊斯兰教的慈善理念,另一方面通过品牌活动整合全市伊斯兰教领域慈善活动资源,更为精准、有效地开展公益慈善活动。

北京市伊斯兰教协会专门设立公益互助工作委员会,加强对"斋月善行"品牌项目各项活动的统筹规划,制定《北京市公益互助资金使用管理办法》,定期召开公益互助工作会议,专题研究伊斯兰教公益慈善工作,确定年度"斋月善行"公益慈善项目。

在慈善活动主题方面,确定了"志愿、爱心、社区和文化"四个主题公益行活动,通过慈善日宣传慈善理念,以公益行带动慈善活动。在活动中坚持做到有的放矢、公开透明，自觉接受群众监督，确保各项优惠政策和扶持措施有效落实。同时注重慈善活动的实效，不流于形式，力争做到"雪中送炭"，帮助真正需要帮助的对象。近年来，积极参与贵州三都、新疆和田和北京民族村精准扶贫项目，连续三年赴宁夏开展公益行活动，并先后组织义诊、尊老敬老、环保等公益活动，结合"疫情防控""场所安全""服务社会"等主题，在全市范围内组织开展志愿服务、募集善款、捐资助学等形式多样的活动，切实履行社会责任。

北京市伊斯兰教协会把每年斋月第二个聚礼日（星期五）确定为"北京市伊斯兰教公益慈善日"，这一天，全市清真寺通过"卧尔兹"宣讲的方式弘扬伊斯兰教乐善好施、扶危济困的优良传统，引导穆斯林群众关爱他人，组织开展"尊老敬老"慈善募捐活动，将收集的善款用于慰问清真寺所在社区的各族困难老人。此项活动得到各级伊协的关注和穆斯林群众的支持，先后与中国伊斯兰教协会和东城区伊斯兰教协会在东四清真寺、东直门外清真寺和西城区德外法源清真寺联合举行"尊老敬老"开斋晚宴活动，将周边社区的孤寡、贫困老人请到清真寺共进晚餐，并赠送礼包和善款，促进民族团结，履行宗教界的社会责任。

北京市伊斯兰教协会采用多种方式加大慈善理念宣传，加深穆斯林群众对慈善活动的认知，向全市穆斯林群众发出了"拒绝燃放烟花爆竹、保护首都环境""厉行节约、反对浪费""做一名尊老敬老爱老的穆斯林"等倡议，指导全市各清真寺统一宣讲"做尊老敬老爱老的穆斯林""伊斯兰教的慈善理念及穆斯林慈善实践"等系列主题的"卧尔兹"，以解经带动伊斯兰教慈善的方式促进全市伊斯兰教界深入开展公益慈善活动。

北京市伊斯兰教协会和各区伊协及清真寺先后组建了志愿者服务队，在开展社区服务、义务植树、助老助残等方面积极履行社会责任，展示了穆斯林志愿者的良好形象。

2020年春节前夕，新冠肺炎疫情突然爆发。在党和政府的领导下，社会各界立即投入到对这场新中国成立以来传播速度最快、感染范围最广、防控难度最大的疫情的抗击中。北京市伊斯兰教界积极响应党中央号召，凝聚全市伊斯兰教界力量，支持、配合国家抗击疫情的战斗，并积极开展慈善捐款和志愿者服务活动。在北京市伊斯兰教协会的号召下，全市伊斯兰教界人士和穆斯林群众踊跃捐款捐物，10 余天内捐款 103 万元，用于北京对口支援城市湖北省十堰市疫情防控设施的投入。在捐款活动中，郊区阿訇尽管收入不高，也义不容辞积极奉献，有的群众直接捐款不留姓名，大家用实际行动充分发扬了伊斯兰教乐善好施、扶危济困的优良传统。

2021 年"斋月善行"期间，北京穆斯林群众参与抗疫志愿服务工作

在社区抗疫志愿者队伍中，也能够看到北京市伊斯兰教界人士的身影。马海军阿訇是朝阳区南下坡清真寺的一名年轻阿訇，疫情袭来，他每日奋战在两个战场，在做好清真寺值班值守及防控工作的同时，还主动报名参加了朝阳区卫健委的志愿者队伍，负责健康热线服务工作。对待疫情，他这样表达自己的认识："这场战役，没有旁观者，没有局外人，你所站立的地方，就是你的战场。"海淀区伊斯兰教协会秘书长马中兴踊跃参加志愿者工作，

积极奋战在社区防控一线。他还参与组织了海淀区伊斯兰教界的爱心捐赠活动，受疫情限制无法组织现场捐款，他原以为这会影响大家奉献爱心，不曾想短短几天，穆斯林群众就通过微信捐善款 10 万元。这一笔笔善款饱含着大家守望相助的无私大爱和真诚厚重的家国情怀。西城区牛街西里二区穆斯林群众杨秀华和赵希光是两位年近古稀的回族穆斯林，也是多年参与社区公益服务的志愿者。疫情爆发后，他们在社区的统一安排下，在门口值守、为楼道消毒、绕小区巡逻，他们说："我们是平凡的人，但是，国家有难，我们就有责任来守护。"这些志愿活动，谱写了一首首爱国爱教、服务社会、利益人群的感人诗篇。

宗教慈善事业任重而道远，北京市伊斯兰教协会将进一步调动全市伊斯兰教界人士和穆斯林群众参与慈善事业的积极性，把北京市伊斯兰教界公益慈善事业推向一个新的阶段，进一步引导伊斯兰教与社会主义社会相适应，为维护首都的民族团结、宗教和顺和社会和谐做出应有的贡献。

北京天主教"五大建设"实践活动

北京市天主教会始终高举爱国爱教旗帜，坚定不移地走独立自主自办教会道路，坚持民主办教制度，坚持天主教中国化发展方向。经过长期不懈的努力，在宗教思想建设、宗教文化建设、宗教制度建设、宗教组织建设、宗教人才建设等"五大建设"的道路上不断探索，努力实践，积极推进中国化发展。

神学思想建设。坚持我国宗教中国化方向对实现天主教健康发展意义重大，为天主教的自身建设和发展带来难得的历史性机遇，北京市天主教努力探索实践路径，不断夯实理论和思想基础，推动天主教与和谐社会、首善之区相适应，为促进天主教与社会主义社会相适应提供有益的思想资源。

北京市天主教会把神学思想建设作为坚持天主教中国化方向的重要平台，连续七年以"天主教中国化"为主题，形成研究论文100余篇。特别是从圣经依据、教义教规出发，对社会主义核心价值观12个主题词逐一解读，用信众喜闻乐见的形式进行神学诠释，凝聚思想共识。

宗教文化建设。北京市天主教会以史为训、以福传为本、以服务为理念，深入探索天主教中国化的有效途径，在教会礼仪、教会艺术、教堂建筑等方面，进一步融合中华优秀文化元素。利用首都丰富的文化资源，搭建有效活动平台和载体，将天主教教义教规与中华传统文化进行有机结合，坚定爱国爱教的政治方向，努力推进天主教中国化进程。全面开展"四进"活动，实现全市天主教堂全部悬挂国旗，重大节日、重要节点举行升国旗和唱国歌仪式，开展"宗教法规进场所"巡讲活动，举办爱国主义、社会主义核心价值观、中华优秀传统文化系列讲座等，在弥撒讲道中融入法律法规、社会主义核心价值观内容，引导教友既做好信徒，又做好公民。

北京市天主教两会积极筹备举办北京市天主教中国化历程展，加强宣传展示，让坚持我国宗教中国化方向在全市天主教界深入人心。

民主办教制度建设。民主办教是中国天主教会适应社会发展的重要途径，也是天主教事业稳步发展的制度保证。北京市天主教会长期坚持民主办教体制机制，爱国会、教务委员会、北京教区三个组织机构"分工不分家，分工不分心"，建立健全秘书长例会、两会主席会、常委会、全委会等会议制度，教会重大事务实行"集体领导、民主管理、相互协商、共同决策"。努力建设"政治上可信、作风上民主、工作上高效"的领导班子，设立11个工作小组，明确班子成员职责分工，定期研究相关工作，不断增强民主决策意识，提高民主议事水平，充分发挥集体的力量和智慧，有效搭建了共同参与教会管理和教会活动的平台。

为提高教会民主化、制度化、规范化管理水平，结合"和谐寺观教堂"创建，北京市天主教会认真落实《宗教事务条例》《宗教团体管理办法》《宗教教职人员管理办法》和北京市宗教活动场所管理"四个办法"，修订完善涉及人事、财务、安全等方面30余项制度，汇编成册，下发各区爱国会、各堂区，团体和场所的自我规范管理能力进一步提高。

爱国组织建设。北京市天主教两会指导和加强基层爱国组织建设，凡是宗教活动场所和信徒群众集中的区，除房山昌平外，都已经有了正式的爱国组织。目前区级天主教爱国组织已发展到10个，在基层民主管理中发挥了积极作用。

北京市天主教两会对基层爱国组织不断加大支持力度，协助他们加强自身建设，鼓励他们积极开展工作。这些基层爱国组织在当地统战和政府部门的支持下，努力开展工作，广泛团结信教群众，开展爱国爱教教育引导，协助堂区加强规范管理，组织开展社会服务活动，有效发挥了爱国会的政治保障作用、桥梁纽带作用和团结教育作用，爱国爱教力量不断发展壮大。

人才队伍建设。人才培养关乎教会事业的长远发展，是北京市天主教两会的一项基础性、关键性工作。多年来，北京市天主教会按照"政治上靠得住，宗教上有造诣，品德上能服众，关键时起作用"为标准，从"培青工程"到"三支队伍建设"，下大力气紧抓人才培养不放松。开展爱国主义、政策法规、国情市情、传统文化等教育培训和实践活动，增强政治素质；举办避静神工，增强个人操守与献身意识；定期组织神甫聚会，交流牧灵福传、堂区安全以及正确处理政教关系的经验；神职人员年度述职总结、定期轮岗交流，加强实践锻炼，提高综合素质；派送神职人员留学深造、高校学习，提升文化修养和专业素质。目前，北京教区已经拥有 85 位神甫和 50 位修女，其中神甫全部具有神学本科及以上学历，取得硕士、博士学位的约占 30%；大部分修女具有大专及以上学历。

只有坚持中国化方向，才能更好地与社会主义社会相适应，才能实现中国天主教事业的健康发展和行稳致远。站在新的历史起点，北京市天主教将以更加团结自信的精神状态，继续弘扬爱国爱教优良传统，振奋精神，坚定信心，开拓进取，砥砺前行，投身首都经济社会发展，奋力开拓天主教事业的新局面，为建设国际一流的和谐宜居之都、为建设社会主义现代化强国、为实现中华民族伟大复兴的中国梦做出新的更大贡献。

北京天主教神学思想中国化新举措

为了更好地落实我国宗教中国化，北京市天主教会首先从神学思想中国化研究抓起，用理论指导实践，用实践印证理论，无论在中国化的神学理论研究上，还是在实际的中国化进程上，都有着长足的进步。中国化的神学理论研究主要从这两个方面进行：一是用中华优秀传统文化浸润宗教；二是用社会主义核心价值观引领宗教。

用中华文化优良传统浸润宗教文化

中华民族有着五千年的文明，中华文化博大精深，能够有机地浸润到基督宗教文化中，为基督宗教赋予中国化的色彩。

从 2016 年开始迄今，北京天主教会每年举行一届神学思想中国化方向研讨会，在理论研究方面，获得了长足的进展和收获。用中华文化优良传统浸润宗教文化方面的研究，为北京市天主教提供了推进中国化的理论基础。《墨子天学研究》《因信称义与知行合一》《"理""心"之争》《孔子的人性论与圣经的人性论》《从孔子的教育思想反省今日教育问题之所在》《孔子"忠恕"思想和耶稣的"爱"的诫命》《"以德报怨"与"爱你们的仇敌"》《基督教与中国文化相遇的回顾与展望》《基督宗教与儒家传统的差异以及互益的可能性》《陈垣"华化考"之于"中国化"的意义》等都是研讨的论题。

用中华优秀传统文化浸润宗教表现在对信众的解经释道中。比如说：用儒家思想中的"仁"来借鉴天主教教义中的"仁爱"；用儒家思想中的"义"来权衡天主教教义中的"近人"；用儒家思想中的"孝悌"来权衡天主教中的"亲情"关系或天主的第四诫命"孝敬父母"；用儒家的"忠恕"思想来比较天主教的"爱人如己"等等。这样一来，广大信众就能用自己的本土文化来更好地理解天主教的教义、教理，不仅有助于在信众中弘扬中华优秀文化，而且也能使得天主教文化有机地和中华优秀传统文化相结合。

在用中华优秀传统文化浸润宗教的教义、教理的过程中，借着教会举行的信仰讲座、牧灵服务、家庭走访、个别灵修辅导等，不少信徒在家庭和谐上、人际关系上、人伦道德上，发生了很明显的变化。某堂区的一个老年女信徒，一直以来和邻居有着隔阂，老死不相往来。一次在教堂里，神甫正讲有关"宽恕弟兄七十个七次"的道理。神甫的讲道主题是"用宽恕践行和谐价值观"，这个宽恕和构建和谐的道理，对这位信徒感触极大，她回到家里，找其他的邻居和她一同拜访了那个一直以来她就看不上、合不来的邻居，曾经有过的误会、不愉快、恼怒、仇恨一笔勾销，再也不去想、不提起相互间曾经的任何过失，努力地做到了真正的宽恕，获得了内心的平安，构建了和谐的邻里。

某堂区的一位信徒，在外企工作，自从嫁到丈夫家里，就一直和来自农村的婆婆合不来。经过信徒再慕道的一期系列讲座，特别是她从题目为"儒家的孝悌和耶稣的善"的讲座中，获得了很大的启迪。通过学习和反省，她深刻地意识到百善孝为先的道理。从此之后，她就像变了个人似的，从一个对婆婆冷言冷语、待答不理的儿媳妇，转眼间变成了一个对"母亲"体贴温顺、孝敬贤惠的"亲女儿"。

用社会主义核心价值观引领宗教

在对社会主义核心价值观的领悟、体会和对天主教教理及教义的领悟和理解下，北京市天主教会用社会主义核心价值观引导信众的道德生活，做出神学上的诠释。

北京市天主教会把社会主义核心价值观所涉足的各个层面，都一一地对应天主教的十诫给予教义教理上的引导和诠释，并编辑成《社会主义核心价值观的神学诠释》册子，分发给全市所有教堂，供信众学习参考，也派出讲

2019年北京市天主教培训班"社会主义核心价值观讲座"现场

解团宣讲。

　　经过对社会主义核心价值观的宣传，如今，不少天主教信众，本着人人平等的核心价值观，认为男女都拥有着同一的做人尊严、人人都分享着同一的人性，从尊严、人性、基本权利、基本义务上讲，都应该是平等的。为此，在天主教的某些教堂发起了这样的倡议：无论天主教的男或女，任何人结婚不收对方的彩礼，不以金钱为结婚合意的条件。青年男女教友纷纷响应，在社会引起了很好的反响，为践行社会主义核心价值观带来了正能量，起到了积极作用。

　　值得一提的是，在爱国情怀上，北京天主教一直以孝敬父母般的心情对待伟大的党和亲爱的祖国。吃水不忘打井人，在党的百年华诞之际，北京天主教各堂区的信众自发走进教堂，举行隆重的升国旗仪式，以美妙的歌声唱响国歌。各个堂区先后组织了不同形式的庆祝活动：红歌演唱会、党史学习班、参观红色基地接受革命精神洗礼、爱国爱教研讨会等。信众祈祝在伟大的中国共产党的英明领导下，国家富强昌盛，人民幸福安康。

　　北京天主教将继续坚持不懈地用中华优秀传统文化浸润宗教，用社会主义核心价值观引领宗教，把我国宗教中国化推向前进，努力在保持天主教基本信仰、核心教义、礼仪制度的同时，深入挖掘出教理和教义中有利于社会和谐、时代进步、健康文明的内容，对教理教义作出符合当代中国发展进步要求、符合中华优秀传统文化的阐释。

海淀基督教堂"将国旗升到心中"

海淀基督教堂，国旗迎风飘扬

　　海淀区基督教三自爱国运动委员会将升国旗以制度化、日常化的形式融入基本事工中，开展以《国旗法》为主题的讲座培训，加深教牧同工、骨干义工和信徒的爱国信念和法律意识，走出一条旗帜鲜明的爱国主义道路。

　　每逢国庆日、国家公祭日、国家级重要会议开幕等时间节点，北京市基督教会海淀堂都会组织所有教牧同工、骨干义工到教堂广场举行庄严的升国旗仪式，深化爱国主义教育，将升国旗仪式制度化、常态化。2020年4月4日，为表达全国各族人民对抗击新冠肺炎疫情斗争牺牲烈士和逝世同胞的深切哀悼，北京市基督教会海淀堂响应国务院公告，于上午10点降半旗致哀，在场教牧同工默哀 3 分钟，教堂周围汽车共同鸣笛。同时，海淀教堂积极响应各级领导部门的号召，将这份爱国情怀化作实际行动，为抗击疫情捐款捐物。

为落实北京市新冠肺炎疫情防控总体部署，北京市基督教会海淀堂及时执行"双暂停"政策。2021 年 3 月 21 日主日聚会重新恢复之日，将五星红旗升至教堂上空，所有教牧同工行注目礼。与此同时，海淀堂在聚会恢复后，严格执行疫情防控安全要求，消毒、健康码登记、预约聚会等措施严格落实，以对信众生命安全负责的原则，从日常聚会出发，支持国家防疫整体部署，将爱国家、爱同胞的思想落在实处。国家平安教会才有平安，国家稳定教会才可健康发展。

2018 年 6 月 30 日上午，在北京市五大宗教团体联合倡议下，全市宗教界代表齐聚海淀教堂的广场，举行北京市"四进"宗教活动场所活动启动仪式。五大宗教团体领导班子成员、教职人员、宗教活动场所管理组织负责人、信教群众等 300 余人参加活动，并在启动仪式中举行了庄严的升国旗仪式。同年 8 月，海淀区基督教三自爱国运动委员会召集全体教牧同工、区内 52 个聚会点第一负责人，举行了海淀区基督教三自爱国运动委员会"四进"教堂启动仪式。在仪式中，主任牧师吴伟庆将数面五星红旗分别赠予聚会点负责人，并指导要将国旗放置在各聚会点显著位置。聚会点负责人纷纷对海淀堂的这项决策予以支持，凡是海淀区基督教三自爱国运动委员会领导的聚会点处所均可以看到五星红旗的身影。

海淀区基督教三自爱国运动委员会始终把坚持正确政治方向摆在工作首位，从提高教牧人员和广大信徒的爱国主义觉悟入手，通过升国旗、办讲座、做培训、促交流、看展览等多种方式增强教牧同工和骨干义工对爱国主义教育、中华优秀传统文化、社会主义核心价值观、我国经济社会发展现状的深入认识，激发基督徒的家国情怀，将"爱国爱教爱同胞"深深刻画在每个人的脑海里。国旗不仅要在宗教场所上空升起，更要升在教牧同工、骨干义工和广大信徒的心中。

海淀教堂主任牧师吴伟庆在海淀区基督教三自爱国运动委员会培训会上，向教牧人员、聚会点骨干同工开展新修订《国旗法》讲座。不仅介绍了五星红旗的历史由来，而且结合实际生活，向大家讲解国旗的大小规格、使用国旗的场所及注意事项等。

海淀区基督教三自爱国运动委员会组织信徒观看中国共产党第十九次全国代表大会、庆祝新中国成立70周年活动现场直播，激发大家的爱国热情；通过参观"伟大历程 辉煌成就——庆祝中华人民共和国成立70周年大型成就展"和"伟大的变革——庆祝改革开放40周年大型展览"，使大家近距离感受到中国近些年的快速发展，深深体会到中国正朝着世界强国行列大步迈进，身为中国公民都要积极投身于建设洪流中；通过参加北京市基督教两会组织的"爱国情 中国梦"演讲比赛、海淀区民宗办组织的"金秋雅集"书画启动仪式和海淀区基督教三自爱国运动委员会举行的百人音乐会，以演讲、书画、音乐等艺术形式，将真切的爱国情怀抒发在宗教场所。

2021年6月11日，海淀区基督教三自爱国运动委员会在海淀堂举行建党100周年"同心同行"启动仪式，向海淀区各聚会点赠送以"四史"为主的书籍，坚持宗教中国化方向，弘扬爱国主义精神。这一系列学习培训活动，使广大教牧同工和信众见证了祖国取得的伟大成就，增强了构建和谐社会的责任感、使命感，从思想上做到了与党和政府同心同德，从行动上做到了与党和政府保持一致。

海淀区基督教三自爱国运动委员会将继续巩固"爱党爱国爱社会主义"的思想政治基础，把握新时代宗教工作主题，在推动基督教中国化和"四进"宗教场所活动中稳扎稳打，并继续探索更多创新形式，使爱国主义和法治精神深入人心，使中华优秀传统文化得以传承发展，真正从思想上、行动上实现"四进"。

北京崇文门堂打造阳光守护工程

北京基督教会崇文门堂"阳光守护工程"公益项目，经多年积累、孕育而成，从诞生之初就秉持"出入相友，守望相助，疾病相扶"的慈善理念和传统，继承和发扬基督教"爱人如己"的教导，以"守护生命，以爱助人"为使命，在社会服务领域践行社会主义核心价值观之"友善"。友爱和善，关照他人，守护陪伴，就像阳光一样温暖人心，照亮世界。

守护未来：圆贫困学子求学梦

2010 年夏，北京基督教会崇文门堂慈善助学项目正式启动。百年大计，教育为本。崇文门堂以爱国兴民思想，启动慈善助学项目，并视之为一个长期不懈的社会关怀工程，以激发信徒的爱国情怀。

项目初期，崇文门堂对 17 名学生进行帮扶，这些孩子的家庭生活存在不同程度的难处，以下受助学生情况并不是个别现象：

杨同学，出生刚五个月的时候，父亲因罹患重病去世，家中靠低保救助和母亲打零工维持她和姐姐的生活。

周同学，因从小患系统性红斑狼疮花光家中所有的积蓄，并借下外债。此病不能治愈，只有靠终身吃药来控制病情。年小体弱的她在与病魔斗争的同时，生活和学习上并没有气馁，不仅完成初中学业，还以优异成绩考上了重点高中。她的父亲是一名下岗工人，没有固定收入，母亲在家全身心照顾患病的孩子也不能上班，因此周同学的学费成了一个大难题。

彭同学，安徽省工业大学大一学生，父亲因病去世，但生前医疗费用不仅花光了家中全部积蓄，还使家庭背上沉重债务。父亲去世后，杨同学和母亲靠着每个月几百元的收入勉强度日。2010 年，他考上大学，面对每年一万两千元的学费，他和母亲喜忧参半、一筹莫展。

……

当得知这些孩子的情况后，崇文门堂深深牵挂着他们。

2010 年 9 月，崇文门堂正式启动助学帮扶行动。受助学生共 20 位，教堂决定承担他们的一部分生活费，并计划只要孩子们愿意一直考学，就帮助他们直到大学毕业。这一帮就是 12 年，看着孩子们一个个长大，看着他们每年寄来的成绩单，看着他们大学毕业、走上工作岗位。更令人欣慰和感恩的是，陆续毕业的学生不仅工作出色，也会去帮助其他有需要的孩子们。一位受助学生说："多年来，这些好心人持续帮助我们这些困难学生，让我们可以完成学业。他们的爱心让我们感受到社会的温暖，免除了我们的后顾之忧，我们一定不辜负爱心人士们的期望，以优异成绩回报社会，成为国家有用之才。"

此项目至 2021 年，共资助 668500 元。多年来，得到了当地党委政府有关部门的大力支持和帮助。

在助学项目中，崇文门堂还为宁夏回族自治区银川市民族幼儿园捐款建园，也为内蒙古宁城县汐子镇柏林小学基础建设捐款、捐赠学生上下铺钢架床、捐建图书室……这些帮扶举措缓解了学校的困难，为创建社会和谐和稳定做出了贡献。

2011 年至 2014 年，崇文门堂资助延庆少数民族贫困大学生 8 名，助学款共计 171600 元。

"爱人如己，服务社会"是基督教的优良传统，崇文门堂"阳光守护工程"正是这一信仰的重要实践，也是对教会优良传统的继承和发扬。

守护社区：弘扬守望相助的邻里精神

2013 年，崇文门堂联合社区举办了"让慈善走进社区·爱心公益嘉年华活动"。

从那时起，崇文门堂联合社区工作者为居民开展健康讲座、爱心义诊、中秋晚会等各种活动。每逢春节、端午、中秋节，都和社区工作者们一起探访贫困老人、孤寡老人、残疾人，在节日的气氛中为他们送去一份温暖。曾有一位老人非常动情地说："大家来关心和探望我，我很高兴。我能生活在一个非常好的时代，感到很幸福。"

"七元爱加倍"，真情暖心菜

2017年，按照城市规划要求，一些违规设置的商贩摊位被清理，但这同时也给社区老人买菜带来了暂时的困难。于是，崇文门堂和社区协商，计划为社区80岁以上191位老人开展"暖心菜"项目。

这一次，崇文门堂发起了"月捐7元·爱加倍"活动，设立专项捐款，号召全教堂每人每月捐献七元钱，为老人们切实解决困难，得到了大家的积极响应。在爱心活动启动仪式那天，老人们非常开心。家住船板胡同的安大妈说："有了'暖心菜'，就再也不用担心不好买菜的难题了！感谢政府、感谢社区、感谢爱心人士！"

尊老敬老是中华民族的传统美德，爱老助老是全社会的共同责任。崇文门堂以社会大爱为己任，以"爱人如己"为准绳，在为老服务的路上不断努力，为社会的和谐美好做出了实际贡献。

"爱邻社"社区便民驿站

由于崇文门堂所在社区周边都是老胡同、老平房，公共场所区域有限，特别是修建公共浴室的场所一直无法落实，洗浴难成为居民的一大困扰。崇文门堂主任牧师柳翠敏是区人大代表，她走访选民时了解到平房院居民的洗澡难问题。

2019年1月，崇文门堂和社区联合创建"爱邻社"便民驿站，在"爱邻社"揭牌仪式中，这个提供居民洗浴的便民驿站传递到社区的手中。

守护生命：设立基督徒献血日

2017 年，为了让信徒能够在社会中奉献爱心，为社会做出应有的贡献，崇文门堂决定把每年复活节前的周六定为 "基督徒献血日"。每年这一天，北京血液中心的工作人员，配备专业体检及采血设备在崇文门堂设点，自 2017 年至 2019 年的三次献血活动中，共 169 名志愿者参与，137 人采血成功，献血 41200 毫升。血液中心的工作人员曾说："感谢崇文门堂的朋友们，大家爱心满满，每个人都是那么热情，那么友善！"

北京基督教深入推进中国化

北京市基督教两会通过不断探索，强化爱国主义教育，引领广大信徒在政治上增强正向共识；用社会主义核心价值观引领宗教，积极与社会主义社会相适应；以中华优秀传统文化浸润，推动宗教与中华文化融合共生；实施公益慈善行动，积极履行社会责任。

强化爱国主义教育，在政治上增强正向共识

北京市基督教两会举办"同心同行七十年，坚定不移跟党走"系列活动，组织参观"砥砺奋进的五年"大型成果展，打造"爱国情，中国梦"爱国主

北京市基督教两会举办"同心同行七十年，坚定不移跟党走"系列活动

义教育品牌，积极举办各类政治思想理论、国家大政方针、法律法规及时事政治培训，不断夯实与社会主义社会相适应的思想基础。

在深入开展"四进"活动中，北京市基督教两会以"四进"活动为抓手，全面开展国旗、宪法和法律法规、社会主义核心价值观、中华优秀传统文化"四进"宗教活动场所活动。在国旗进场所方面，北京市基督教两会和各场所均已设置旗杆或在显著位置悬挂国旗，各场所开展了手工制作国旗、学习《中华人民共和国国旗法》等活动；在宪法和法律法规进场所方面，北京市基督教两会及各场所分别以举办座谈会、培训等形式，引领教职人员、骨干信徒学习《中华人民共和国宪法》、新修订《宗教事务条例》等法律法规，分享学习心得；在社会主义核心价值观进场所方面，北京市基督教两会组织教职人员通过讲台宣讲的方式，将社会主义核心价值观与圣经教导相结合，各场所也开展了设置爱国主义图书角、社会主义核心价值观主题墙面海报、举办讲座、组织教职人员和信徒撰写以社会主义核心价值观为主题的文章等活动；在中华优秀传统文化进场所方面，北京市基督教两会举办了"改革开放四十年，秉承中国化"音乐会，北京市基督教各教堂和点都纷纷开展了国学讲座、茶道文化交流、书法绘画展示、中国历史学习等活动。

在"中国化"方向引导下，北京基督教会进一步巩固了"爱国—同心—同行"的美好局面。

以社会主义核心价值观为引领，抓好神学思想建设

深入开展神学思想建设研究。 北京市基督教两会紧密结合形势，每年研究制定与时代精神相结合、与教会的信仰生活相结合的主题，如"中国传统文化与福音的契合""核心价值观与基督徒品格""守法与作光作盐"等，各堂点、燕京神学院积极响应，组织教牧同工撰写文章。在撰写文章的过程中，各堂点和神学院组织召开专项会议，通过深入思考与相互探讨，提升了教牧同工的综合素质和服务信徒的能力。

坚持基督教中国化方向。为了探索有时代特点、符合信徒需要、符合首都发展的中国化路径与方法，北京市基督教两会举办形式多样的活动，如：举办讲座——先后邀请中国基督教界的代表人士和北京大学、清华大学、中国社科院等大学和机构的知名专家学者作专题辅导报告；召开座谈会和研讨会——如"基督教中国化座谈会"、京津冀基督教两会联合举办的"坚持基督教中国化方向研讨会"等；举办高层论坛——北京市基督教两会连续数年与中国社会科学院世界宗教研究所等单位共同举办国际学术研讨会，主题包括"基督教中国化之路""基督教中国化与中华民族命运共同体的建设""宗教革新与社会发展"等。通过交流与探讨，开拓了教牧同工的视野，引发了教牧同工对基督教中国化的进一步思考，形成了宣传、推进中国化的热烈氛围和良好势头。

推动神学思想建设成果转化。为了让更多信徒分享神学思想建设成果，北京市基督教两会积极推动成果转化工作：一是引导各堂点教职人员将自己的神学思考及时融入讲台的宣讲信息中；二是组建宣讲团开展巡回宣讲活动，从城区教堂到郊区聚会点，向广大信徒广泛宣传与社会主义核心价值观相契合的内容。

神学教育是基督教中国化的主要阵地之一，也是思考的基地、探索的起点。北京市基督教两会结合教会与神学院所服务的华北、西北十省市自治区教会的实际情况，在征得广泛意见后，努力将燕京神学院打造成为四个基地，即基督教中国化的教学基地、培训基地、研究基地和实验基地，使这项工作有目标、有计划、承前启后出成果、落地生根见实效。

基督教中国化是一个长期、艰巨繁重的思想、思考、实践再实践的过程。结合中国传统文化的神学教育必须从神学院和神学生抓起，将舶来之信仰植根建造在中华文化的沃土当中，吸纳营养，吐纳芬芳，为国人所包容、接纳，进而喜爱。因此，燕京神学院在北京市基督教两会的领导下积极制定了新的教学方案，扩大了中国传统文化和社会时政学科的比重，开设了"中国哲学史""'四史'与基督教中国化"等课程。

以中华优秀传统文化浸润，推动基督教与中华文化融合共生

北京市基督教两会在保持基本信仰、核心教义、基本礼仪的同时，自觉使基督教融汇中华优秀传统文化，把教义同中华文化相融合，继承和弘扬多元包容、求同存异、和谐共处的优良文化传统，深入挖掘教义教规中有利于社会和谐、时代进步、健康文明的内容，对教规教义作出符合当代中国发展进步要求、符合中华优秀传统文化的阐释。

加强传统文化培训。积极参加北京市民族宗教事务委员会举办的北京市宗教界人士读书班，参加《中华传统文化的核心要义》讲座。各堂点组织义工参加中华传统文化的学习培训，举办经典阅读活动，学习《论语》《道德经》等国学经典，开展《中西文化元典对读》《论语遇上圣经》等经典文化对读讲座，举办书画艺术培训班，提高宗教教职人员和信教群众骨干传统文化素养。

推动信仰中国化表达。在中华优秀传统文化进场所方面，北京市基督教两会举办了"改革开放四十年，秉承中国化"音乐会，海淀区基督教三自爱国运动委员会举办"用中国传统文化诠释圣经经文和故事"讲座，70余位教牧人员、信徒骨干撰写了百余篇以社会主义核心价值观为主题、以中华优秀传统文化与圣经故事相结合的文章；北京基督教会海淀堂举办"十年恩雨路·悠悠海淀情"赞美会，采用民乐演奏部分基督教诗歌，取得积极的反响。2019年6月，北京基督教会海淀堂再次举办民乐赞美会专场，声势浩大，气势恢宏，将中国传统文化的壮丽与基督教礼仪崇拜有机融合，激发广大信徒对中国传统文化的认同与信心。

北京基督教会海淀堂还特别开展了"用中国故事诠释基督教信仰"的讲道中国化活动。如讲到爱时，用中国战国时期著名诗人、爱国者屈原的以死明爱国、爱民之志来诠释基督的爱。在讲到民族气节时，用我国西汉时期苏

武牧羊的故事，以他的富贵不能淫、贫贱不能移、威武不能屈的精神，来诠释民族气节等。

履行社会责任，实施公益慈善行动

北京市基督教两会与各堂点、各区基督教三自爱国组织倡导并参与的社会服务项目涵盖助残扶贫、养老托幼、医疗卫生、灾害救助等多个领域。北京市基督教两会整合资源，结合教会实际及社会需要，因地制宜、因教制宜，服务社区、服务社会，着力打造"光盐行动计划"品牌，凸显基督教在建设富强昌盛国家与和谐社会中的价值，树立良好的社会形象。

助推宗教中国化

——北京市宗教文化研究会的创新探索

2020年8月29日，北京市宗教文化研究会成立大会在北京会议中心举行，中共中央统战部领导、北京市委市政府领导、全国五大宗教团体负责人、北京市宗教界代表人士、在京10多所高校和科研机构的专家学者近500人济济一堂，共襄盛举。北京市宗教文化研究会是在北京市民族宗教事务委员会直接领导下的宗教文化社会团体，旨在深入贯彻落实党中央关于宗教工作重大决策部署，致力北京宗教历史、文化的研究，为北京宗教关系和谐做贡献。

为庆祝中国共产党成立100周年，深化北京宗教界坚持我国宗教中国化方向的理论和实践，2021年5月15日，中国社会科学院世界宗教研究所、

2020年8月，北京市宗教文化研究会成立大会在北京会议中心举行

385

北京市宗教文化研究会联合举办第一届坚持宗教中国化方向"和合"研讨会。与会人士一致表示，北京宗教界要提高政治站位，大力弘扬爱国优良传统，充分发挥首都文化资源富集、科研院所集中的优势，与时俱进推进中国化；深入推进宗教思想建设，勇担使命，切实履行社会责任，凝聚起实现中华民族伟大复兴中国梦的积极力量。研讨会上，宗教界人士、专家学者发表了《历史必然性与文化创新性——关于坚持宗教中国化方向的理论逻辑及实践路径》《互鉴通和视域下的宗教中国化》《坚持佛教中国化方向，书写忠诚爱国新篇章》《关于道教中国化的几点思考》《伊斯兰教中国化的五条路径》《利玛窦与中国传统文化》《从丁光训主教"宇宙的基督"探索基督教中国化途径和实践》等 20 余篇理论文章。

北京市宗教文化研究会积极开展公益慈善活动。2021 年 4 月 9 日，研究会举办向建党一百周年献礼——"和合公益林"植树活动。北京宗教界、学术界、文化界、工商界人士 200 余人参加活动，共同建造一片"和合公益林"，为北京增添一片绿色。2022 年 4 月 16 日，北京市宗教文化研究会举

2021 年 4 月，北京市宗教文化研究会举办向建党一百周年献礼——"和合公益林"植树活动

办第二届"和合公益林"植树活动，北京五大宗教以及学术界、文化界、工商界人士齐聚大兴区六合庄林场，共同建造一片"和合公益林"。

2022年1月26日，在迎冬奥贺新春之际，研究会携手艺术名家助力冬奥，

2022年4月，北京市宗教文化研究会举办第二届"和合公益林"植树活动

举办"传承奥林匹克精神，聚力为冬奥作贡献——携手中外艺术名家向延庆冬奥村捐赠书画作品"活动。此次捐赠活动借奥林匹克艺术平台向全世界运动员展现出中国艺术家的情怀、责任、使命、担当，呈现出别具特色的北京冬奥风采。

北京市政协民宗委组织开展《宗教中国化北京故事》一书编撰工作，北京市宗教文化研究会担任该书的组编工作。该书涵盖北京市五大宗教在不同历史时期，与中华优秀传统文化相融会的重要文化遗产、重要史实等内容。在编纂过程中，编委突出重点、深入挖掘、精选精编，力争讲好严谨性与趣味性相结合的宗教中国化故事。《宗教中国化北京故事》一书的编撰，是推进北京市各宗教交流互鉴、加强"宗教中国化"研究的重要举措。

2022 年 4 月 14 日，《宗教中国化北京故事》协调推进会召开。市政协副主席程红，市政协民宗委主任池维生，市委统战部副部长、市民族宗教委主任、市宗教文化研究会会长钟百利，市宗教文化研究会常务副会长兼秘书长陈志斌，市宗教文化研究会副会长、北京大学宗教文化研究院院长张志刚出席会议

北京市宗教文化研究会与各宗教团体、宗教界人士和宗教学专家、宗教学爱好者建立友好合作关系，开展宗教文化研究活动。2021 年，研究会前往多省市进行调研走访，了解和掌握新形势下各地宗教工作面临的新情况、新问题，并就推进宗教中国化进行座谈交流，为开展多层次宗教培训工作奠定基础。

2022 年 3 月 27 日，北京市宗教文化研究会文化遗产研究与保护中心成立。该中心以坚持宗教中国化方向、引导宗教与社会主义社会相适应为宗旨，团结文化遗产研究与保护的专家与宗教文化爱好者，对文化遗产进行研究与保护，为宗教和睦、社会和谐、文化传承贡献力量，为北京市宗教文化研究事业发挥积极作用。

北京市宗教文化研究会将通过多种渠道和形式，采用联合办班、独立办班方式，对宗教人士、居士、信教群众、基层党政干部等，持续开展宗教政策、法规宣传教育，以宗教文物、文化为主题举办展览活动，展示北京宗教中国

2021年7月，北京市宗教文化研究会常务副会长兼秘书长陈志斌赴陕西省西安市万寿八仙宫调研

化成果，弘扬优秀文化，增强中华文化认同。

进入新时代，迈上新征程，北京市宗教文化研究会将继续贯彻党的宗教工作基本方针，坚持我国宗教的中国化方向，做好宗教文化研究工作，奋力创新实践，推动宗教中国化走实走深。